개정판

Yacht Sailing

진정한 블루오션을 꿈꾼다!

요트항해입문

김천중 저

백산출판사

머리말

진정한 블루오션을 꿈꾼다!

"바다를 다스리는 자가 세계를 제패한다."는 고대 그리스의 철학자 테미토 클레스의 명언은 역사를 통하여 여실히 증명되고 있다. 이를 실현하는 방법과 그 기반의 확고함에 따라서 세계사의 주역은 끊임없이 바뀌고 있다.

세계의 주요 선진국들의 공통점은 요트산업이 발전된 해양국가라는 사실도 이러한 점을 웅변해 주고 있다. 이것은 요트를 즐기는 국가의 국민 개개인의 바다에 대한 사랑과 지식이 기반이 되어 해양강국으로 발전되고 선진국이 된다는 점을 의미하는 것이다.

공공의 이익을 거스르지 않는 가운데 개인의 자유와 여유로움이 넘치는 국민의 생활이 보장되는 것이 선진 복지국가의 모습이며, 우리가 달성해야 하는 미래의 목표가 되어야 한다.

코발트빛의 바다 위에 빨갛고 노란 형형색색의 스피네이커를 펼치고 항구로 들어오는 요트를 보면서 해안의 카페에서 오후의 햇살을 여유롭게 즐기는 사람들!

자신의 요트를 수선하고, 청소하는 은발의 건강한 은퇴자들!

이러한 생활을 꿈꾸는 국민들에게 마지막 남은 해양공간을 골고루 분배하는 것이 정부가 국민에게 할 수 있는 최선의 봉사이며, 이것은 요트를 통하여 달성될 수밖에 없다는 점을 우선 강조하고자 한다.

관광, 마리나, 식음료, 숙박, 부품산업, 수퍼요트개발 등 각종 분야에 파급효과가 막대한 요트산업은 한국의 미래에 새로운 활력을 일거에 불러일으켜 줄 수 있는 미래의 선도산업이 될 수 있어서, 한반도의 명운을 돌려놓을 수 있는 중요한 대들보 산업이 될 수 있을 것이다.

특히 한국은 국민소득의 증가와 함께 적절한 여가수요를 충족시킬 수 있는 분야가 필요하며, 전국의 어촌경제의 구조변화에 따라서 어항과 수많은 도서지역을 새로운 자원으로 변화시켜야만 한다.

삼면이 바다인 한국의 지형적 장점을 이용한 새로운 블루오션형 산업으로서 요트산업과 요트 마리나사업을 중점적으로 발전시키는 일이 필요한 시점이다. 이러한 목표를 달성하기 위해서는 요트항해에 친근하게 접근할 수 있는 전문서적의 출판이 시급하며, 요트를 정박하고 관리하기 위한 요트마리나의 건설이 절실하게 필요하다.

이제는 요트를 일부 부유층의 전유물이 아니라 국민 모두가 저렴하고, 쉽게 즐길 수 있도록 하여야 한다. 요트산업을 발전시키면 요트산업과 관련된 수많은 연관산업의 발전을 유도할 수가 있고 산업 성격상 중소기업형 산업이 대부분이어서 분배가 공정한 산업구조를 완성할 수가 있다.

이러한 관점에서 본 저서는 우선 요트와 요트항해를 국민 모두가 쉽게 접근하기 위한 주제를 중심으로 요트의 기원과 이해, 기초지식, 고급기술, 기상과 항법을 중심으로 구성하였으며, 한국의 젊은이들이 미래에 도전해야 할 분야를 소개하기 위하여 세계의 요트경기와 외국 요트여행에 필요한 필수 지식도 언급하였다.

모쪼록 본 저서를 통하여 바다의 여유로움과 자연에 대한 경외감도 함께 익힌 한국의 청년들이 대양에 도전하고, "아메리카스 컵"에 도전하는 꿈을 실현하는 모습을 그리면서 머리말에 대하고자 한다.

한국 크루즈&요트마리나 연구소에서

저 자 김천중 올림

Contents

제1장
요트의 기원

제2장
세계의 요트경기

제3장
한국의 요트경기

제4장

요트의 이해

제5장

요트항해의 기초지식

제6장

요트의 정박

제7장 요트항해의 고급기술

제8장 기상과 항법

제9장

요트인의 필수정보

Chapter

1

요트의 기원

요트항해입문

요트의 기원 제1장

1. 초기의 요트

1) 요트의 기원?

'요트'와 '요트여행'이라는 말은 네덜란드 말인 야그헨(jaghen)에서 비롯되었으며, 야그헨이란, '육지나 바다 어디든 속도감을 연상시키며 뒤쫓거나 추격하다'라는 의미로 사냥할 때의 동작을 나타내는 의미였다. 1599년 앤트워프에서 출판된 더치-라틴 사전에는 야그 십(jaght schip)과 야그(jaght or joghte)의 의미로 적재량이 적고 교역이나 위락, 전투를 위한 쾌속선이라 기술되어 있다. 즉, 이 시대의 '요트'라는 말은 네덜란드 해군에 소속되어 업무를 수행하는 작은 쾌속선이라는 뜻으로 해석되며, 주로 운송수단, 공무원과 장교의 심부름에 이용되었다.

16세기와 17세기는 네덜란드가 해상력이 강한 국가였기 때문에 요트여행이 네덜란드에서 비롯되었다는 것은 놀랄 일이 아니다.

공식적으로 1648년 독립국가로 승인된 네덜란드는 아프리카에서부터 인도 주변, 그리고 극동지역 등 도처의 해상무역을 기반으로 유럽에서 가장 번영하는 국가였다. 대다수의 시민들은 그들의 배로 북해어업을 장악하여 청어산업으로 성공해왔고, 수많은 항구에는 선박디자이너, 제조업자, 돛 제작업자들이 활동하고 있었다. 이러한 활발한 경제활동은 대다수의 사람들을 바다와 친밀하게 연관시켰으며, 운송수단을 목적으로 하거나 때때로 레저를 위한 용도로 배를 구매하고, 운항할 수 있는 환경을 제공하였다.

하지만 초창기 요트여행은 사고가 빈번했으며, 그것은 악천후나 거친 바다에서 뿐만 아니라 내해와 같은 비교적 안전한 곳에서도 많은 사고가 일어났다. 또한, 해적과 조우하는 것은 항상 있는 일이었다. 이 때문에 이 시기는 요트여행을 하기에는 매우 부적절한 시대였으며, 이는 19세기 초까지 이어졌다.

2) 위락적 요트의 시작

초기의 요트는 위락을 위해 이용되어지기도 했으나, 그 주목적은 운송이나 통신이었다. 요즘과 같은 개념의 위락만을 위한 요트여행은 영국의 왕 찰스 2세로 인해 만들어졌다고 할 수 있다.

웨일스의 왕자는 1646년 영국내전이 한창일 때 체널 제도 저지로 반 추방당한 신세가 되었으며, 그는 섬의 항구에서 작은 배로 항해하며 무료함을 달래곤 하였다. 1649년 그의 아버지 찰스 1세의 처형 후, 네덜란드에 망명한 찰스는 수로로 여행하는 네덜란드의 풍습을 배웠다. 1660년 영국 왕위에 복위한 그는 브레다에서 델프트까지의 항로를 요트여행의 첫 번째 항로로 정했다.

런던으로 복귀한 몇 달 후 찰스는 로테르담에 있는 더치이스트인디아회사에서 새롭게 제조된 요트를 선물 받았다. 그것은 길이 15.8m(52ft), 폭 5.8m(19ft), 흘수 3m(10ft)의 요트이었으며, 메리(Mary)라 불렸다. 메리는 10문의 대포를 자랑했으며 20명의 선원이 탑승할 수 있었다. 또한, 메리는 1662년 재정비시기에 네덜란드의 전통방식인 주돛(메인세일)의 슬루프(sloop)형 요트에서, 영국에서 일반적으로 이용되는 사형 삭구형 요트로 탈바꿈 하게 되었다.

그 당시 메리는 다음과 같이 기록되었다. “멋지게 꾸며지고 금도금된 선실 내부를 갖고 있으며, 최고 예술가 몇몇이 그 범선의 안과 밖을 미화시키기 위해 아름다운 그림과 조각품을 만드는데 종사되었다.”

1660년 8월 네덜란드에서 출발한 메리는 템즈 강에 도착하였고, 기록원 사무엘 페피스의 “다리 아래에 있는 네덜란드 유람선을 보기 위해 왕이 오늘 아침 5시에 가는 것을 보았다.”는 기록을 보면, 찰스 2세는 자신의 새로운 배를 보기를 열망했다는 것을 알 수 있다.

요트의 도착은 큰 센세이션을 불러 일으켰고, 그 당시 영국의 선박제조업자인 피터 펫과 크로스토퍼 펫은 메리와 비슷하거나 그 이상의 배를 어떻게 디자인하고 제작하는지 생각하기 시작했다. 이에 영국에서는 두 대의 요트의 제조가 결정되어졌다. 한 대는 크리스토퍼 펫이 찰스 2세를 위해, 그의 신부가 될 포르투갈의 공주의 이름을 따 건조한 케더린(Catherine, 전체 길이 16.7m, 선폭 5.8m, 무게 94ton)이며, 또 다른 한 대는 피터 펫이 찰스 2세의 형제인 요크 공작을 위해, 공작의 부인 이름을 따 건조한 앤(Anne)이다. 앤은 케더린보다 약간 길며, 무게는 100ton에 가까웠다. 두 범선 모두 흘수가 2.1m(7ft)이었으며, 각 요트의 삭구는 두 개의 앞 돛, 가프형 메인세일 위에 가로의 중간 돛이 있는 싱글 돛대였다.

〈그림 1-1〉 베잔(Bezan)

1년 뒤인 1661년에는, 전체 길이 16.5m(54ft)인 요트 베잔이 네덜란드로부터 도착하였다. 이로서 영국에는 메리를 포함한 총 4척의 요트가 있었다.

이 초기의 요트함대는 최초의 요트경기를 생겨나게 했다. 처음에는 단순히 놀이를 위해 왕은 케더린에, 요크 공작은 앤에 탑승하여 2척의 요트가 서로 경주를 했었다. 코스는 그리니치에서 그레이브젠드 강 아래까지였고, 강어귀까지 불어오는 동쪽바람으로 항해하였다. 그들은 70°보다 가깝게 항해할 수 없었지만 - 현대 해양경주자는 38°로 항해할 수 있다 - 앤 은 바람이 불어오는 쪽으로의 항해에 있어서 보다 좋아졌다고 스스로 증명하였다. 일지기록원인 존 에버린에 의하면 다음과 같다.

그날 아침 그는 찰스 2세와 함께 요트를 타고 항해했다. 더치이스트인디아회사가 범선을 왕에게 바치기 전까지 범선은 우리에게 알려지지 않았다. 요크 공작을 위해 프리깃범선(frigate-like)이 제조되었고 이를 계기로 내기를 하게 되었다. 내기 금액은 £100였고, 그리니치에서 그레이브젠드까지 왕복하는 경주였다. 왕은 길을 잃었고 바람은 반대로 불고 있었지만 돌아오는 경계가 표시되어 있었다. 배에는 고상한 사람들과 귀족들이 있었고 폐하는 가끔 직접 조종했다. 거룻배(barge)와 주방배(kitchen board)도 동반되었다. 프리깃범선(frigate-like)은 선저가 더 낮은 프리보드(free-board)를 의미했다. 다시 말해서 케더린은 메리호보다 더 평평하게 만들어진 선박이라는 것이다.

3) 요트함대의 발전

1661년에서 1683년까지, 영국에서는 총 26척의 요트가 펫 형제와 소규모 제조업자들에

〈그림 1-2〉 피터펫 (Peter Pett)

의해 만들어졌다. 이 요트들은 영국 근해에 더 적합하게 건조되었으며, 네덜란드 측판 대신 고정된 용골을 사용하였다. 새로 만들어진 요트들 중 가장 짧은 것은 9.5m(31ft)이였고, 가장 긴 것은 23m(74ft)이였으며, 그 중 가장 작은 범선조차도 대포 4문을 장착하였다. 작은 범선들은 그들의 활동들이 기록되어 있지만, 대개 왕족, 공무원, 해군장교의 운송파견에 이용되어져 왔기에 그것들 중 몇 척은 가끔 비공식 경주를 했었는지도 모른다.

사무엘 페피스는 이 요트들로 종종 항해를 했었다. 그는 1663년 10월 1일 영국해군을 방문하는 베잔에 승선했다. 그들은 때맞춰 아침을 먹었고 함대에 있는 몇몇 승객들은 오후 2시경 좋은 경치와 바람을 즐겼다. 그들은 선내에서 저녁식사 후 잠시 동안 카드놀이를 하였고, 잠이 들었으나 주변의 코고는 소리로 인해 쉽게 잠이 들 수 없었다.

10월 2일 그들은 밤새 항해했다. 그들은 아침 무렵 질링엄에 도착했다. 10월 2일 밤 ketch(쌍돛대 범선의 일종)로 함대를 따라 가려고 했으나, 그들은 아침까지 출항하지 못한다며 나를 설득시켰다. 그 다음 날 그들은 함대를 따라 밖으로 항해했고, 그는 다시 베잔에 승선하여, 선원들이 수심을 잴 때 노래하면서 기쁨을 누렸다.

〈표 1-1〉 17세기 요트항해 활동

17세기 초 : 요트는 네덜란드에서 최초 건조, 축제 때나 부유한 시민들에 의해 항해
1660 : 찰스 2세는 네덜란드로부터 요트 메리호(Mary)를 선물 받음
1661 : 최초 요트경주로 찰스 2세와 요크의 공작 사이의 그리니치(Greenwich)에서 그레이브젠드(Gravesend)까지 왕복경기가 펼쳐짐

2. 18세기

1773년의 더젠틀맨즈매거진은 9월 26일에 다음과 같이 보도했다. 그 당시 영국 왕족 해군 제도인 페러 백작은 선박을 제조하는 새로운 방법을 시도하기 위해 그의 요트로 뎁트포드까지 3주간 항해를 했었는데, 그들에 따르면 페러의 배는 놀라울 정도로 빠르면서 운반용으로도 유용한 여러 장점을 지녀, 특히 대양에 유리하다고 하였다. 또한, 썰물을 거슬러 템즈강을 올라갔으며 그것은 전에는 없던 일이었고, 그 어떤 범선도 할 수 없는 일이라고 하였다.

1783년 7월 5일 보도된 다른 신문에서는 다음과 같이 보도했다. 리치몬드 공작은 그의 새로운 요트를 타고 프랑스로 항해하였고, 그는 그의 형제인 조지 레녹스경 가족과 선장인 버클리와 동행했다.

또한, 그는 미국 독립전쟁이 진행 중일 때 공작은 조지 3세와 정부정책에 반대하고 그의 공명을 보여주기 위해 스핏해드에서 영국 함대 몇 척을 이끌고 미국 식민지로 그의 요트를 타고 항해했다. 이 모습은 해군의 범선에 승선한 왕에게 보여 졌다.

1) 왕실의 요트

18세기 영국 왕의 요트는 찰스 2세가 소유한 배 같지 않았고, 오히려 작은 배에 가까웠다. 그 배들은 해군의 지휘아래 함대를 재검토하는 것과 같이 공식적 임무에 종종 이용되었다. 로얄 캐롤라인은 1749년 뎁트포드에서 제조되었으며 7.5m(24ft 7in)의 선폭과 함께 용골을 따라 22m(72ft)와 무게 232ton이있다. ketch(쌍돛대 범신의 일종)라 칭하기도 하지만, 3개의 돛대와 가로돛이 있었다. 로얄 캐롤라인은 조지 3세의 신부가 되었던 샤롯테(Charlotte) 공주를 맞이하러 독일로 항해했었던 적도 있었다.

18세기 말, 로얄 사브린은 무게 350ton으로 제조되었으며, 마지막 왕의 요트 로얄 조지는 1817년 항해에 이용하기 위해 제조되었다. 하지만 1843년 초기 빅토리아와 알버트에 의해 패달 증기선으로 교체되었다. 특히 1842년 런던에서 스코틀랜드까지 여왕이 승선했던 저속항해 후, 증기에 의한 항해의 변화가 일어났다.

오늘날처럼 왕의 요트는 공식적인 사업과 왕실 휴일, 때때로 요트경주나 대회에 참가하는데 이용되었다.

〈그림 1-3〉 리버세일링

2) 리조트형 항구의 출현

18세기 바스나 첼튼엄과 같은 온천은 레저를 즐길 여유가 있는 사람들을 위해 유지휴양지로써 개발되었다. 브라이트림스톤(Brighthelmstone)과 현재 브라이턴으로 알려진 스카버러와 같은 해안 리조트들은 바다공기가 건강에 유익하다는 것이 알려지면서 인기를 얻게 되었다. 18세기 후반부에는 와이트 섬의 카우스에 위치한 작은 남쪽 해안 마을은 이러한 명성을 얻는데 합세하게 된다. 그곳은 노출된 바다로부터 떨어진 육지에 위치하고 있어, 외적의 함대로부터의 어떠한 공격도 받지 않으며, 인기 있는 휴양지로 만들어졌다.

국가가 평화로워져 마을의 상점들이 더 이상 군함에 양식을 공급할 필요가 없어졌고, 또한 마을거주자들이 더 이상 사공과 조종사로 고용되지 않았기 때문에 마을 사람들은 이러한 개발을 격려했다. 그래서 그들은 요트여행을 하는 방문객을 즐겁게 하기 위한 기회를 제공하였고, 작업용 배로 서로의 속력을 겨루는 레가타(Regatta) 시합에서 그들의 배를 다루는 기술을 선보이기도 했다. 귀족의 범선을 위한 우수한 정박시설, 그들의 가족과 친구들을 위한 리조트 그리고 기술이 뛰어난 어부들은 항상 마을을 위해 봉사하였고, 이에 그 장소는 인기있는 해양리조트로서 알려지게 되었다.

3. 초기의 요트 경주

모든 요트여행 활동들은 18세기에 시작되었으며 아일랜드의 남서쪽에 자리한 코크의 워터클럽의 활동이 가장 유명했다. 정확한 설립연도는 알려지지 않았으나 클럽소유의 기록들과 그림들은 최소 1720년대로 추정된다. 그러나 4월에서 9월 사이에 2주마다 열린 회의를 통해 작성된 세밀한 법규의 총서는 다음과 같은 지시를 포함한다. 해군제독은 그의 소유의 와인을 24병 이상 가져올 수 없으며 그것은 항상 이 클럽의 의회와 법규의 위반으로 간주되어진다. 이 성명서는 클럽의 설립일을 더욱 앞당기는데 기여하였다. 이와 같은 법규에 의해 클럽은 조직원을 25명으로 제한하였고 해군제독은 매년 선출되었으며 본부는 코크 항구의 하울바우라인(Haulbowline)섬에 두었다.

1) 추격전

워터클럽의 집회는 저녁식사 그리고 현재 경기라 불리는 것을 포함한다. 동시대의 그림들을 보면, 클럽항해가 조종사와 세관원에 의해 사용되어지는 12m 길이의 가프형(gaff) 메인세일, 블러프형(bluff) 선수의 배로 항해했다는 것을 알 수 있다. 이러한 요트들은 신호탄과 깃발을 사용하는 제독의 지휘 하에 기동작전을 펼치는데 사용되어졌다. 대개 경주는 추격전으로 이어졌는데, 해군제독은 한 척의 요트를 추격할 때 램프를 매달고 그로부터 먼 거리에 있은 요트의 옆 방향으로 여러 차례의 포를 발사한다.

2) 최초의 요트클럽

워터클럽은 1765년까지 활동이 활발했으나 그 이후의 기록은 남아 있지 않다. 이점은 워터클럽의 활동이 어느 지점에서 중지되었음을 말하고 있다. 1806년 토몬드(Thomond) 후작과 다른 사람들은 클럽의 회복을 위해 만났으나, 그들의 활동은 코크 항구의 어선과 노젓는 배(rowing boat)들 사이의 경쟁을 장려하기 위해 제한되었다. 결국 1821년에 클럽은 해체되었고, 그 후 남은 몇몇 조직원들은 몽크타운(Monkstown)에 지역모임을 만들었다. 1828년에 결성된 그 클럽은 코크요트클럽이라는 이름으로 1830년에 왕의 허가를 받게 되었다.

로얄 코크 요트클럽은 세계에서 가장 오래된 클럽이라는 주장을 펼쳤고, 1980년대에는 요트경기와 원양항해의 모든 형태를 취급하는 활발한 조직을 자랑할 수 있었다.

반면에 리시이 또한 자신의 클럽이 가장 오래된 클럽이라고 주장하였는데, 하지만 이 클럽은 정상적인 요트클럽이라기 보다는 젊은이를 위한 해군훈련용 클럽으로 보여진다.

3) 왕실의 경주

후에 조지 3세가 된 웨일스 왕자는 1749년에 런던의 그리니치에서 템즈 강에 있는 노아(Nore) 등대선까지의 왕복경주에 임했던 12척의 요트와 유람선에게 우승컵을 건네주었다. 한편, 요트여행은 강에서 하지 않았다는 필딩의 주장이 있었는데 이에 대한 논쟁은 충분한 근거가 있었다고 보여진다.

1749년 8월 더잰틀맨즈매거진은 경기에 대해 강이 요트와 갤리선(galley), 그리고 작은 배들로 덮여진 있는 것처럼 보엿다고 보도했다.

수년 동안 비슷한 대회의 기록은 알려지지 않았으나 몇몇 부유층들은 강에서 작은 배로 여가와 짧은 여행을 즐겼을 것이라고 추측된다. 1775년 여름 이러한 작은 배들은 조지 3세의 형인 컴벌랜드 공작을 감격시켜 은으로 된 우승컵을 안기기 위해 7월 11일 목요일 웨스트민스터 다리에서 푸트니(Putney) 다리까지의 왕복으로 2~5톤의 짐을 싣고 항해했다. 도착한 20척의 배들 중 우승컵 오로라(Aurora)는 Mr.Parks가 탔으며, 2위 상인 Fly컵의 수상자는 알려지지 않았으며 불운하게도 경주에 대한 정보는 희박하다.

컴벌랜드 공작은 1782년까지 같은 코스에서 열린 또 다른 대회에서도 상을 주었고, 이후 이 클럽은 그 후 영국의 첫 번째 요트클럽이 되었다.

이 클럽은 듀크컵 경주마다 마지막에 모습을 드러냈다. 한대의 요트에 제독이 승선하고

요트 선장들(요트 주인들)은 컴벌랜드 공작이 금박을 입힌 거룻배를 타고 올때까지 기다렸다가 자신들의 요트에 승선했다. 제독은 승리자들을 불러내어 공작에게 소개하고 우승컵에 담긴 클라레 와인을 마시고 수여받게 된다. 그 후 함대는 복스홀 다리의 남쪽 끝에 있는 정원 쪽으로 항해했다. 그 당시 이 정원은 컴벌랜드 정원으로 알려졌으며, Mr 스미스는 5년 동인 이 클럽의 제독으로 위임하였다.

후세의 기록을 보면 경기의 일부분에 대해 알 수 있다. 1786년 7월 19일 모닝클로니클에 의하면 우승자인 웨일스 왕자에게 반칙시도가 있었고, 다른 배들은 그 배에 끼어들기를 하였으나 지렛대를 사용함으로서 자유로이 빠져나왔다고 한다. 1795년 7월 23일 더 타임즈에 의하면 선두인 머큐리가 빅슨에게 반칙을 당하였고, 그래서 빅슨의 선장은 머큐리에 의해 퇴출되었으며 머메이드 우승컵은 무효화되었다고 한다.

요트경기의 주 특성은 참가자들이 배의 디자인과 구조에 관심이 있다는 것과 가장 좋은 종류의 배를 사거나 항해하는 데 있다. 컴벌랜드 세일링 소사이어티의 멤버들은 스포팅 매거진이 발간한 1796년 7월의 경주에서 비평을 받았다. 배들 중 하나인 애틀란다는 복스홀의 한 신사의 소유이며 넓고 긴 배를 가장 성공적으로 수행된 목재 계획이 호지스에 의해 만들어졌다. 그 배의 밑 부분은 매우 견고하여 가벼운 바람에 단지 미끄러질 뿐이며, 강한 바람에는 범상치 않은 힘으로 항해하는 듯 하였다고 한다.

〈표 1-2〉 18세기 요트항해 활동

1720 : 세계 최초 요트클럽을 만든 아일랜드 코크의 The Water Club탄생
1775 : 템즈 강의 컴버랜드 함대(Cumberland Fleet)경기

4. 19-20세기

1815년 나폴레옹전쟁의 종식은 장기적인 평화의 시기를 가져왔다. 세계 도처의 영국해군력은 해적으로부터 자유로운 바다를 만듬으로써 공격을 받지 않고 먼 바다로의 안전한 항해를 가능하도록 하였다. 산업혁명으로 인한 경기회복은 사회부유층 사이에서 요트여행과 같은 레저의 부흥을 가져왔다.

1815년 6월 1일 잉글리시젠틀맨그룹은 요트여행 역사에서 가장 기억에 남을 만한 회의를 런던 세인트 제임스 거리(St. Jame's Street)에 있는 태치드하우스 터번(Turban)에서 가졌다. 그들은 바다 요트항해에 관심 있는 구성원을 위한 클럽형태를 결정했다. 참석한 사람들과 그리고 관심을 가졌던 다른 사람들 총 42인은 최소 10톤 이상의 요트를 소유한 예비회원과 3기니의 입회비를 내도록 결정하였고, 그 클럽은 "더 요트클럽"이라 불려졌다.

런던에서 시작되었음에도 불구하고 그 클럽은 와이트 섬에 있는 카우스의 마을에 설립되었다. 클럽의 멤버는 42명이었으나, 8월 동안 카우스에서 19명의 귀족회원들이 정기적으로 만났고 8월 24일 이스트 카우스에 있는 호텔에서 매년 협회에서 주체하는 저녁만찬을 열기로 결정하였다. 그들의 관심 덕에 마을은 상류층의 요트회원들을 위한 유명한 리조트로서의 명성을 얻었다.

1) 왕실의 지지

요트클럽으로 만들어졌음에도 불구하고 그 클럽은 많은 점에서 아탄애음 & 화이트(Athanaeum & Whites)와 같은 많은 런던 신사의 클럽들과 달랐다. 클럽 초창기 멤버들은 카우스와 런던에서 매년 몇 차례 열리는 회의에서 사회적인 이유로 노력을 기울이지 않았다. 그러나 클럽은 이러한 상황을 넘어 곧 활성화되었다.

1817년 9월 15일 이스트 카우스에 찰스 파깃으로부터 편지가 도착했으며 바로 특별회의가 소집되었다. 편지의 내용은 리젠트 왕자가 요트클럽의 회원이 되길 바라니 공식적으로 숙고해 달라는 내용이었다.

왕자는 즉시 회원으로 선출되었고 이듬 해 봄 두 명의 다른 귀족 자제들이 들어왔으며, 그 후 클럽의 활동은 더욱 활발해졌다. 1818년 클럽 유니폼이 고안되었으며 요트 크기의 자격은 최소 20톤이 되었다. 1820년 리젠트 왕자는 조지 4세가 되었을 때 클럽의 이름을 로얄요트클럽으로 바꾸고 1824년 카우스 앞바다에 클럽하우스가 생겼으며 첫 번째 제독으로 야보로우의 백작이 임명되었다.

클럽회원들 사이에 비공식적인 경주는 있었지만 첫 번째 공식적인 경주는 1826년 8월 10일까지 로얄요트클럽의 참가 기준을 따르지 않은 이유로 인해 열리지 않았다. 제2차 세계대전과는 별도로 경주는 조직화되어 갔다.

클럽역사에 있어 그 이상의 발전은 1833년 7월 벨페스트 군주가 클럽으로 보낸 편지에서 확인할 수 있다. 편지의 내용은 폐하와 요트클럽 임원들의 정중한 바람으로 그 명칭이 더로얄요트스쿼드론이라 호칭되었다. 그때부터 클럽의 기는 영국해군의 기와 같은 것으로 수정되었다.

로얄요트스쿼드론의 호칭과 두 깃발은 지금까지 바뀌지 않았다. 이것은 스쿼드론이 세계적으로 해체되지 않은 가장 오래된 요트클럽이고 처음 설립된 현대적 감각의 요트클럽을 의미한다.

〈그림 1-4〉 1831년 요트대회

카우스에서 떨어진 컴벌랜드세일링소사이어티는 템즈에서 계속 번창해왔다. 1823년 조지 4세의 대관식에서 코로네이션소사이어티로 명칭이 변경되었다. 그러나 그 해의 경기는 많은 논쟁을 가져왔고 그 결과 위원회는 재경기를 명령했다. 많은 회원들은 이것에 임하지 않았고 1823년 8월 14일 템즈 요트클럽은 해체되었다. 대다수의 활동적인 회원을 빼앗긴 코로네이션세일링소사이어티가 1827년경 사라진 반면에 템즈 요트클럽은 1830년 후원자 클래런스 공작이 왕위에 올라 윌리엄 4세가 되었을 때 왕의 허가를 받았다.

2) 국제적인 성장

같은 해 코크에서 그 클럽은 3곳의 왕이 승인한 클럽들이 이끄는 로얄코크요트클럽이 되었다. 이렇게 1830년대까지 요트여행은 조직화되었고, 오늘날 클럽, 소유자, 동업자의 출현에 이르기까지 더욱더 인기 있는 스포츠가 되어가고 있었다. 증기선의 출현은 항해에 있어 참신함을 더해주었다. 또한, 요트경기의 전반적인 규정들은 클럽과 레가타 위원회에 의해 제정되어 비록 처음에는 많이 달랐지만 지역적으로, 그 후에는 국가적으로, 더 나아가 국제적으로 천천히 통합되었다.

이에 따라 이와 같은 합병은 3곳의 왕족클럽을 모방하여 나타난 영국에서 처음 일어났다. 몇몇 클럽은 왕의 승인이나 오늘날 나타난 것과 같은 이름으로 시작했지만 다수의 클럽들은 1815년 이후 발생하였다. 1815년말 더로얄디, 1824년 로얄노던(스코틀랜드 클라이드), 1827년 로얄웨스턴(플리머스), 1829년 최초 식민지의 클럽인 로얄지브롤터, 1831년 로얄아이리시, 1837년 로얄서던, 1838년 로얄런던, 로얄세인트조지(아일랜드), 로얄호바트레가타어소시에이션(오스트레일리아 태즈메니아)이 설립되었다.

이 클럽의 존재는 1845년 출판된 "The yachts-man's Annual and General Register"라고 불리는 책에 나온 웨이머스와 타인마우스에 있는 2개의 레가타 연합과 12개의 클럽에 의해 19세기 초반에 영국에서의 요트여행이 얼마나 발전해왔는가에 대해서 말하고 있다.

로얄요트스콰드론은 160명의 회원과 100척의 범선을 갖고 있고, 대부분의 무게는 50~120톤 사이이며, 무게 393톤의 스쿠너선(schooner) 한 척이 있지만 다른 선박은 30톤으로 가벼운 쪽에 속한다. 로얄탬즈요트클럽은 약간 더 작은 요트 150척을 갖고 있었지만, 세기 중엽까지 영국 요트여행 함대가 발달했다는 것을 함께 보여준다.

대영제국 밖의 최초의 요트클럽은 1830년 스웨덴에서 설립되었다. 로얄요트스콰드론의 회원이었던 블룸필드 군주가 생각해낸 것으로 그가 영국 사절로서 스웨딘에 있었을 때 어느 밤 집회에서 더 요트클럽(The Yacht Club)을 설립하도록 결의했다. 클럽의 규칙은 1833년에 작성되었으며, 최초 스웨덴의 왕위계승 왕자에 의해 승인되었으며, 더 스웨디쉬 요트클럽(The Swedish Yacht Club, SSS)으로 클럽명이 바뀌었다. 왕의 승인 몇 년 후 클럽은 로얄스웨디시요트클럽(the Kungelig Svenska Segel Sallskapet, the KSSS)이 되었다.

〈표 1-3〉 19세기 요트항해 활동

1815 : 카우스에서 경주를 위해 "The Yacht Club" 탄생
1820 : "The Yacht Club"은 "The Royal Yacht Club"이 됨
1826 : 카우스 레가타(Cowes Regatta)에서 우승컵을 위해 최초 경주
1829 : 영국 외부의 최초 요트클럽인 "Royal Gibraltar Yacht Club" 탄생
1830 : 대영제국 외부의 최초 요트클럽인 "Royal Swedish Yacht Club" 탄생
1833 : "The Royal Yacht Club"은 "The Royal Yacht Squadron"으로 개칭
1838 : 프랑스의 "The Societe des Regates du Havre"와 오스트레일리아의 "Royal Hobart Regatta Association" 탄생
1844 : "New York Yacht Club" 탄생
1845 : 미국해안에서 열린 최초 공식적 경주는 뉴욕에서 개최
1850 : "Richard Tyrrell McMullen"(영국) "Leo"호로 크루즈 시작
1851 : 카우스의 "Hundred Guinea Cup"에서 America호 우승, 후에 최초 America's Cup 경주로 간주
1856 : "Lord Dufferin"(영국)은 "Foam"호로 북극 순항
1866 : 최초 동부행의 대서양횡단 경주
1870 : "City of Ragusa"호 동쪽에서 서쪽으로 내서앙 횡난
1870 : America's Cup의 최초 방어경기 실시(Defence)

1876 : "Yacht Racing Association"(영국) 탄생
1876 : "Alfred Johnson(미국)" 최초 동부행의 대서양 단독 횡단
1876 : Sunbeam호 세계일주 크루즈 시작
1880 : Cruising Club(영국) 탄생
1883 : "Bernard Gilboy(미국)" 최초 태평양 단독 횡단
1886 : 영국에서 적재량 등급 폐지
1887 : Frank Knight 발트해 순항
1893 : 영국과 미국에 9척의 큰 경주용 커터(cutter) 진수
1895 : 솔렌트 One-Design에서 최초 영국 단일형급 제품생산 시작
1895 : 최초 Seawanhaka Cup 경주
1896 : 최초 Canada's Cup 경주
1897 : 미국의 최초 단일형 "A Scow" 제조
1898 : Joshua Slocum(미국) 최초 단독 세계일주항해 성공
1899 : 최초 "One Ton Cup" 경주

〈표 1-4〉 20세기 요트항해 활동

1900 : 올림픽경기 종목으로 요트 소개
1903 : New York Yacht Club에 의해 Universal Rule 채택
1903 : 가장 큰 커터 Reliance호 America's Cup 방어전 진출
1906 : 최초로 뉴욕과 버뮤다 요트항해 실시
1906 : Roald Amundsen(노르웨이) 최초 Gjoa호로 북서항로를 통해 항해
1906 : International Rule 작성
1907 : International Yacht Racing Union(국제요트경기연맹) 탄생
1908 : Cruising Association(영국) 탄생
1909 : Clyde Cruising Club(영국) 탄생
1911 : 최초 Star 단일형급 킬보트 제조
1919 : 영국에서 14ft딩기의 경기규칙 제정 : 1928년에 International 14가 됨
1920 : 마침내 America's Cup 유싱타임(Using time)허용
1921 : 최초 British-American Cup 6-metres 경주
1922 : "Cruising Club of America" 탄생
1923 : 최초 (Bermuda Race from New London, Connecticut to Bermuda) Cruising Club of America에 의해 편성
1925 : North American Yacht Racing Union(NAYRU) 탄생
1925 : Ocean Racing Club(영국) (후에 Royal Ocean Racing Club) 탄생
1925 : 미국의 해리 피존(Harry Pidgeon) 두 번째로 단독 세계일주
1925 : "Fastnet Race"에서 7척의 요트 최초로 적도 통과
1925 : 아일랜드의 커너 오브라이언(Conor O'Brien) Saoirse호로 최초 희망봉과 케이프 혼(Cape Horn)의 남쪽 세계여행

1926 : "The Little Ship Club"(영국) 탄생
1927 : 이탈리아 제노아의 6-metre 레가타에서 제노아 세일 최초 출현
1929 : Irish Cruising Club 탄생
1930 : 토마스 립튼 경에 의하여 America's Cup 도전전이 열리고, J-class 출현
1930 : 최초로 타스만(Tasman)해 횡단경기 실시
1930 : Swiftsure Lightship Race 개최
1931 : 미국의 빌 로빈슨(Bill Robinson)과 타히티의 에트라(Etera) 최초 2인승 세계일주 선원
1931 : RORC Rule 소개
1932 : CCA Rule 소개
1932 : The Star급 단일형 킬보트 올림픽경기에 최초 출현
1934 : 노르웨이의 알 한센(AlHansen) 동쪽에서 서쪽으로 케이프 혼(CapeHorn)주변 최초 단독항해
1937 : America's Cup J-class 마침내 America's Cup에 출현
1939 : 최초 마블헤드(Marblehead)에서 헬리팩스(Halifax)간 경주
1941 : Southern Ocean Racing Conference 시리즈 최초 개최
1945 : Sydney to Hobart Race 개최
1946 : 최초 세계의 가장 큰 경주인 Newport Beach to Ensenada 경주
1947 : 최초 부에노스 아이레스에서 리오데자네이로간 경기
1948 : 덴마크의 폴 엘브스트롬(Paul Elvstrom) 최초 올림픽 4관왕
1952 : North American Yacht Racing Union, International Yacht Racing Union 통합경기규칙을 하나의 규정으로 1958년부터 세계적으로 사용
1953 : 영국의 안네 데이비슨(Anne Davison)은 최초 단독 대서양횡단 여성이 되었다.
1953 : Fastnet Race에서 가장 작은 보트인 Favona호 우승
1954 : "Ocean Cruising Club(영국)" 탄생
1954 : 데크론 돛 Star World Championships에서 우승 : 데크론은 점진적으로 면을 대체
1956 : 최초로 오클랜드에서 수바간 경기
1957 : 안나폴리스에서 뉴포트 (Annapolis to Newport Race)간 최초 항해
1957 : 최초 새로운 연해/근해 시리즈 개념을 시작한 America's Cup 경주 시리즈
1958 : 1937년 이래 최초 America's Cup 시리즈에서 국제협정 규칙으로 12-metre요트 개최
1960 : 최초 OSTAR – 처음으로 서부행 단독 대서양횡단 경주
1961 : 최초 Little America's Cup 쌍동선(catamaran) 시합
1962 : 오스트레일리아의 America's Cup 최초 도전
1965 : Congressional Cup 시합 – 경주용 시리즈 캘리포니아 롱비치에서 최초 개최
1965 : 22ft 내지 그 이하 RORC 등급의 요트를 위한 최초 현대적인 One Ton Cup 시리즈
1966 : Half Ton Cup 경주 시리즈 개최
1966 : 영국과 아일랜드 간 경주(Round Britain and Ireland Race) 최초 항해
1967 : 최초 Quarter Ton and Two Ton Cups를 위한 첫 번째 요트경기 개최
1967 : Southern Cross Trophy 최초 개최
1968 : 국제근해규칙(International Offshore Rule)은 영국과 미국의 규칙을 대신하여 전 세계로 소개되었다.
1969 : Bernard Moitessier(프랑스)에 의한 최초 단독, 논스톱 세계일주 성공
1969 : Windsurfers 최초 항해

1969 : 최초 Middle Sea 경주
1970 : 뉴질랜드의 로버트 그리피스(Robert Griffith)와 가족의 최초 남극대륙 주변 크루즈항해 시작
1970 : 미국의 로빈 리 그라함(Robin Lee Graham)은 1965년 16세의 나이로 단독 세계일주 최연소자가 됨
1972 : 영국의 데이비드 리위스(David Lewis) 최초 단독 남극대륙 크루즈항해 시작
1973 : 최초 Whitbread Race 세계일주 시작
1974 : Three-Quarter Ton Cup 요트경주시리즈 최초 개최
1974 : 벨기에의 윌리 데 루스(Willy de Roos) 선장의 윌리워(Williwaw)호 최초 북서항로 항해
1978 : 폴란드의 크리스티나 코이노시아 리스키위츠(Krystyna Chojnowsja-Liskiewwicz) 최초 단독 세계일주 여성
1978 : 최초 Mini Ton Cup 경주시리즈 개최
1978 : Hawaii International Ocean Racing Series 최초 개최
1978 : 딩기스(Dinghies) 최초로 작은 배로 Women's World Championship 참가
1978 : Route du Rhum 생 말로(St Malo)에서 과들루프(Guadeloupe)까지 최초 경주
1978 : 최초 Tour de France a la Voile 개최
1980 : 프랑스의 에릭 타바리(Eric Tabarly) 선장의 Paul Ricard호는 Atlantic호의 대서양횡단 기록을 깨뜨림
1980 : GPS를 요트에 최초로 도입
1980 : 라 볼(La Baule)에서 Dakar Race 최초 항해
1981 : 최초 서부행 two-handed 대서양횡단 경주
1982 : Jon Sanders(오스트레일리아)는 논스톱으로 두 번 세계일주 항해
1982 : 케브라(Kevlar)가 요트건조에 최초로 소개됨.
1982 : 최초 BOC Challenge Around-Alone Race 시작
1983 : America's Cup에서 미국은 오스트레일리아에 패함
1984 : 국제요트경기연맹(IYRU)의 규정하에 요트광고 허용
1985 : 아일랜드의 존 고어 그림스(John Gore-Grimes)는 그린란드 동쪽 연안 아래 스코즈비 만(Scoresby Sound)으로 내려가는 연해를 만든 최초 요트 요원
1986 : 프랑스의 파스칼 마카(Pascal Maka)는 sail board로 1/2km 이상의 항해속도 38.86노트의 기록 보유
1987 : America's Cup 미국 탈환
1988 : 오스트레일리아의 존 샌더스(Jon Sanders)가 최초로 3번 논스톱 단독 세계일주 달성함
1988 : Jet ServicesⅤ호의 선장 Serge Madec(프랑스)과 선원은 서쪽에서 동쪽으로 대서양횡단을 7일 21시간 35분, 평균 15.27노트로 항해했다. 항해 이래 가장 빠른 해양횡단이다.
1988 : 플러리 미숑(Fleury Michon) Ⅸ호는 동서 대서양횡단 기록 10일 9시간 15분을 보유한 프랑스의 필립 포픈(Philippe Poupon)에 의해 단독으로 항해했다.
1988 : 오스트레일리아의 케이 커티(Kay Cottee)는 최초로 논스톱 세계일주 항해를 한 여성이 됨.
1988 : 영국의 에릭 빌(Eric Beale)은 40.33노트의 새로운 항해속도 기록 보유

5. 미국의 요트항해활동

18세기 미국 식민지의 확장으로 해상교통이 발달되었다. 쾌속 범선은 보스톤에서 뉴욕까지 육지를 경유한 여행보다 더 빠르고 더 편리하게 항해할 수 있었기 때문에 근해의 운송을 위해 개발되었다. 그러나 이 당시에는 위락을 목적으로 한 항해는 드문 일이었다. 예외적으로 루이스 모리스 대령이 순수하게 휴양만을 위해 팬시(길이는 약 10.7m)라 불리는 작은 슬루프(sloop)를 제조했었다. 동시대의 Memorial History of New York은 해협의 평화로운 해수가 멋진 항구와 안전하게 항해하는 기회를 주었다고 전한다.

미국인 최초의 요트는 1801년 매사추세츠주 살렘의 조지 크로우닌쉴드가 제조한 제퍼슨이라는 22톤의 슬루프이다. 크로우닌쉴드는 자신의 배를 가지고 있는 상인이었고, 그의 개인적 사용과 그의 아들과 친구들을 위한 훈령용 배로 제퍼슨을 제조하였다. 그 슬루프는 1812년 영국에 대항하는 전쟁에서 사략선으로서의 권한을 부여받았고, 1815년 결국 고기잡이배로 팔렸다. 그의 다음 요트는 통상용의 범선으로 25m의 상당히 큰 요트였다. 이는 클레오파트라 바지(Cleopatra's Barge)라는 이름이 지어졌으며, 그때 당시 총액 $50,000라는 거대한 비용이 들었고, 값비싼 별장 같은 가구 딸린 요트로 우아한 긴 의자와 벨벳 쿠션, 도색된 의자, 거울, 잔뜩 차려진 뷔페와 최고의 접시와 유리그릇, 자기류 등을 보유하고 있었다. 이 요트는 최신의 갑판장치를 갖추고 있었다. 최고의 특징은 수평의 권양기와 키이며 이것들은 편하고 안전하게 이동하기 위해 설치되었다. 그리고 수많은 돛을 갖추고 있다.

1817년 여름 이 요트는 지중해를 향하여 출발했다. 그들은 지브롤터, 탕제, 마조르카, 바르셀로나, 마르세유, 제노아, 레그혼을 방문했다. 미국으로 돌아오는 길에 크로우닌쉴드는 다음해 북유럽과 발트해까지 항해를 계획했지만, 1817년 11월 선내에서 사망했다. 그 요트는 그 후에 통상무역회사에 팔렸고, 1820년 하와이의 왕에게 다시 팔렸다. 그는 곧 그 배를 파괴했고 폐선은 호놀룰루의 바다에서 못쓰게 되었다.

1820년대 보스턴인 벤자민 커틀러 클라크는 메리라는 이름의 작은 요트로 보스턴항의 주위를 항해했다. 1832년 그는 처음으로 보스턴에서 갑판으로 이루어진 요트라 명칭 지어진 11톤의 스쿠너선(schooner)인 머메이드를 주문하였다. 도착지점에서 클라크는 틀림없이 거기에 요트 중고 시장이 있음을 알고 이 배를 팔고 20년 동안 그 지역에서 항해한 라벤이라는 배를 구입하였다. 1845년 라벤은 호텔소유자인 페런 스티븐스에 의해 개최된 보스턴 북쪽에서 열린 나호트(Nahaut)라는 요트경주에서 시그닛이라 불리는 요트를 이겼다고 보도되었다.

카우스의 초창기와 마찬가지로 비공식적이고 해안가에서의 요트항해로 인해 사람들은 큰

럽에 열중하기 시작하였다. 그들은 14미터 크기의 스쿠너선(schooner) 드림을 사기 위해 합동 소유주들의 회사보다 훨씬 많은 돈인 2,000달러를 사용했고 그 배는 낮에 주로 항해하는 배의 용도로 짧은 거리의 피크닉과 겜블링 파티의 용도로 사용되어졌다. 이 요트의 성공으로 클럽은 16미터 크기의 스쿠너선(schooner) 브리즈를 구입하게 되었다. 수년간 두 요트는 보스턴항의 특색이었으나 1837년 미국은 불경기를 맞게 되었다. 그 요트들은 처분되었고 미국의 첫 번째 클럽인 보스턴 요트클럽은 기록으로부터 사라지게 되었다.

영국에서처럼 몇몇 영향력 있는 사람들에 의해 구성된 보스턴 요트클럽과 같은 클럽의 탄생과 바다에서의 재미난 항해는 우리가 오늘날과 같은 요트 스포츠처럼 자극이 필요하였다. 존 스티븐스 대령은 미국 혁명기 동안에 뉴저지의 출납국장이었다. 그는 세 명의 아들과 허드슨강 하류에서 항해를 즐겼다. 또한 그와 그의 가족은 초기 증기선과 철도 개발에 기여하였다. 그의 아들 중 한명은 스티븐스 기술단체의 설립자이었으며, 막내아들인 존 콕스 스티븐스는 1809년부터 각기 다른 디자인과 기술이 접목된 배의 시리즈를 만들었다. 이와 같은 배들의 몇몇은 길이가 28미터인 긴 것도 있었다.

〈그림 1-5〉 클레오파트라 바지(Cleopatra's Barge)

1) 뉴욕 요트클럽

1844년 7월 30일 뉴욕항에서 현재 존 콕스 스티븐스와 9명의 친구들은 뉴욕 요트클럽을 만들기로 결정했으며, 위원회에 의해 스티븐스는 제독으로 임명되었고, 클럽은 뉴욕으로부터 뉴포트를 항해하는 로데섬에 짓기로 결정하였다. 이것은 1844년 8월 초에 일어났으며 짐크랙과 다른 유사한 요트들에 의해 완성되었다. 클럽이 커짐에 따라 클럽하우스는 뉴저지의 위화칸에 있는 엘리시움 들판에 세워졌다.

미국에서의 첫 공식적인 경주는 1845년 7월 NYYC에 의해 개최되었다. 그것은 배가 뉴욕만을 통해 Lower Bay의 부표를 돌아오는 것이었다. 그 경주에서 스티븐스는 패배했고 더빠른 배로 짐크랙을 교체하였다. 그의 새로운 배는 큰 사형 주범과 센터보드(center board)를 갖춘 33.5m(110ft)의 마리아라는 슬루프로 몇 년 동안 NYYC함대 중 가장 빨랐다. 이렇게 경기를 주최하는 동안, 클럽은 규칙의 미비점을 보완하였다.

주변 해안에서 클럽 멤버들이 서로 크루즈 여행과 경주시합을 벌이며 유쾌한 시간을 보내던 도중 신사처럼 보이게 위장한 카우스인들이 영국에서 발급되는 통행증 없이 통과하게 되었는데 이것은 NYYC의 초창기 멤버 중 한 사람인 조지 슈일러에 의한 일이었다. 영국에서 열린 요트경주에 뉴욕 출신 조종사를 보낸 것은 아미레카컵의 설립을 위한 첫 단계였다. 1851년 미국에서 영국으로 새롭게 보낸 특파원은 더 발전하거나 아니면 쇠퇴한 요트경주 역사의 새로운 시작으로 기록하였고, 스포츠의 필수적 요소인 친선 요트경주 활동을 보았다고 전했다. 국제적 요트경주의 시대가 도래한 것이었다.

〈그림 1-6〉 뉴욕요트클럽의 요트경기

〈표 1-5〉 미국의 요트클럽 설립 년도(19세기)

설립 년도	클럽 이름	주
1839	DETROIT BOAT CLUB	Michigan
1844	NEW YORK YACHT CLUB	New York
1847	MOBILE YACHT CLUB	Alabama
1849	BILOXI YACHT CLUB	Mississippi
1849	PASS CHRISTIAN YACHT CLUB	Mississippi
1849	SOUTHERN YACHT CLUB	Louisiana
1850	SPRNGFIELD YACHT & CANOE CLUB	Massachusetts
1853	CAROLINA YACHT CLUB	North Carolina
1856	HARLEM YACHT CLUB	New York
1857	MARYLAND CLUB	Maryland
1860	BUFFALO YACHT CLUB	New York
1861	NEENAH NODAWAY YACHT CLUB	Wisconsin
1865	RARITAN YACHT CLUB	New Jersey
1865	RIVERTON YACHT CLUB	New Jersey
1865	WILLIAMSBURGH YACHT CLUB	New York
1866	BOSTON YACHT CLUB	Massachusetts
1868	DETROIT YACHT CLUB	Michigan
1868	SOUTH BOSTON YACHT CLUB	Massachusetts
1869	NEW HAMBURG YACHT CLUB	New York
1869	PORTLAND YACHT CLUB	Maine
1869	SAVANNAH YACHT CLUB	Georgia
1869	SAN FRANCISCO YACHT CLUB	California
1870	EASTERN YACHT CLUB	Massachusetts
1870	LYNN YACHT CLUB	Massachusetts
1871	MILWAUKEE YACHT CLUB	Wisconsin
1871	NORTH SHORE YACHT CLUB	New York
1871	SEAWANHAKA CORINTHIAN YACHT CLUB	New York
1871	TOMS RIVER YACHT CLUB	New Jersey
1872	BEVERLY YACHT CLUB	Massachusetts
1872	SANTA BARBARA YACHT CLUB	California
1873	ALBANY YACHT CLUB	New York
1873	ST AUGUSTINE YACHT CLUB	Florida

1874	LAKE GENEVA YACHT CLUB	Wisconsin
1875	CHICAGO YACHT CLUB	Illinois
1875	HUDSON RIVER YACHT CLUB	New York
1875	RHODE ISLAND YACHT CLUB	Rhode Island
1875	SAVIN HILL YACHT CLUB	Massachusetts
1875	VARUNA BOAT CLUB	New York
1876	FLORIDA YACHT CLUB	Florida
1876	DUXBURY YACHT CLUB	Massachusetts
1876	NEW YORK ATHLETIC YACHT CLUB	New York
1877	BRISTOL YACHT CLUB	Rhode Island
1877	NEW BEDFORD YACHT CLUB	Massachusetts
1877	ROCHESTER YACHT CLUB	New York
1878	CLEVELAND YACHTING CLUB	Ohio
1879	LOUISVILLE BOAT CLUB	Kentucky
1879	MONMOUTH BOAT CLUB	New Jersey
1879	YONKERS YACHT CLUB	New York
1880	LARCHMONT YACHT CLUB	New York
1880	OLD DOMINION BOAT CLUB	Virginia
1881	CHELSEA YACHT CLUB	New York
1882	BEACH HAVEN YACHT CLUB	New Jersey
1882	MINNETONKA YACHT CLUB	Minnesota
1882	NEW HAVEN YACHT CLUB	Connecticut
1883	AMERICAN YACHT CLUB	New York
1883	CAROLINA YACHT CLUB	South Carolina
1883	FORT SCHUYLER CLUB	New York
1883	ONONDAGA YACHT CLUB	New York
1884	WINTHROP YACHT CLUB	Massachusetts
1885	AMERICAN YACHT CLUB	Massachusetts
1885	BAR HARBOR YACHT CLUB	Maine
1885	CORINTHIAN YACHT CLUB	Massachusetts
1885	SHATTEMUC YACHT CLUB	New York
1886	ANNAPOLIS YACHT CLUB	Maryland
1886	CHELSEA YACHT CLUB	Massachusetts
1886	CORINTHIAN YACHT CLUB OF SAN FRANCISCO	California

1886	ISCHODA YACHT CLUB	Connecticut
1886	RED DRAGON CANOE CLUB	New Jersey
1886	SAN DIEGO YACHT CLUB	California
1886	SHELTER ISLAND YACHT CLUB	New York
1887	CEDAR POINT YACHT CLUB	Connecticut
1887	CHESAPEAKE BAY YACHT CLUB	Maryland
1887	LINDSAY PARK YACHT CLUB	Iowa
1887	HOUSATONIC BOAT CLUB	Connecticut
1887	QUAKER CITY YACHT CLUB	Pennsylvania
1888	BAY HEAD YACHT CLUB	New Jersey
1888	RIVERSIDE YACHT CLUB	Connecticut
1889	BELLE HAVEN CLUB	Connecticut
1889	DORCHESTER YACHT CLUB	Massachusetts
1889	INDIAN HARBOR YACHT CLUB	Connecticut
1889	EDGEWOOD YACHT CLUB	Rhode Island
1890	ENCINAL YACHT CLUB	California
1890	KEYSTONE YACHT CLUB	New York
1890	OCONOMOWOC LAKE CLUB	Wisconsin
1890	PLYMOUTH YACHT CLUB	Massachusetts
1890	SQUANTUM YACHT CLUB	Massachusetts
1890	STAMFORD YACHT CLUB	Connecticut
1890	STUYVESANT YACHT CLUB	New York
1890	TACOMA YACHT CLUB	Washington
1890	WESTHAMPTON YACHT SQUADRON	New York
1891	HEMPSTEAD HARBOUR CLUB	New York
1891	ANACORTES YACHT CLUB	Washington
1891	MANHASSETT BAY YACHT CLUB	New York
1892	CAPITAL YACHT CLUB	District of Col.
1892	COLUMBIA YACHT CLUB	Illinois
1892	CONANICUT YACHT CLUB	Rhode Island
1892	CORINTHIAN YACHT CLUB OF PHILADELPHIA	Pennsylvania
1892	POUGHKEEPSIE YACHT CLUB	New York
1892	SAG HARBOR YACHT CLUB	New York
1892	SEA CLIFF YACHT CLUB	New York

1892	SEATTLE YACHT CLUB	Washington
1893	HINGHAM YACHT CLUB	Massachusetts
1893	LAKE BEULAH YACHT CLUB	Wisconsin
1893	SODUS BAY YACHT CLUB	New York
1893	WEEKAPAUG YACHT CLUB	Rhode Island
1894	CHAUTAUQUA LAKE YACHT CLUB	New York
1894	COHASSET YACHT CLUB	Massachusetts
1894	HUGUENOT YACHT CLUB	New York
1894	HUNTINGTON YACHT CLUB	New York
1894	NEWPORT YACHT CLUB (THE)	Rhode Island
1894	PUT-IN-BAY YACHT CLUB	Ohio
1894	SAGINAW BAY YACHT CLUB	Michigan
1896	MORRISANIA YACHT CLUB	New York
1896	OLD MILL YACHT CLUB	New York
1896	PEWAUKEE YACHT CLUB	Wisconsin
1896	SACHEM'S HEAD YACHT CLUB	Connecticut
1897	HOUSTON YACHT CLUB	Texas
1897	OCEAN CITY YACHT CLUB	New Jersey
1897	SPRING LAKE YACHT CLUB	Michigan
1898	CANANDAIGUA YACHT CLUB	New York
1898	ISLAND HEIGHTS YACHT CLUB	New Jersey
1898	JAMES ISLAND YACHT CLUB	South Carolina
1898	MEDFORD BOAT CLUB	Massachusetts
1898	OHIO RIVER LAUNCH CLUB	Ohio
1898	PAW PAW LAKE YACHT CLUB	Michigan
1898	PORTSMOUTH YACHT CLUB	New Hampshire
1898	SEASIDE PARK YACHT CLUB	New Jersey
1898	WEST END BOAT CLUB	Pennsylvania
1899	MASCATAWA BAY YACHT CLUB	Michigan
1899	MANASQUAN RIVER YACHT CLUB	New Jersey
1899	NORTHPORT YACHT CLUB	New York
1899	SAG HARBOR YACHT CLUB	New York

〈출처 : http://www.yachtclub.com〉

Yacht Sailing

Chapter

2

세계의 요트경기

요트항해입문

제2장 세계의 요트대회

1. 요트경기 입문

1) 요트경기의 의의

요트경기는 주말을 이용하여 여가생활로써 즐기는 것에서부터 TV중계와 상금이 걸린 전문 그랑프리 경기까지 다양하게 즐길 수 있는 스포츠이다. 항해자들은 바다에서 항해를 시작한 순간 주위를 항해하고 있는 요트와 경주를 해본 경험이 있을 것이다. 스포츠로서 자리잡기 위한 요트항해는 세일요트 경기로 공인되어 1800년대부터 시작되었다. 19세기가 끝날 무렵, 가장 명성이 높은 아메리카스 컵에서 일어난 '우발적으로 추정되는 사건(미국 항해자가 정정당당한 항해를 하지 않는다는 영국항해자의 주장)'으로 인해 영국과 미국의 세일요트 경기는 마치 전쟁처럼 열기가 달아올랐다.

요트경기는 이러한 스포츠로서의 의미만이 아니라 관광객을 유인하고 관광수입을 올릴 수 있는 중요한 관광자원으로서의 가치도 올라가고 있다. 예를 들어 2007년 아메리카스 컵 요트대회가 열린 스페인의 발렌시아에는 6백만명의 관광객이 방문하였고, 시청자도 40억명으로 추산하고 있다. 또한 스페인 경제에 영향을 준 경제적 효과도 40억 유로로 추산할 정도로 올림픽이나 월드컵 축구대회와 함께 최고의 세계적 스포츠 이벤트 중의 하나이다.

(1) 모두가 즐길 수 있는 세일요트 경기

경기용 세일요트는 남녀노소를 불문하고 누구나 쉽게 이용할 수 있다. 비록 아메리카스 컵의 전문적인 선원(grinder)들과 같은 특정 세일요트에 유능한 선원이 위치하는 경우 육체적인 요구가 선행되지만, 가장 중요한 세일요트 경기자의 기본요건은 집중력, 민첩성, 배우고자 하는 열망, 즉 정신력에 있는 것이다. 심지어 세일요트 경기는 신체장애인들도 참여할 수 있다.

남성과 여성은 다양한 세일요트 경기에서 동등하게 기량을 겨룰 수 있다. 1995년, 팀 구성원이 전부 여성으로 이루어진 JJ팀은 아메리카스 컵에 참여할 수 있는 엄청난 기회를 얻

었다. 지역 세일요트 경기에서 성대결은 쉽게 찾아볼 수 있는 일이지만, 이는 최초로 전문 스포츠에 있어서 여성이 남성과 정면으로 맞선 수준 높은 경기였다.

(2) 스포츠맨 정신을 키워주는 세일요트 경기

세일요트 경기는 부정한 행위에 대한 벌칙을 적용하는 우선권 규칙이 적용되기 때문에 경기자들에게 페어플레이 정신을 심어준다. 심판이 경기를 치르고 있는 요트와 함께 경기장에 있는 경우가 있기도 하지만, 대부분의 경기는 경기자들의 스포츠맨 정신을 서로 믿고 심판 없이 경기를 한다.

(3) 환경친화적인 세일요트 경기

세일요트 경기는 NASCAR 경주에서의 소음, 고무의 연소, 화석 연료의 연소 없이도 격렬함을 느낄 수 있다. 그리고 세일요트 경기자는 트랙의 중심을 벗어난 자동차 경주자와는 다르게 자연의 중심을 벗어나는 일이 없으며, 항해자는 자연환경에 피해를 주지 않는다. 요트가 지나간 뒤 남는 것은 오직 요트의 항적뿐이다.

세일요트 경기에서 좋은 성적을 내기 위해서는 풍향의 변화를 피부로 느끼며 수면상태의 변화를 읽을 수 있도록 항해 감각을 넓혀야 한다. 경주에 있어서는 어느 방향으로 항해할지 주변을 살피고 계획을 세워서 최대한 빠르게 항해하여야 한다.

(4) 항상 새로운 것을 배우고 있는 경기자들

파도와 바람이 빈번하게 변화하는 물 위에서 축구경기가 열린다고 상상해 보자. 그것이 바로 요트경기다. 또한 요트경기는 체스판과 말들이 계속적으로 유동하고 있는 3D체스 게임과도 유사하다. 아메리카스 컵은 1대 1 경주방식으로 공중에서 벌어지는 전투기의 싸움과 같이 'Match racing'이라고 말한다. 어떠한 방식의 경기든 기상과 조류, 돛과 요트에 작용되는 수력 및 공기역학, 전술, 압력에 어떻게 대처할 것인가를 꾸준히 배워나가야 한다.

(5) 최적의 장소에서 열리는 세일요트 경기

세일요트 경기는 세계 여러 곳에서 개최된다. 이미 알고 있듯이 최적의 장소인 호주의 퍼스(Perth), 프랑스의 샹 트로페(Saint-Tropez) 그리고 세일링을 즐길 수 있는 대부분의 멋진 해안은 우리가 세일요트 경주를 최고의 스포츠라 부르는 이유 중의 하나이다.

2) 경기규칙

다른 사람들과 함께 게임을 즐기기 위해서는 게임의 규칙에 동의해야만 한다. 세일요트 경기의 규칙들은 스포츠 관리기구인 국제세일링연맹(International Sailing Federation, ISAF)에서 지정한다. ISAF는 4년마다 경기 규칙을 업데이트한다. 1997년에 ISAF는 경기규칙을 보다 쉽게 이해하도록 만들려고 노력을 기울였다.

국가기관 혹은 각 지역 해양 전문 상점에서 얻을 수 있는 국제 세일요트 경기규칙 사본을 갖고 있다면 세일요트 경기를 할 수 있을 것이다. 다음 목록은 세일요트 경기의 기본적인 일곱 가지 규칙을 보여주고 있다.

(1) 다른 요트, 부표 또는 회전지점과의 충돌을 피해야 한다.

우리가 항해하는 요트는 놀이동산의 범퍼요트가 아니다.

(2) 정당한 출발을 해야 한다.

출발신호가 있은 후에 출발선을 통과해야 한다. 신호가 있기 전에 출발선을 통과한다면 다시 돌아와서 출발해야 한다.

(3) 우현으로 택킹하는 요트가 좌현으로 택킹하는 요트보다 우선권이 있다.

이 규칙과 다음에 나올 두 가지의 규칙은 교통규칙과 경기규칙에 유효하다.

(4) 풍하로 항해하는 요트가 풍상으로 항해하는 요트보다 우선권이 있다.

두 대의 요트가 같은 방향으로 택킹할 때 이 규칙이 적용되며 반대 방향으로 택킹하고 있다면 앞서 말한 규칙이 적용된다.

(5) 추월하고 있는 요트를 방해하지 않는다.

추월하고 있는 요트를 방해하는 것은 생각조차 하지 못할 일이다.

(6) 어느 한 지점을 회전할 때에는 안쪽에 있는 요트가 우선이다.

만일 반환점 또는 장애물에 두 대의 요트 혹은 그 이상의 요트가 겹쳐서 접근한다면 안쪽 코스에 있는 요트가 우선권을 갖는다.

⑺ 반칙에 대한 대가를 치른다.

세일링 지침에 따라 다양한 페널티가 적용된다. 요트경기에서는 반칙에 대한 책임은 지정된 원을 두 바퀴 돌게 하거나 최종적으로 획득한 점수에 페널티를 부과하는 경우가 있지만, 대부분의 경기에서는 다른 요트에 반칙을 범했을 경우 페널티를 부과하지 않고 곧바로 퇴장 처분과 함께 경기자격을 박탈당한다.

3) 경기에 이기는 방법

⑴ 전문 서적을 통한 연구

올림픽경기 우승자들의 노하우가 담긴 책이나, 각종 관련 잡지를 통하여 연구한다.

⑵ 요트경기 세미나 참가

Kolius Racing School과 같은 세계적인 세미나에 참석해 본다.

⑶ 좋은 요트 선택

경기가 이루어지는 장소나 형태에 따라 사용되는 요트는 변한다. 주말 저녁, 가볍게 경기를 즐길 수 있는 딩기요트는 훌륭한 부부팀을 구성하게 해 준다. 여러 종류의 요트를 접해 보고 경주에 대한 감각을 익힌다.

⑷ 경기규칙에 대한 이해

요트경기에서 미리 전략을 세운 팀은 많은 이점을 얻을 수 있다. 예를 들면, 반환점에 가까이 있을 때 전략적 이점을 얻기 위해 우현으로의 택킹을 시도한다(우현으로 택킹하는 요트에 우선권이 주어진다).

⑸ 충분한 연습

팀원들과 함께 빠르게 항해하는 방법, 전략적으로 완벽한 택킹기술, 요트조종술 등을 익히기 위해 많은 시간을 보내야 한다. 최고의 경기자는 많은 시간을 실제 경기보다 연습하는 것에 더 많이 사용한다.

(6) 선원으로 참가

대부분의 사람들은 초면인 사람보다 친구와 함께 요트경기에 참여하는 것을 더 원한다. 따라서 자주 항구에 나가 요트경기 항해자들에게 자신을 소개한다면, 더 많은 선원이 필요하게 될 경우 인원을 충당하여 경기에 참가할 수 있는 기회를 얻을지도 모른다.

2. 요트경기 현황

1) 세계의 요트경기

〈표 2-1〉 세계의 요트경기

경기수역	명칭	거리	경기지역
내해 요트경기	어드미럴스 컵	코웨	영국
	아메리카스 컵	우승국 연안	우승국
외해 요트경기	파스넷	코웨-폴리머스	영국
	뚜르드 프랑스	영국-지중해	프랑스
	시드니-호바트	시드니-호바트	호주
	뉴포트-버뮤다	뉴포트-버뮤다	미국
	시카고-맥키낙	시카고-맥키낙	미국 미시건호
	코스탈 클래식	오클랜드-베이섬	뉴질랜드
	상 페르난도	홍콩-필리핀	홍콩
대양횡단 요트경기	럼루트	생말로=그란떼레	프랑스-남미
	미니트란셋	프랑스-카나리아섬	프랑스
	오사카컵	멜버른-오사카	일본
	트랜스 퍼시픽	샌프란시스코-하와	미국
	케이프-리오	케이프-리오	남아공
	오클랜드-피지	오클랜드-피지	뉴질랜드
세계일주 요트경기	볼보챌린지	포츠머스항-리오	영국
	단독일주	로드섬	미국
	비티챌린지	사우스햄턴	영국
	벤디 글로브	르자벨드롱	프랑스
	줄베르느	브리타니	프랑스
	더 레이스	지브롤터	카타마란경기

〈자료 : 김천중, 전게서, pp. 35-53.〉

2) 한국의 경기수역별 요트경기

〈표 2-2〉 한국의 경기수역별 요트경기

경기수역	명칭	경기지역	비고
외해 요트경기	아리랑레이스	한국-일본	친선경기
	코리아컵요트대회	후포-독도-후포	국제대회
	전남-제주대회	여수(목포)-제주	편의상 외해로 분류
연안요트경기(혼성)	해군 참모총장배	부산 수영만	
	해양경찰청장배	통영시 도남단지	
	선주협회장배	부산 수영만	
	해양스포츠제전배	전국 순회	각종 해양스포츠
	인천광역시장배	인천 왕산	
연안요트경기(크루저급)	부산컵	부산	
	장보고배	완도군	
	이순신배	통영	
	코리아 매치컵	전곡(화성시)	국제대회

〈자료 : 김천중, 전게서, pp. 57-77.〉

3) 국내 및 국제 요트경기대회

〈표 2-3〉 국내 및 국제·세계 요트경기대회

국제요트대회		국내요트대회	
딩기	크루저	딩기	크루저
올림픽경기 요트대회	Round World Race (볼보오션레이스 등)	A급 전국대회	A급 전국대회
세계요트 선수권대회	Trans Ocean Race (루뜨 드럼 등)	B급/C급 전국대회	B급/C급 전국대회
클래스별 세계대회	Offshore Race (코리아 컵, 차이나 컵 등)	시도지부 대회	시도지부 대회
아시안게임 요트경기	Coastal Race (코리아 매치컵 등)	지역별 주말리그	지역별 주말리그

〈자료 : 대한 요트협회(2013)〉

4) 대한요트협회 주최 국제대회 및 전국대회

〈표 2-4〉 대한요트협회 주최 국제대회 및 전국대회

월	대회명	기간	장소	비고
3	해양경찰청장배	6일간	유치시도 선정에 따름	제13회
4	해군참모총장배	5일간		제17회
5	코리아컵국제요트대회	9일간		제6회
	소년체전	3일간		
6	해양수산부장관배	6일간		제2회
7	대통령기	4일간		제27회
	울진바람축제 요트대회	3일간		
8	해양제전	4일간		
9	아시아요트선수권대회	10일간		
10	전국체전	7일간		

〈자료 : 대한 요트협회(2013)〉

5) 지역 협회 및 가맹단체 대회

〈표 2-5〉 지역 협회와 가맹단체 개최 국제대회 및 전국대회

번호	대회명	기간	장소	주관단체	종목	규모
1	코리아매치컵 프로암	3월중	전곡	경기도	크루저	국제
2	코리아매치컵 예선전	4월중	전곡	경기도	크루저	국제
3	부산수퍼컵국제요트대회	5월중	부산	부산요트협회	크루저	국제
4	서울국제요트대회	5월중	한강	서울요트협회	딩기/ 크루저	국제
5	코리아 매치컵	5월-6월중	전곡	경기도	크루저	국제
6	한국레이저 요트선수권대회	6월-7월중	양양	한국레이저협회	레이저	국내
7	부산시장배	7월중	부산	부산요트협회	딩기	국내
8	황해컵 국제요트대회	8월중	인천/청도/위해	인천시	크루저	국제
9	전남-제주대회	10월중	여수/제주	전남/제주협회	크루저	국내
10	이순신배		통영	경남요트협회	크루저	국내
11	경기도요트협회장배 겸 한일친선요트대회		평택	경기도요트협회	딩기	국제
12	세계여자매치레이스		부산	부산요트협회	크루저	국제
13	한국레이저요트협회장배		부산	한국레이저협회	레이저	국내
14	한일 교환경기	11월중	한강	서울요트협회	딩기/ 크루저	국제

〈자료 : 대한 요트협회(2013)〉

3. 세계의 요트경기

1) 세계의 외해 요트경기

(1) 파스넷(Fastnet)

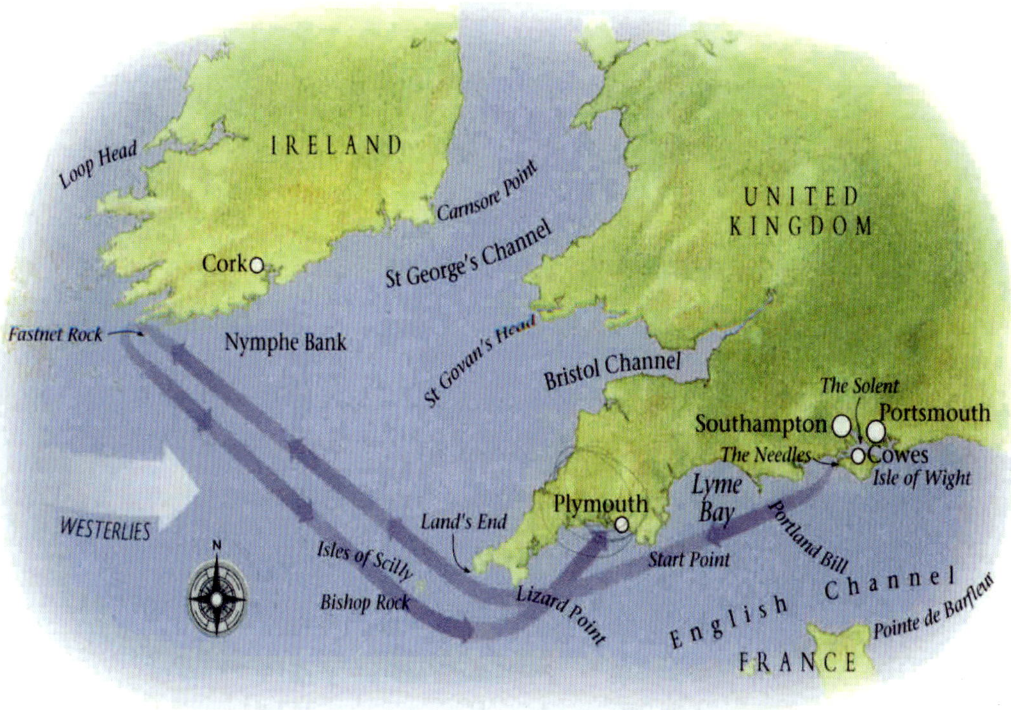

〈그림 2-1〉 파스넷 경기 코스

파스넷 레이스(Fastnet race)는 영국에서 열리는 요트 경기이고, 전통적인 요트경기의 대표적인 것이다. 이것은 2년마다 개최되고, 600마일(1111km)의 코스를 항해한다. 코스는 카우즈(Cowes)에서부터 아일랜드 남쪽 연안에 떨어져있는 파스넷 락(Fastnet rock)까지 한 바퀴 돌고, 섈리(Scilly)섬의 남쪽을 거쳐 플리머스로 돌아오는 것이다.

(2) 투르드 프랑스 알 라 보일르(Tour de France Ala Voile)

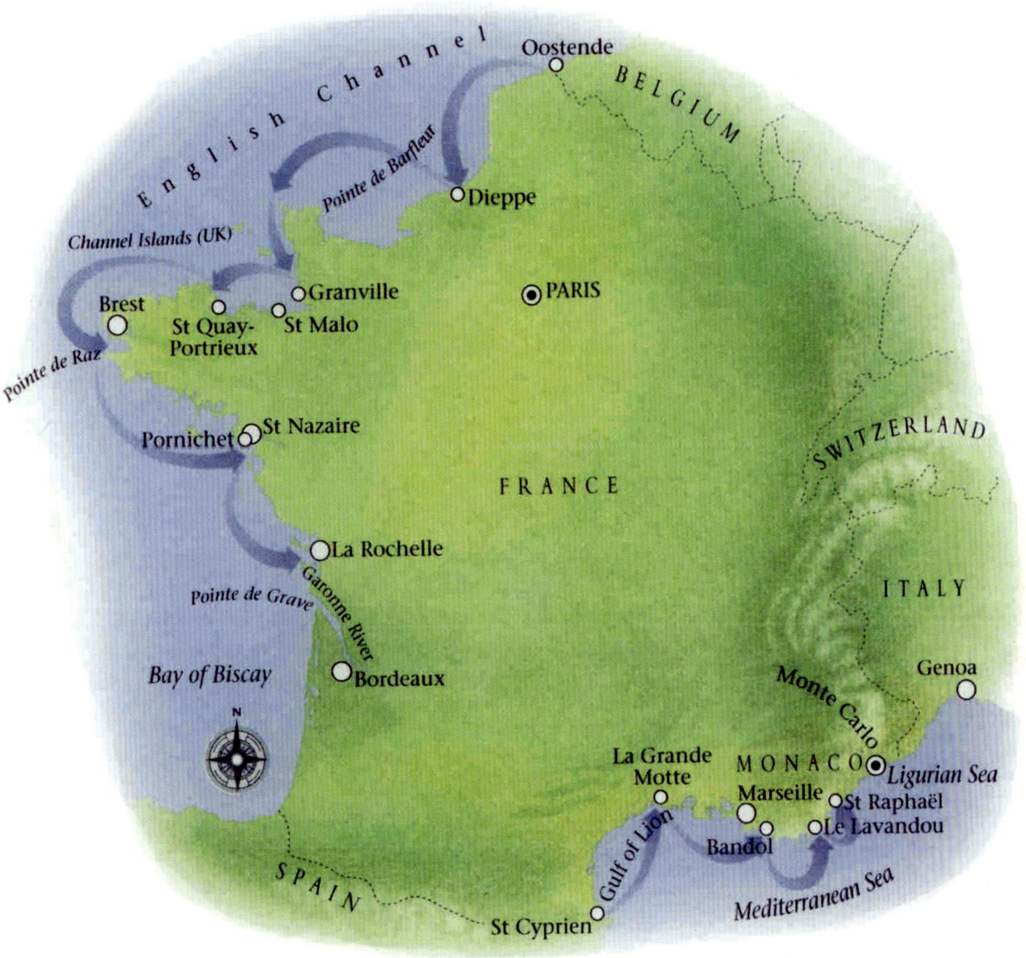

〈그림 2-2〉 투르드 프랑스 알 라 보일르 경기 코스

투르드 프랑스 알 라 보일르는 프랑스 해안을 도는 요트경기이다. 1978년을 시작으로 7월에 프랑스령 리비에라와 영국해협 등 두 코스를 15,000명 이상의 사람들이 참가하였다. 일반적으로 영국해협을 출발하여 3주후에 지중해에 도착하는 스탑오버(Stopovers)코스를 항해한다.

(3) 시드니-호바트(Sydney-Hobart)

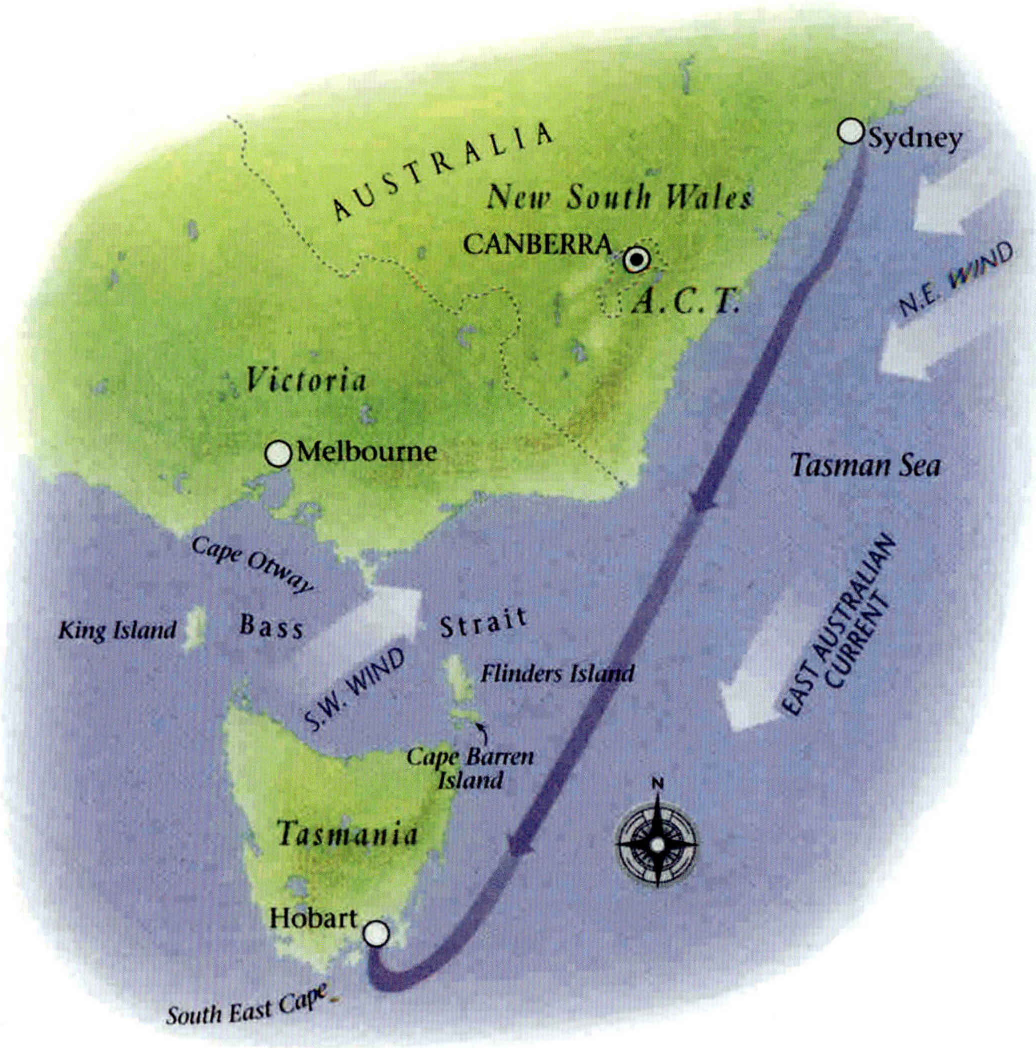

〈그림 2-3〉 시드니-호바트 경기 코스

시드니-호바트 요트경기는 1945년에 영국의 존 일링워스(John Illingworth)선장에 의해서 시작되었다. 그는 호주의 정통적인 대양요트 경기를 소개하였고, 이 경기는 매년 호주의 크루징요트 클럽에 의해서 조직되었다.

이 경기는 시드니 하버를 출발하여 호주의 동쪽 해안을 따라 타스매니아섬의 호바트까지

가는 630마일(1167km)의 거리를 항해한다. 전통적으로 매년 12월 26일 박싱데이(boxing day)에 출발한다.

(4) 뉴포트-버뮤다(Newport-Bermuda)

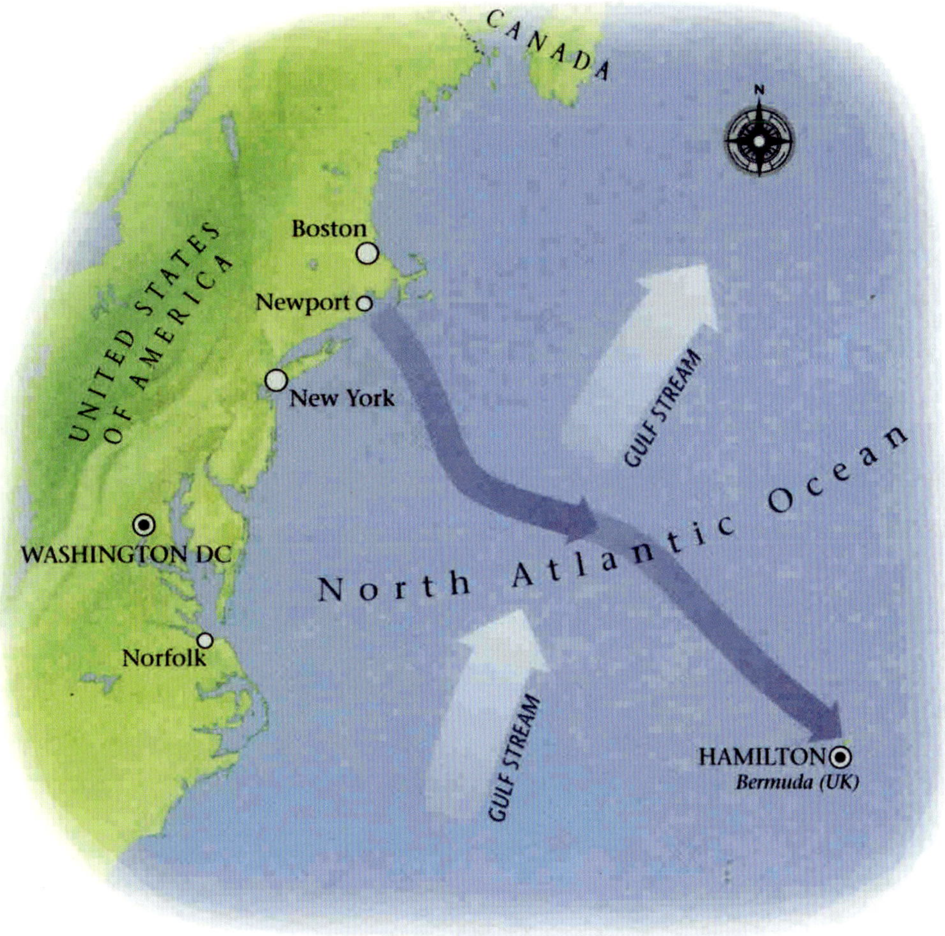

〈그림 2-4〉 뉴포트-버뮤다 경기 코스

뉴포트-버뮤다 요트경기는 미국 크루저요트클럽과 버뮤다 요트클럽에 의해서 후원되어 격년제로 열리고 있다. 뉴포트를 출발하여 대서양의 버뮤다까지의 635마일(1176km)을 전세계의 승무원들이 모여서 경기를 펼친다.

(5) 시카고-맥키낙(Chicago-Mackinac)

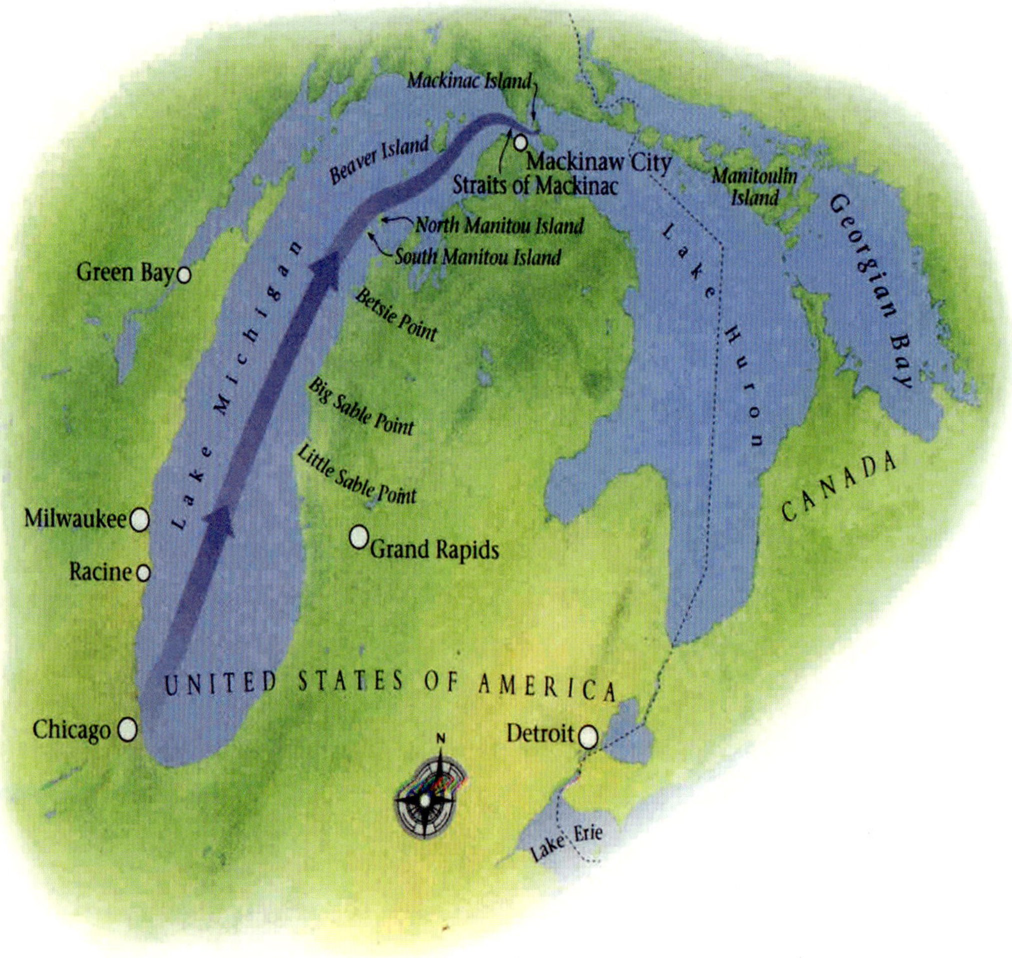

〈그림 2-5〉 시카고-맥키낙 경기 코스

시카고-맥키낙 요트경기는 세계에서 가장 오래된 육지의 호수에서 이루어지는 요트경기이다. 1898년에 경기가 시작되었고, 미시건호수의 시카고에서 출발하여 맥키낙까지 80마일(148km)을 항해한다.

2) 세계의 연안 요트경기(Coastal Classic)

(1) 오클랜드-러셀 요트경기

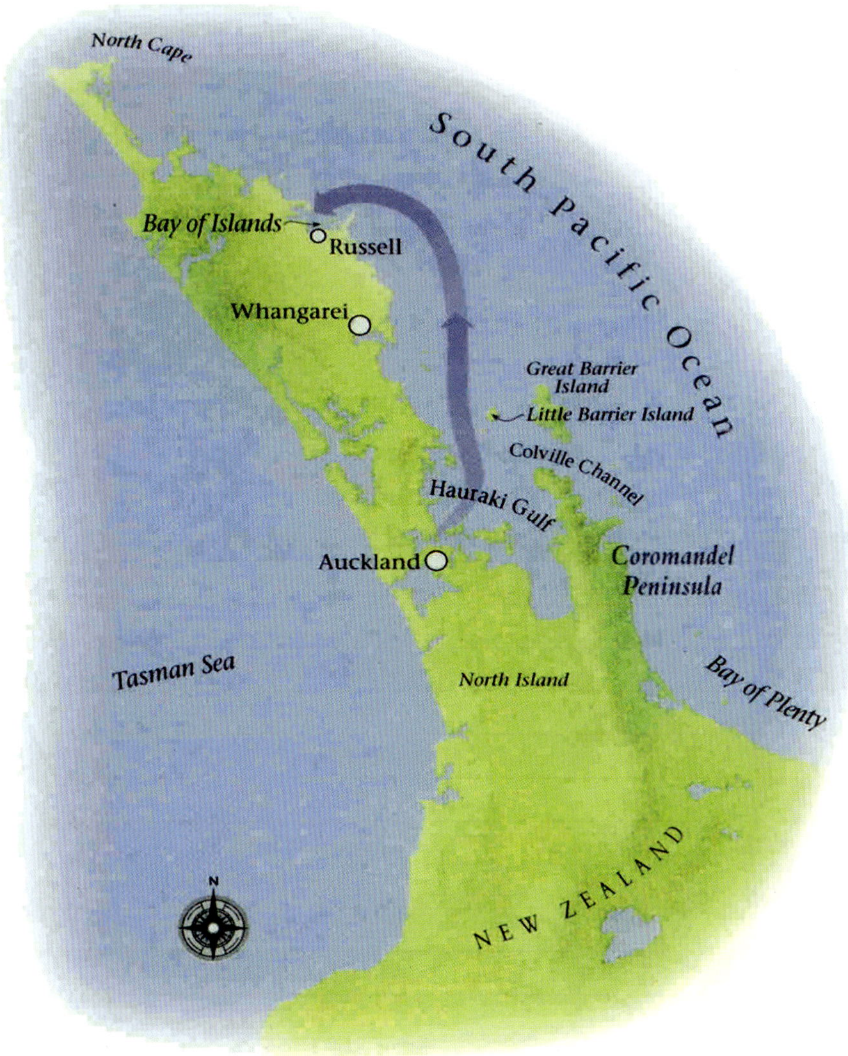

〈그림 2-6〉 연안 요트 경기 코스

매년 10월 마지막주말에 열리는 경기로 첫 번째 레이스는 1982년 뉴질랜드 멀티홀 클럽의 제독 던컨 스튜어트(Duncan Stuart)와 데븐포트 요트 클럽의 도움으로 조직화 되었다.

뉴질랜드 오클랜드의 하우라키만을 출발하여 러셀의 베이 오브 아일랜드까지 125.5마일

(232km)를 항해하며, 오늘날 이 요트경기는 주요 이벤트로 하나의 크루징, 다섯 개의 킬러와 두 개의 멀티홀을 디비전으로 하여 매년 참가자 수가 200명을 넘는다.

(2) 상 페르난도(San Fernando)

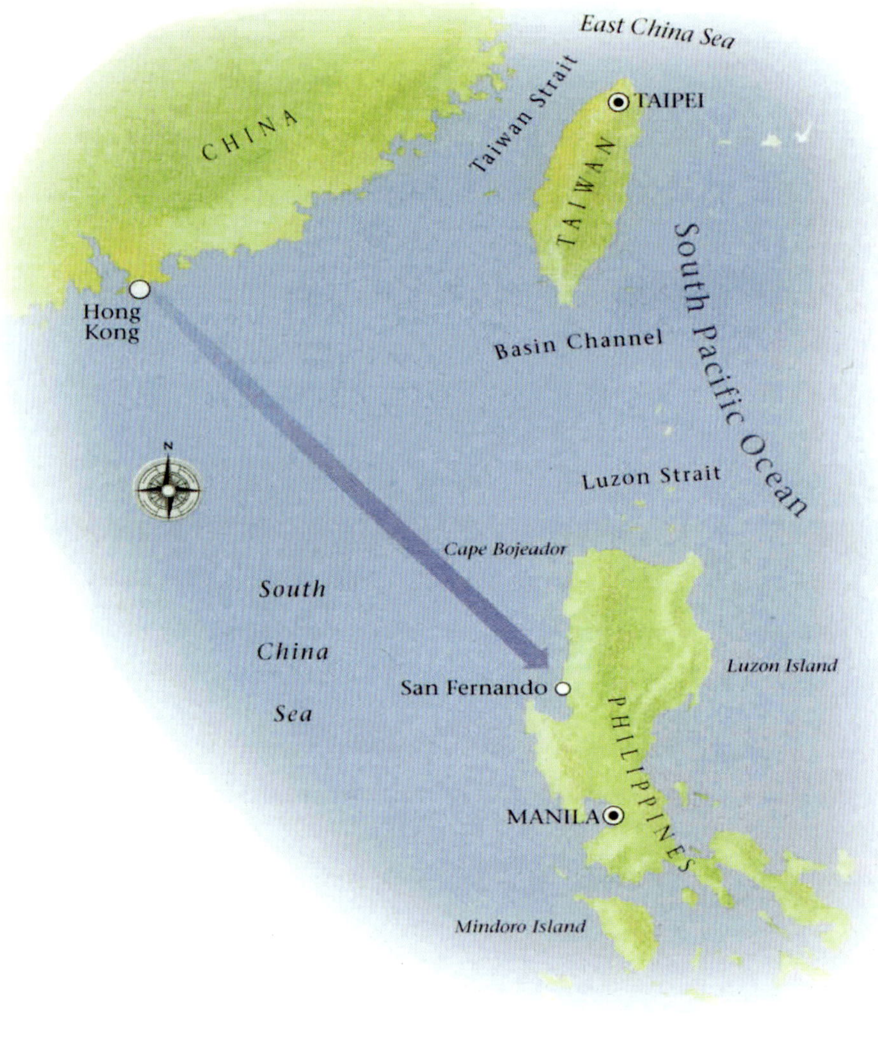

〈그림 2-7〉 상 페르난도 경기 코스

홍콩 요트 클럽이 상 페르난도 요트 경기를 주최하였다. 첫 번째 경기는 1975년에 열렸고, 홍콩을 출발하여 필리핀 상 페르난도에 이르는 400마일(740km)을 항해하는 경기이다.

3) 세계의 대양횡단 요트경기(OCEAN CLASSICS)

(1) 럼 루트 경기(Route de Rhum)

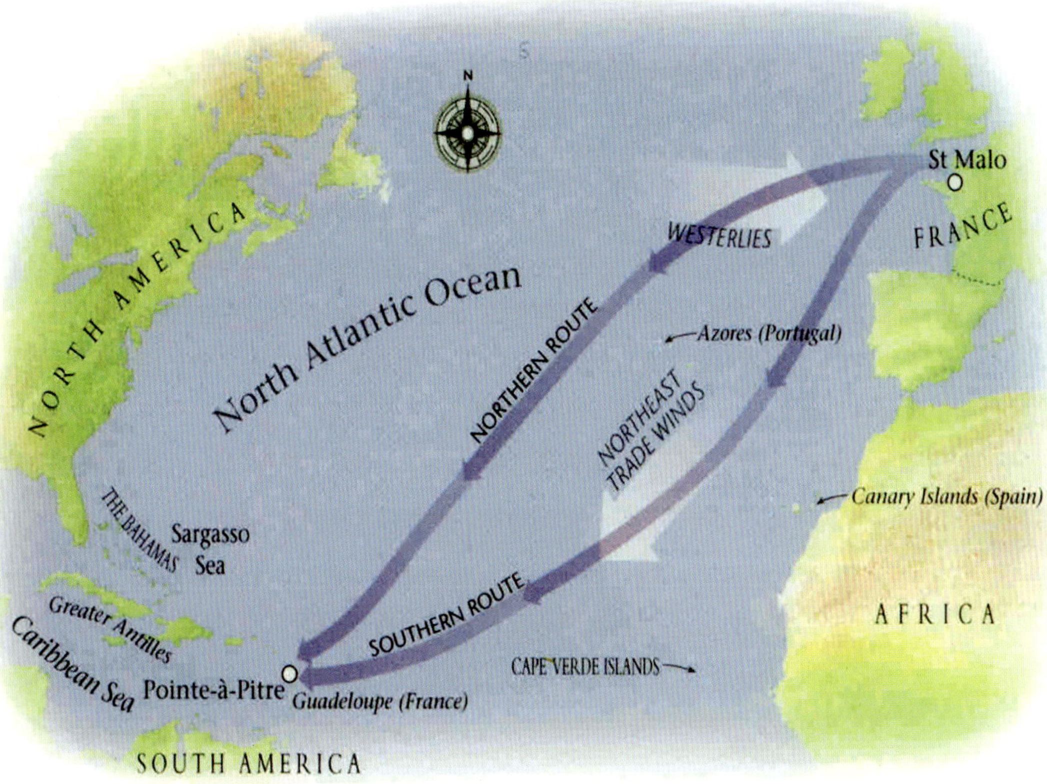

〈그림 2-8〉 럼 루트 경기 코스

럼 루트 요트 경기는 3700마일(685.2km)을 편도 항해하는 경기이며, 프랑스의 생 말로(Saint Malo)에서 출발하여 남미의 프랑스령의 섬인 구아데로페 그란떼레에 있는 포인따 피뜨레(Point-à-Pitre)항구에 도착하는 경기이다.

이 경기는 약 10~15일 정도 걸리며 1978년도에 시작되었고, 4년마다 한 번씩 열린다.

(2) 미니-트란샛(Mini-Transat)

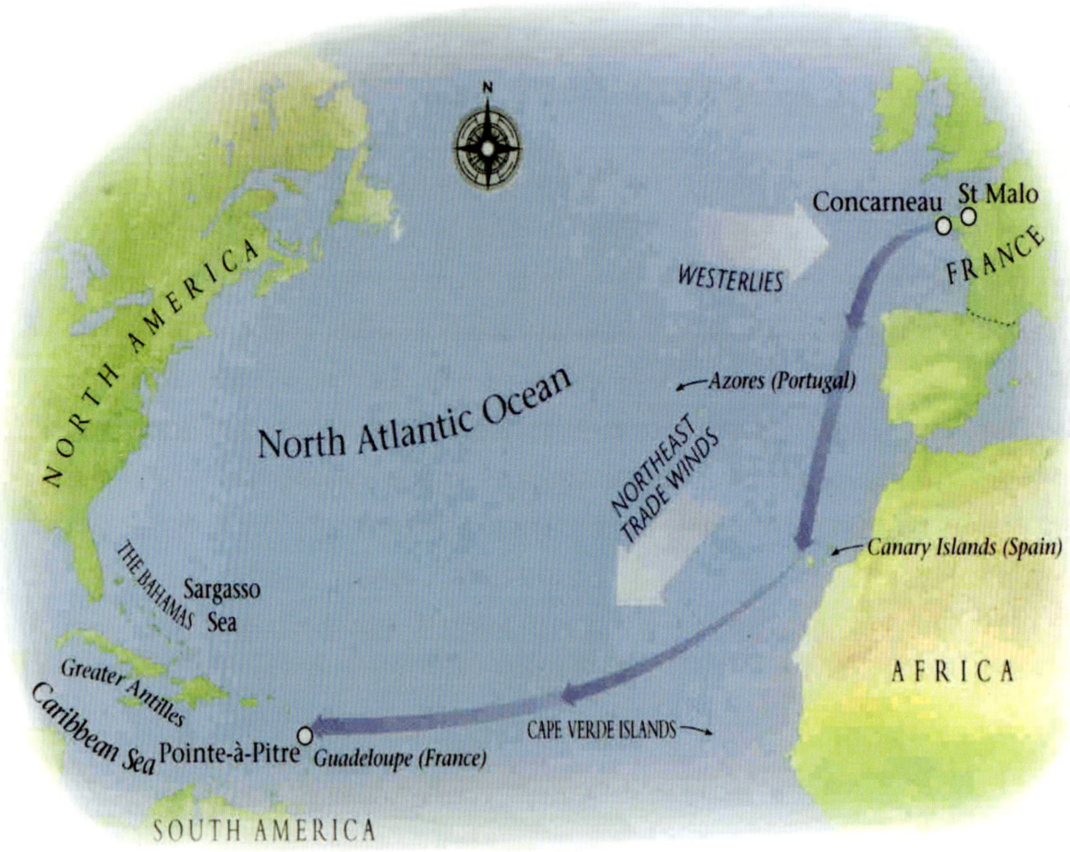

〈그림 2-9〉 미니-트란샛 경기 코스

이 요트 경기는 2년마다 한 번씩 열리며, 1977년 영국인 밥 살먼에 의해 생겨나게 되었다. 프랑스의 콩 카르노(Concarneau)에서 출발하여 카나리아 제도를 거쳐 대략 4800마일(8890km)을 항해한다.

(3) 오사카 컵(Osaka Cup)

〈그림 2-10〉 오사카 컵 경기 코스

오사카 컵은 1983년에 아시아에서 최초로 국제 범선 이벤트인 '83오사카 세계범선 축제를 개최한 오사카시가 오사카항 개항120주년을 맞이하여 오사카북항요트 하버의 오픈 기념행사로 해외의 다양한 타입의 요트레이스의 정보를 모아 일본세일링연맹(JSAF)과 함께 검토, 기획하였다.

이 경기는 4년에 한 번씩 열리며 호주의 멜버른에서 출발하여 오사카까지 약5,500마일(10,200km)를 항해한다. 1987년 1회 대회를 시작으로 올해로 6회째를 맞이한다.

(4) 트랜스 퍼시픽(Transpacific)

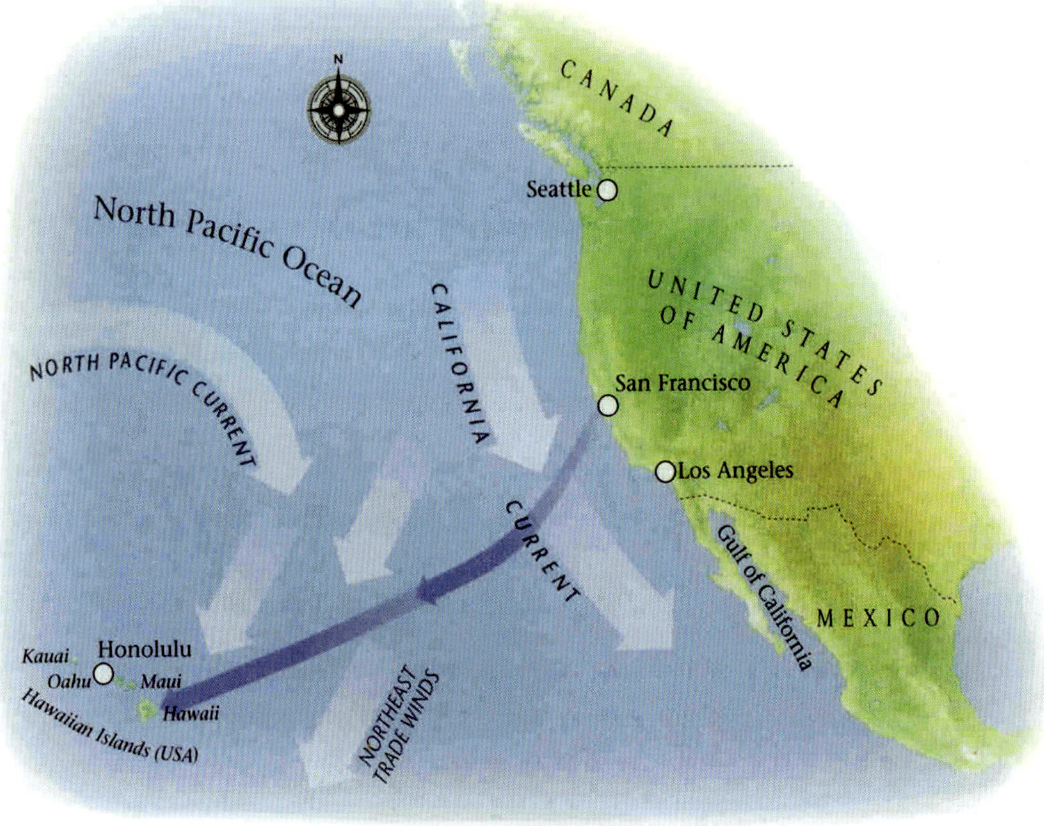

〈그림 2-11〉 트랜스 퍼시픽 경기 코스

트랜스 퍼시픽 요트 경기는 1886년 9월25일 하와이의 카라카우아 왕(Kalakaua)이 샌프란시스코의 퍼시픽요트클럽의 제독에게 샌프란시스코에서 호놀룰루까지의 요트레이스 초대 장을 보낸 것이 계기가 되었다. 1906년 6월11일에 첫 경기가 열렸고, 샌프란시스코에서 호놀룰루까지 약2,225마일(4,120km)을 항해한다. 그리고 이 요트 경기는 2년에 한 번씩 열린다.

(5) 케이프-리오(Cape to Rio)

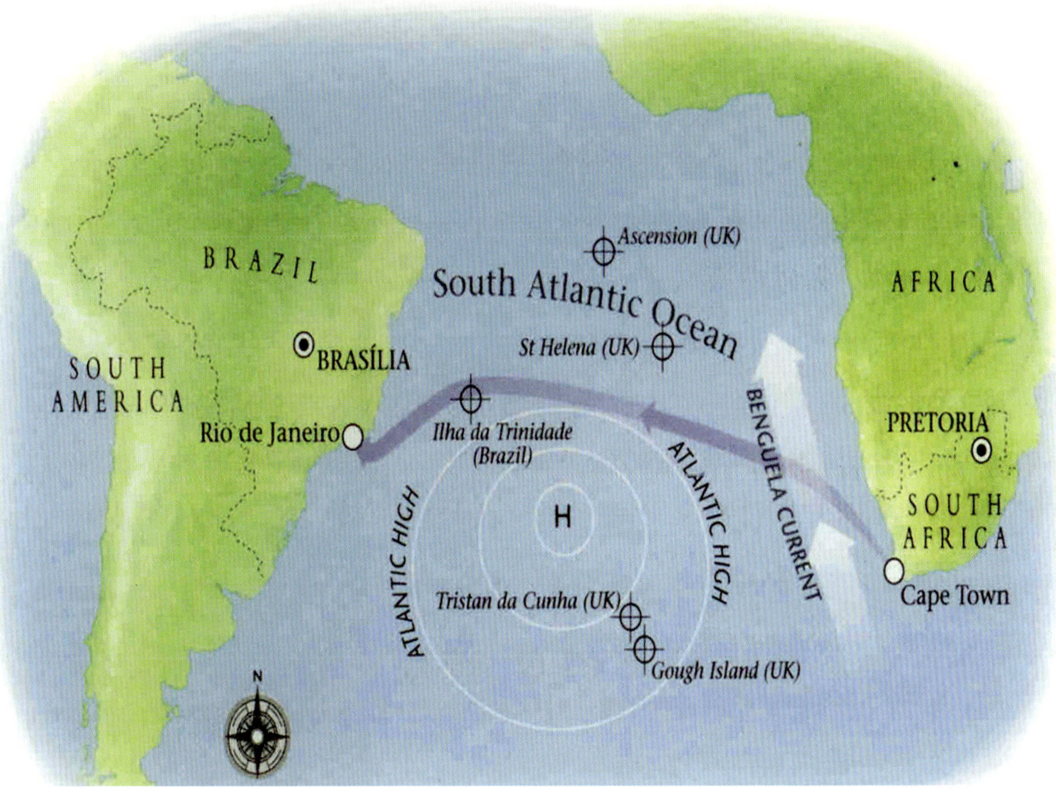

〈그림 2-12〉 케이프-리오 경기 코스

케이프-리오 요트경기는 세계에서 가장 장거리 국제 요트경기이다. 이 경기는 남아프리카의 비어맨(Bierman)회장과 부르스 달링(Bruce Dalling)에 의해서 시작되었으며, 남아프리카의 케이프타운에서 브라질의 리오 데 자네이로를 향해하는 코스이다. 1971년 처음으로 경기가 열린 이후 3~4년에 한 번씩 열리고 있는 대양횡단 요트경기이다.

(6) 오클랜드-피지(Auckland-Fiji)

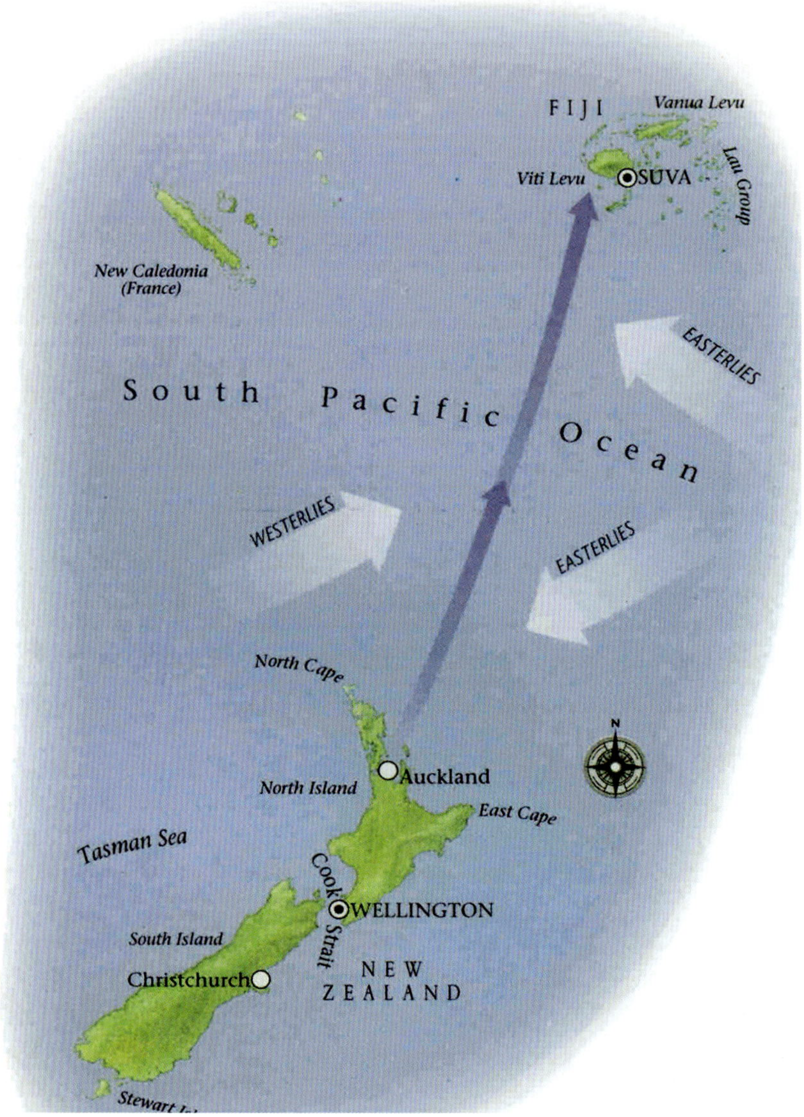

〈그림 2-13〉 오클랜드-피지 경기 코스

오클랜드-피지 요트경기는 1956년 5월 첫 번째 경기가 시작되어 뉴질랜드의 오클랜드에서 피지의 수바까지 항해하는 경기이다.

4) 세계일주 요트경기(ROUND THE WORLD RACES)

(1) 볼보챌린지(Volvo Challenge)

공식적으로 Whitbread Round the World Race로 알려진 Volvo Ocean Race는 매 4년마다 12명의 선원이 60피트 슬루프를 타고 세계 곳곳에서 경쟁을 벌이는 세일요트 경주대회다. 이 대회는 여러 항로로 나눠지며 각 나라의 항구에 몇 주간 기항한다. 가장 길고 격렬한 경기 항로는 남극해 항로로 강한 바람 속에서 빙산을 피하며 항해해야 한다. 경주의 일부분이 TV로 중계되기도 한다.

(2) 단독일주(Around Alone)

Whitbread Round the World경주와 비슷하지만 60피트의 세일요트를 단독으로 항해하는 경주라는 차이가 있다. 매 3~4년마다 개최되는 이 경주는 BOC(British Oxygen Company)라고 부른다.

(3) 비티 챌린지(BT Challenge)

비티 챌린지의 첫 번째 경기는 1992/93년에 시작되었고, 처음에는 브리티쉬 스틸(British Steel)챌린지로 알려졌다. 그러나 영국의 통신회사인 브리티쉬 텔레콤이 1996/97년에 후원을 하면서 비티 챌린지가 되었다. 비티챌린지에 선택되는 요트는 20m(67ft) 강철선체의 커터들로 디자인된다. 모든 비티 요트들은 플리머스(Plymouth)에서 건조된다. 이들 요트들은 무겁지만 강하여 난파될 위험이 적다.

(4) 벤디 글로브 챌린지(Vendée Globe Challenge)

벤디 글로브 챌린지는 전 세계를 단독으로 항해하는 세일요트 경주대회로 특별한 사람만이 참가한다. 전문적 항해기술을 바탕으로 한 60피트 슬루프로 100일 동안 전 세계를 빠른 속도로 항해하는 것은 두말할 나위 없이 매우 위험한 일이다.

(5) 쥴 베르느 트로피(Jules Verne Trophy)

'80일 간의 세계일주'를 쓴 작가 쥴 베르느를 기념하여 시작된 요트경기로 1993년에 첫 번째 우승자의 기록은 프랑스 요트맨 브루노 페이론(Bruno Peyron)이 세운 79일 6시간 15분 56초의 무기항 세계일주 요트항해경기이다.

(6) 더 레이스(The Race)

더 레이스 요트경기는 요트의 종류나 승무원 등의 제한이 없는 세계일주 경기이다. 단지, 출발일과 출발지역이 지정된 세계일주 경기이다.

5) 세계의 내해 요트경기(INSHORE RACES)

(1) 어드미럴스 컵(Admiral's Cup)

영국의 카우즈(Cowes)에서 어드미럴스 컵은 2년마다 개최된다. 여섯 가지 형태의 경주로 이루어진 이 경기는 부표를 회전하는 주간 경주와 아일랜드를 출발하여 돌아오는, 600마일(1111km)을 경주하는 것으로 잘 알려진 장기 세일요트 경기 파스넷 레이스로 이루어져 있다.

(2) 아메리카스 컵(America's Cup)

아메리카스 컵은 해양강국들이 최첨단 크루저급 요트를 제작해 자신의 해양기술을 뽐내는 대회로서 1851년 런던 만국박람회 개최를 기념하기 위해 영국이 창설했다. 그러나 첫 대회에서 영국은 미국에 치욕의 패배를 당했고 이후 대회 명칭은 아메리카스 컵으로 바뀌었다. 이렇게 시작된 대회는 150년에 가까운 역사를 가지고 있다.

28번의 대회가 열릴 동안 미국이 이 컵을 뺏긴 것은 단 한번이었다. 미국만큼 요트를 즐기기에 좋은 환경을 가진 호주가 1983년 우승하여 컵을 가지고 갔지만 두 번의 실수는 용납하지 않은 미국의 정신에 힘입어 4년 후에는 제자리로 다시 돌아오게 되었다. 이제 그 누구도 미국의 자리를 또다시 넘보는 것은 도저히 불가능한 것처럼 보였다.

그러나 1995년 샌프란시스코 앞바다에서 열린 경기에서 인구가 샌프란시스코 주민수보다 적은 뉴질랜드의 블랙 매직(Black Magic)팀에게 5연패로 미국이 지고 말았다. 1988년 처음 참가한 신참인 자기 나라가 설마 우승까지야 하겠냐고 생각하면서 경기를 지켜보던 뉴질랜드 사람들이 광란의 도가니에 빠졌음은 당연한 일이다. 미국은 144년 역사상 두 번째로 우승컵을 해외로 넘겨주는 수모를 당했고 뉴질랜드는 도전 3번째 만에 우승이라는 쾌거를 이루게 된다.

평생토록 샌프란시스코 앞바다에서만 경기를 하려는 생각에서였는지 대회는 우승국 바다에서 개최한다는 규정을 만들었는데 미국은 이것 때문에 스스로의 발목이 잡히고 말았다.

뉴질랜드는 미국을 꺾기 위해 랑기토토(Rangitoto) 섬과 왕가파라오아(Whangaparaoa)

반도를 잇는 동쪽 해안을 경기 코스로 지정하고, 비아덕트 해변(Viaduct Basin)을 기지삼아 이를 악물고 훈련에 매달렸다. 이윽고 오클랜드 앞바다에서 열린 2000년 30회 대회에서는 샌프란시스코 바다에만 익숙한 미국이 결승에도 오르지 못하고 탈락하고 말았다. 아메리카스 컵 역사상 미국이 결승에도 오르지 못한 것은 처음이었다. 뉴질랜드의 블랙 매직팀은 미국을 누르고 올라온 이탈리아의 루나 로싸(Luna Rossa) 팀을 9연전에 5연승으로 여유있게 눌러버리면서 대회 2연패를 이루었다. 아프가니스탄 탈레반 정권의 대변인이 어디 있는지조차도 모르는 조그만 나라에서 한 번도 아니고 두 번씩이나 초강대국 미국을 꺾고 우승을 한 것이다. 대회 역사상 미국 이외의 국가에서 2회 연속 우승한 것은 뉴질랜드가 처음이다.

최첨단 신기술의 적용은 기본이고 엄청난 돈을 들여 배를 만든 후 30명의 팀원들이 4년 동안 모든 것을 전폐하고 끊임없이 연습을 해도 변변한 성적조차 거두기 힘든 대회에서 미국을 비롯한 유럽, 호주의 쟁쟁한 경쟁자를 물리치고 2회 연속 우승을 거두었다는 것은 참으로 대단한 의미를 지닌다. 미국은 항공우주국(NASA)까지 동원하여 총력을 기울여 경주함으로써 1983년 호주에 우승컵을 내 줄 때까지 132년 동안 우승을 독차지하였다. 작은 고추가 맵다고는 하지만 뉴질랜드야말로 매운 고추의 맛을 미국에게 톡톡히 선사한 것이다. 또한 2003년 3월 2일 내륙 국가인 스위스가 유럽팀으로는 처음으로 아메리카스 컵 요트대회에서 우승을 차지하는 대이변이 일어났다. 그러나 스위스는 해군은 있어도 바다가 없는 국가이다. 따라서 2003년 11월 26일 스위스 제네바에서 아메리카스 컵 개최지를 스페인 발렌시아에서 개최할 것으로 확정하였다.

이에 발렌시아 시의회에서는 32회 아메리카스 컵을 위해 기반시설을 확충하기로 하였다. 비용은 총5억 유로 정도가 소요될 것으로 보이며, 이는 1유로당 1400원으로 해도 한화로 7000억원에 이르는 엄청난 금액이다.

경기 개최시 예상되는 수익은 15억 유로(한화 2조 1천억원) 정도로 추정하고 있으며, 이에 따른 고용창출효과는 약 10000명 정도이다.

요트는 월드컵과 올림픽의 수익에 버금가는 세계 3대 스포츠 중 하나인 것이다. 제32회 대회기간 동안 스페인 발렌시아(그림 5-24)에는 6백만 명의 방문객이 모여들었고, 이 경기를 지켜본 시청자는 40억명에 이르렀다.

2007년 제32회 아메리카스 컵은 스위스의 알링히팀이 우승하였으며, 이에 제33회를 위해 필사적으로 다음 대회를 준비한 미국은 2010년 2월에 우승하며 명예를 되찾았다. 제34회 대회 또한 미국이 우승하였다. 제35회 대회는 2017년 버뮤다에서 열린다.

〈표 2-6〉 아메리카스 컵의 역대 경기

연 도	회 차	경기 장소	방어팀		도전팀		우승국
2017	35	Bermuda		Oracle			
2013	34	San Francisco		Oracle		Emirates	
2010	33	Valencia (ESP)		Alinghi		Oracle	
2007	32	Valencia (ESP)		Alinghi		Team New Zealand	
2003	31	Auckland (NZL)		Team New Zealand		Alinghi	
2000	30	Auckland (NZL)		Team New Zealand		Luna Rossa	
1995	29	San Diego (USA)		Young America		Black Magic	
1992	28	San Diego (USA)		America3		Il Moro di Venezia	
1988	27	San Diego (USA)		Stars and Stripes		New Zealand	
1987	26	Fremantle (AUS)		Kookaburra III		Stars and Stripes	
1983	25	Newport (USA)		Liberty		Australia II	
1980	24	Newport (USA)		Freedom		Australia	
1977	23	Newport (USA)		Courageous		Australia	
1974	22	Newport (USA)		Courageous		Southern Cross	
1970	21	Newport (USA)		Intrepid		Gretel II	
1967	20	Newport (USA)		Intrepid		Dame Pattie	
1964	19	Newport (USA)		Constellation		Sovereign	
1962	18	Newport (USA)		Weatherly		Gretel	
1958	17	Newport (USA)		Columbia		Sceptre	
1937	16	Newport (USA)		Ranger		Endeavour II	
1934	15	Newport (USA)		Rainbow		Endeavour	
1930	14	Newport (USA)		Entreprise		Shamrock V	
1920	13	New York (USA)		Resolute		Shamrock IV	
1903	12	New York (USA)		Reliance		Shamrock III	
1901	11	New York (USA)		Columbia		Shamrock II	
1899	10	New York (USA)		Columbia		Shamrock	
1895	9	New York (USA)		Defender		Valkyrie III	

1893	8	New York (USA)		Vigilant		Valkyrie II	
1887	7	New York (USA)		Volunteer		Thistle	
1886	6	New York (USA)		Mayflower		Galatea	
1885	5	New York (USA)		Puritan		Genesta	
1881	4	New York (USA)		Mischief		Atalanta	
1876	3	New York (USA)		Madeleine		Countess of Dufferin	
1871	2	New York (USA)		Columbia		Livonia	
1870	1	New York (USA)		Magic		Cambria	
1851	–	Isle of Wight (ENG)		Aurora vs		America	

Yacht Sailing

Chapter

3

한국의 요트경기

요트항해입문

한국의 요트경기 제3장

1. 대한요트협회 주최 주요 국세대회 및 전국대회

1) 해양경찰청배

해양경찰청은 21세기 국가 해양세력의 주체적 역할수행 기관으로서 범국민적 바다체육행사를 개최하여 건전한 스포츠 문화 창달에 기여하고 수상레저활동 업무관장기관으로서 해양종사자의 안전의식 고취 동기부여와 해양경찰의 대국민 위상제고를 위해 2001년 제1회 대회를 시작으로 현재 13회째를 맞이하고 있다. 전국의 요트선수들이 각자의 명예를 걸고 레이스를 펼치게 된다. 해양경찰청장배 전국요트대회는 매년 봄철 정기적으로 국가대표 선발전을 위해 거행되며 해양경찰청과 대한요트협회가 공동 주최하고 있다.

〈그림 3-1〉 해양경찰청배 포스터

〈표 3-1〉 해양경찰청배 개최장소 및 대회기간

회차	개최장소	대회기간
1회	부산 수영	01. 03. 30 ~ 04. 04
2회	부산 수영	02. 03. 29 ~ 04. 03.
3회	부산 수영	03. 04. 18 ~ 04. 23.
4회	충남 보령	04. 05. 28. ~ 06. 02.
5회	전북 부안	05. 04. 20. ~ 04. 25.
6회	경남 통영	06. 06. 15. ~ 06. 20.
7회	경남 통영	07. 04. 25. ~ 04. 30.
8회	경남 통영	08. 04. 16 ~ 04. 20
9회	강원 양양	09. 06. 18 ~ 06. 22
10회	강원 양양	10. 04. 29 ~ 05. 03
11회	전남 여수	11. 05. 12 ~ 05. 16
12회	경북 울진	12. 09. 23 ~ 09. 27
13회	경남 거제	13. 03. 28 ~ 04. 02

2) 해군참모총장배

해군 참모총장배 요트대회는 해양스포츠 저변 확대를 통한 국민 해양사상 고취와 우수 선수를 발굴하여 국가체육 발전에 기여하기 위해 지난 96년도에 첫 대회를 개최한 이래 국내 최대 규모의 요트대회로 자리매김해왔다. 올해로 17회째를 맞이하고 있다. 해군 참모총장배 요트대회는 해군본부와 대한요트협회에서 주최한다.

〈그림 3-2〉 제 17회 해군참모총장배 요트경기 기념사진

3) 코리아컵 국제 요트대회

2007년 시작된 코리아컵 국제 요트대회는 범세계 요트인의 교류·화합의 장 마련과 경기력 향상, 2020년 아메리카스 컵 수준의 권위 있는 국제대회 유치 능력 구비, 스포츠 문화축제를 통한 지역홍보 및 지역경제 발전에 기여를 목적으로 개최되고 있고 올해 6회째를 맞이하고 있다. 코리아컵국제요트대회는 대한요트협회와 경북요트협회가 주관하고 있다.

〈그림 3-3〉 코리아컵 국제요트대회

4) 소년체전

몸도 튼튼, 마음도 튼튼, 나라도 튼튼'이라는 표어 아래 지(智)·덕(德)·체(體)를 연마하는 전인교육의 광장으로, 대한체육회가 주관하여 해마다 봄에 거행되는 전국적 규모의 소년·소녀 체육대회이다. 자라나는 소년·소녀에게 기초적인 스포츠를 보급하고 스포츠 정신을 고취하며, 학교체육의 활성화는 물론 체육 인구의 저변 확대 및 생활체육 기반을 조성하고 우수선수의 조기 발굴을 통한 스포츠 국제경쟁력 강화를 목적으로 한다. 미국의 에이지 그룹, 일본의 스포츠 소년단, 독일의 스포츠 유겐트 등의 활약에 영향을 받아 1972년 제1회 전국스포츠소년대회를 발족하였으며, 그 규모도 해마다 커지고 있다. 현재 사용되는 명칭은 1975년 제4회 부산대회 때부터 개칭되었다. 대회 참가자격은 각 경기단체에 선수등록을 마친 전국의 초등학교 5·6학년과 중학교 1·2·3학년 학생으로, 초등학교부는 만 12세 이하, 중학교부는 만 15세 이하로 연령제한을 한다. 현재 42회째를 맞이하고 있으며 소년체전 요트경기는 2008년 대회 때부터 시범종목으로 정해져 3년간 시행되다가 2011년 대회부터 정식종목으로 채택되어 진행되고 있다.

5) 해양수산부장관배

여수엑스포의 성공적인 개최를 기원하며 2012년 처음 열렸으며 2013년 대회에는 한국과 싱가포르, 홍콩, 중국, 일본 등에서 400여명이 출전한다.

이번 대회에서는 내년 인천에서 열리는 아시안게임에 출전할 국가대표를 선발하기 위한 제2차 선발전도 함께 열린다.

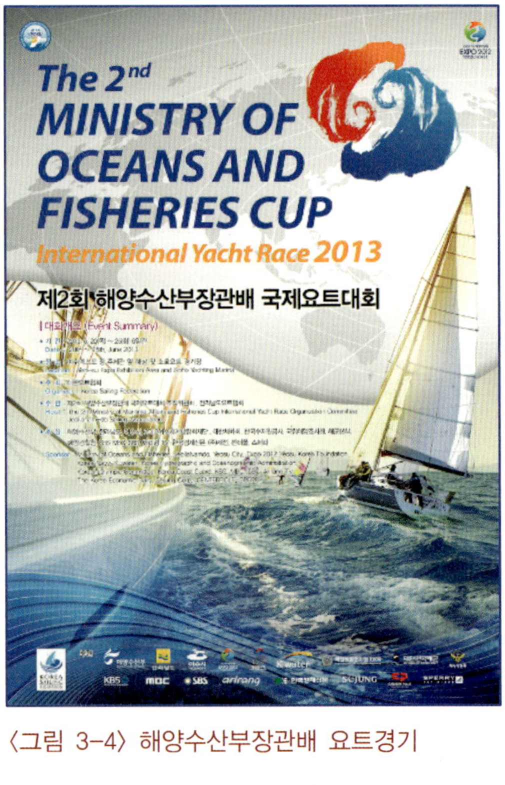

〈그림 3-4〉 해양수산부장관배 요트경기

6) 해양제전

전국해양스포츠제전은 2005년부터 해양수산부가 주최하고 울진군, 대한체육회 가맹단체 및 해양소년단연맹이 주관해 요트, 비치발리볼, 카누 등 5개 공식 종목과 일반인 대상의 수상오토바이, 윈드서핑, 바다낚

〈그림 3-5〉 제8회 전국해양스포츠제전 포스터

시 등 체험경기를 진행하게 된다. 또한 울진군은 해양스포츠에 적합한 조류와 바람, 청정 백사장 등 자연 환경이 양호하고, 개·폐회식에 활용할 수 있는 시설이 조성돼 있는 등 대회 개최 여건과 높은 개최 의지가 있어 동해시, 남해군, 제주도, 목포시를 제외하고 전국해양스포츠제전위원회의 심의를 거쳐 결정되었다. 해양부는 이 대회가 해양스포츠산업 육성의 기반을 마련하고 해양레포츠에 대한 친숙도를 제고하여 친해양문화를 확산시키는 계기가 될 것으로 기대하고 있다.

〈표 3-2〉 해양제전 개최장소 및 대회기간

회차	기간	개최 장소	순위	참가 규모
제1회(2006년)	8월12일 ~15일	경북 울진	1위 : 경기도 2위 : 부산광역시 3위 : 경상북도	약3만6천명
제2회(2007년)	8월10일 ~13일	강원 삼척	1위 : 경기도 2위 : 부산광역시 3위 : 서울특별시	약4만8천명
제3회(2008년)	7월26일 ~29일	전남 목포	1위 : 전라남도 2위 : 경기도 3위 : 충청남도	약4만8천명
제4회(2009년)	8월12일 ~15일	경북 포항	1위 : 부산광역시 2위 : 경상북도 3위 : 경기도	약4만7천명
제5회(2010년)	8월12일 ~15일	경남 통영	1위 : 경상북도 2위 : 경기도 3위 : 경상남도	약4만9천명
제6회(2011년)	8월12일 ~15일	경남 남해	1위 : 경상남도 2위 : 경기도 3위 : 부산광역시	약15만9천여명
제7회(2012년)	8월10일 ~13일	전북 부안	1위 : 경상남도 2위 : 경기도 3위 : 전라북도	약8만8천여명

7) 전국체전

대한체육회 주최로 매년 가을에 개최되는 전국 규모의 종합경기대회로 이 대회는 경기를 통하여 겨레의 단결심과 인내력을 기르며, 준법정신을 생활화하고 올바른 승부의 가치관을 깨우치고, 나아가 강인한 체력과 슬기로운 민족의 저력을 배양하여 세계에 국위를 선양하는 것을 목적으로 하고 있다. 개최 시기는 매년 10월 3일부터 1주일 이내로 되어 있고, 스케이트와 스키경기가 개최되는 동계대회는 1~2월에 실시한다.

〈그림 3-6〉 전국체전 요트대회 포스터

2. 시·도 협회와 가맹단체 개최 국제대회 및 전국대회

1) 부산슈퍼컵 국제요트대회

2012년부터 시작된 부산 수퍼컵 국제요트대회가 2013년 4월 26일부터 28일까지 3일간 해운대 인근 바다에서 개최되었다. 전세계 15개국 100개팀이 출전했다.

〈표 3-3〉 제2회 부산컵 요트레이스

대회일정	2013.04.26(일)
대회장소	부산 수영만 요트경기장
클래스	크루저급(ORC) 36Feet 이상, 크루저급(ORC) 36Feet미만, J-24급
대회코스	해운대 및 광안리 일대
대회주최	부산광역시, 부산광역시요트협회

〈그림 3-7〉 ISAF 창립 100주년 기념 및 부산컵 요트레이스 참여인원 및 선수들

2) 코리아 매치컵

경기도 화성시 전곡항에서 열리는 코리아 매치컵은 2008년부터 매년 독일, 미국, 프랑스 등 전세계 6개국에서 펼쳐지는 세계적인 규모의 World Match Racing Tour 의 한국 대회이며, 아메리카스 컵과 볼보오션레이스와 함께 세계 3대 특별 대회 중 하나로 이미 해양강국에서는 최대인기 스포츠로 각광 받고 있는 행사이다. 세계 최고의 요트대회인 아메리카스 컵에 이은 프로페셔널 요트대회로 ISAF(세계요트연맹)에서 아메리카스 컵, Volvo Ocean Race(세계일주 요트대회)와 함께 공인한 스페셜 요트 이벤트로 골프의 PGA 투어와 같은 성격의 요트대회, 세계 최고의 프로 요트 선수들이 6개국을 돌아가며 매년 시합을 펼치고 각 투어 대회는 최고의 상금으로 우수 선수를 유치한다.

〈표 3-4〉 코리아 매치컵 일정표

기간	일정
2013년 4월 25일(목)~4월 28일(일)	코리아매치컵 선발전, 우승팀 본선 와일드카드 획득
2013년 5월 28일(화)	프로암대회(화성시 전곡항)
2013년 5월 29일(수)	개막식 (메인전시장 Main gate)
2013년 5월 29일(수)~5월 30일(목)	예선전 총 12개팀 라운드 로빙 방식, 상위 8개팀 선발
2013년 5월 31일(금)	8강전 : 3전 2선승제 토너먼트 방식 코리아매치컵 환영만찬 (롤링힐스 대연회장)
2013년 6월 1일(토)	4강전 : 3전 2선승제, 토너먼트 방식
2013년 6월 2일(일)	결승 5전 3선승제 시상식 (전곡항 메인 이벤트 무대)

〈그림 3-8〉 세계의 World Match Racing Tour

3) 이순신배

2007년에 시작된 이순신배 요트대회는 올해로 7회째를 맞고 있다. 경상남도 통영시 도남항 및 한산만 요트경기장에서 매년 열리고 있으며 경남요트협회가 주관한다. 경기는 인쇼어와 오프쇼어로 나누어 진행되며 국제대회의 경우 전 세계 19개국의 선수들이 이 대회에 참가한다.

〈그림 3-9〉 이순신 장군배 국제요트대회 경기모습

4) 아리랑 레이스

아리랑 레이스는 1973년 5월에 일본최초의 국제외양 요트레이스로서 시작되었다. 이후 30년 이상 지나면서, 이 레이스는 한국과 일본의 요트맨을 양성함과 동시에 한일친선의 가교로서의 그 역할을 완수해 왔다.

〈그림 3-10〉 아리랑 레이스 전야제

3. 대한요트협회 승인 전국 규모 요트경기대회

대한요트협회에서는 매년 전국 시 · 도 및 요트관련단체로부터 요트경기대회에 관한 승인 요청을 받는다. 이러한 승인절차는 대회의 대외적 위상과 선수들의 출전결과에 대한 공인을 받는 중요한 절차이며 이사회의 의결에 의하여 아래의 표와 같이 대회를 개최하고 있다.

〈표 3-5〉 2015년도 대한요트협회 승인 전국 요트경기대회

개최지	대회명
경기도 화성시	제1회 경기도 국제크루저요트대회
경남 통영시, 거제시, 남해군	제3회 경상남도지사배 전국요트대회
경남 통영시	제9회 이순신장군배 국제요트대회
부산광역시	제10회 부산수퍼컵 국제요트대회
부산광역시	제23회 한·일아리랑레이스
부산광역시	제16회 부산시장배 전국요트대회
부산광역시, 일본	2015년 부산 후쿠오카 친선 옵티미스트 요트대회
부산광역시	2015년 KIMAWEEK 옵티미스트 전국대회
부산광역시	제8회 세계여자매치레이스
전남 목포시	제3회 다도해국제요트대회
전북 부안군	2015년 제1회 새만금 국제요트대회
경남 남해군	2015년 한국옵티미스트요트협회장배 전국요트대회 겸 국가 대표 선발전
울산광역시	제23회 협회장배 전국윈드서핑카이트보딩대회
강원 양양군	제6회 한국레이저요트협회장배 전국요트대회

Chapter

4

요트의 이해

요트항해입문

요트의 이해 제4장

1. 항해의 시작

1) 요트의 의의

작고 빠른 배를 의미하는 용어에서 시작된 요트는 화물운송이나 사람의 대량이동보다는 비교적 작으나 안전하고 즐거운 바다여행을 즐기고자 하는 목적에서 발전되어 왔다. 요트는 공기역학과 유체역학의 기본적인 원리에 의존하여 항해한다. 그러나 요트는 돛의 종류나 항해 장비의 종류와 이를 다루는 선원들의 기술에 따라서 중요한 차이점이 있다. 이것은 항해자들이 여러 가지 요트와 서로 다른 장비에 대한 특성과 사용법을 익히기 위해서 여러 가지 경험을 하는 것이 중요하다는 것을 의미한다.

2) 항로선택

항로를 벗어나지 않고 요트를 조종하려면 다양한 기술이 요구된다. 요트 조종술에는 항구에서 입출항을 능숙히 할 수 있고 빠르고 편한 항로를 선택하는 것이 필요하다. 수로안내와 항해술에 능숙하다는 것은 요트 항해와 그에 따르는 여러 장치들을 효과적으로 사용할 줄 아는 요트 항해 기술을 이해한다는 것이다. 선장(스키퍼)이 선원을 다루는 능력은 긍정적인 관점에서 선원들에게 편안함과 안락함, 높은 동기부여를 제공함으로써 즐거운 요트 항해를 경험하게 하여 줄 것이다. 스키퍼는 항해 시 이와 관련된 지휘권을 가지게 되며, 특히 가장 중요한 것은 여러 목적지로 항해를 할 때마다 변화하는 여러 조건들을 이해하는 것이다.

3) 항해술

요트항해와 관련된 규칙은 지금까지 여러 가지 형태로 정부조직의 영향을 받으면서 변화하여 왔다. 몇몇 국가들은 스키퍼에게 자격면허를 요구하고 있다. 따라서 자신의 국가에서 시행하고 있는 규정에 대한 적용여부를 확인해 보아야 한다. 만일 개인 소유의 요트를 간절하게 갖고 싶거나 타인의 요트를 타고 긴 항해를 하고 싶다면 여러 방법으로 이러한 규칙에 대한 지식을 알고 있어야 된다.

해당국가로부터 허가된 세일링 학교에서 교육과정을 이수하고, 주제에 맞는 폭넓은 관련 서적을 읽어보아야 한다. 즉 가능한 한 다양한 조건에서 많은 요트를 타고 바다에서 충분한 시간을 보내는 것이 가장 중요한 일인 것이다. 지역 야간학교 또는 대학에서 이론교육에 전념하는 것은 권할 만한 일이나, 바다에서 직접 요트를 타고 항해하며 얻을 수 있는 것과 같은 직접체험을 대신해주지는 못한다.

4) 팀 웍

안전하고 조종이 쉬운 작은 요트로 기본적인 세일링 기술을 익히는 것이 이상적이지만, 딩기요트를 타고 항해를 시작하기보다는 크루저요트를 타고 항해하기 위해서 항해술을 배우는 사람들이 늘고 있다. 작은 크기의 크루저요트의 수도 증가하고 있지만, 처음부터 약 11m(35ft)의 요트를 구입하는 사람들도 증가하고 있다.

이들 요트 중 소수가 간단하게 항해할 수 있도록 설계되어 있으며, 대다수 많은 요트들은 세 명 또는 그 이상의 선원이 효과적으로 항해할 수 있도록 설계되어졌다. 요트 세일링은 많은 팀원의 노력이 요구된다. 때로는 여러사람이 여러 해 동안 비좁은 요트에서 생활, 식사, 수면을 하기 때문에 타인과 호흡을 맞추어 목적지를 향하여 항해해 나가는 것이 무엇보다 중요하다. 반면에 항상 누군가의 짜증스러운 행동을 참아내기 어렵다면 사소한 것들이 논쟁을 유발하고 불화를 일으킬 것이다. 훌륭한 스키퍼는 이러한 위험요소를 잘 알고 있어야 할 것이며, 선원들이 한데 어우러져 조화를 이룰 수 있도록 노력해야 할 것이다. 이를 위해서는 선원 각자가 탑승선원들과 조화를 유지할 수 있도록 노력하여야 한다.

2. 요트의 분류

1) 용도에 의한 분류

(1) 전통적인 크루저요트(TRADITIONAL CRUISERS)

“전통적인 크루저요트”라 칭하는 요트는 무거운 톤수의 요트를 의미한다. 가프(gaff)[1] 또는 버뮤단(bermudan)[2] 으로 장비되어 있고 긴 킬을 가지고 있다. 오래된 요트는 나무로

1) 세일의 재질이 오늘날 같이 얇고 가벼운 천이 개발이 안되고 무거운 천으로 만들어질 때, 하중을 견디게 하기 위하여 가프(gaff)라는 가로대를 마스트에 걸쳐 놓는 형태의 세일

2) 이 돛은 원래 버뮤다(bermuda)에서 딩기(dinghy)라고 부르는 소형보트에 의장하여 19세기 말부터 사용하여 왔으며, 현재 경기용 요트에서 많이 사용하고 있다.

제작되어지는 반면에 최근의 요트는 유리섬유 또는 강철로 건조된다. 이전의 요트 디자인은 현대식 요트보다 선폭이 좁고 흘수가 깊게 설계되었다.

〈그림 4-1〉 전통적인 크루저 요트(케치)

(2) 트레일러 이동용 요트(TRAILER SAILERS)

〈그림 4-2〉 트레일러 견인장면

대부분의 트레일러 요트는 트레일러에 결합할 때 무게에 대한 안정성을 유지하기 위해서

들어 올릴 수 있는 센터보드(center board)나 대거보드(dagger board)를 가지고 있다.

주로 개인용 승용차로 견인할 수 있는 무게와 선폭의 요트를 의미한다.

(3) 대량 생산형 요트(PRODUCTION CRUISERS)

대부분의 현대식 요트는 유리섬유로 제작되고 있다. 이러한 요트는 버뮤단 슬루프형 범장과 핀 킬(fin keel), 스케그 헝(skeg-hung) 키를 가지고 있다. 긴 흘수선과 짧은 오버행(overhangs; 선수에서 선미까지의 흘수선 윗부분의 선체)을 갖춘 가벼운 설계가 인기를 끌고 있지만 대부분 알맞은 톤수를 고려하여 설계한다. 수심이 얕은 곳에서 항해하기 위해서 설계된 요트는 빌지 킬(bilge keel) 또는 센터보드(center board)를 이용하여 설계된다.

〈그림 4-3〉 대량생산된 연안항해용 요트

(4) 장거리 항해용 요트(LONG-DISTANCE CRUISERS)

장거리 항해를 원하는 항해자들은 요트 제작에 있어서 제한된 선택을 할 수밖에 없다. 그러나 강철이나 알루미늄으로 제작되는 요트는 일반적으로 제작되는 유리섬유의 요트보다 무겁고 속도는 느릴지라도 항해지역의 거친 환경에 잘 견뎌낼 수 있다.

〈그림 4-4〉 11m급의 대양항해용 요트

(5) 경주용 요트(CRUISER – RACERS)

최신의 요트는 조종이 쉽고 경주에 적합한 속도를 낼 수 있어야 한다. 이러한 요트는 일반 요트와 비교하여 좀 더 가볍게 설계되어야 하고, 일반 요트보다 더 효과적인 버뮤단 슬루프와 짧은 오버행, 큰 의장, 효과적인 킬과 키가 사용된다.

〈그림 4-5〉 레이스용 요트의 레이스 모습

(6) 복수선형식 요트(MULTI HULLS)

선체의 수가 2개 혹은 3개로 결합된 형태의 복수선 형식 요트는 속도가 빠르고, 수직 항해가 가능하도록 해준다. 일반적으로 요트 경기에서는 트리마란(trimaran ; 3개의 선체가 결합된 형태) 보다는 카타마란(catamaran ; 2개의 선체가 결합된 형태)이 주로 사용된다. 카타마란은 넓은 공간의 갑판면적을 제공해 주고 갑판 아래쪽에는 편의시설이 마련되어 있다.

〈그림 4-6〉 카타마란

2) 세일장비에 의한 분류

세일장비에 의한 요트의 구분은 메인세일의 형태와 돛대의 수와 탑재된 헤드세일에 의해서 구분되어진다. 초기의 요트들은 두 개의 돛대와 가프형 세일을 가지고 있었다. 이것은 무거운 세일을 쉽게 다루기 위한 가장 좋은 방법이었다.

세일과 돛 장비의 제작기술의 발전은 오늘날 가장 일반화된 돛 장비인 버뮤단 세일의 외돛대 형태의 요트를 출현하게 하였다.

(1) 슬루프(SLOOP)

슬루프는 가장 일반적이고, 간단한 세일장비이다. 이것은 하나의 돛대에 가프이든 버뮤단이든 하나의 메인세일과 헤드세일을 장착하는 것이다. 버뮤단 슬루프는 마스트 헤드 슬루프와 플랙셔널 슬루프로 설명되어질 수 있다. 마스트 헤드 슬루프는 마스트의 꼭대기부터 포스테이(forestay)에 세일을 부착한 형태이다. 플렉셔널 슬루프는 보다 작은 헤드세일을 마스트의 꼭대기에서 밑에까지 마스트에 붙여서 포 스테이에 부착하여 장치한다.

플랙셔널 슬루프는 세일조정을 위해서 마스트를 구부러질 수 있도록 한 것이다. 대부분의 딩기요트는 플랙셔널 슬루프이지만 크루저요트들은 마스트 헤드 슬루프이다.

(2) 커터(CUTTER)

커터형 범장은 아주 대중적이지는 않지만, 원거리 항해용 요트에서 볼 수가 있다. 돛대는 하나이지만 두 개의 헤드세일을 장치하고, 각기 다른 스테이를 사용한다. 이것은 각기 다른 크기로 면적을 줄일 수 있고 조종이 간편하도록 해 준다.

(3) 두 개의 돛대가 있는 요트들

오늘날 두 개의 돛대가 설치된 요트는 흔하지는 않지만 케치나 욜과 같이 오래된 요트이거나 11m(35ft)이상의 요트에서 볼 수가 있다. 케치나 욜 모두 메인마스트 뒤의 선미에 미즌마스트(mizzen mast)가 장치되어 있다. 케치는 욜보다 더 큰 미즌 마스트가 장치된다. 스쿠너도 또다른 종류의 2개의 마스트가 장치된 요트이다. 이것은 가장 큰 메인마스트가 선미쪽에 있고, 보다 작은 크기의 전방마스트(foremast)가 선수쪽에 설치된 것이다.

(4) UNA 세일장비

일반적인 크기의 요트보다 큰 돛배인 UNA(작은 크기의 돛단배) 혹은 캣은 마스트가 전방의 오른쪽에 있고, 스테이가 없다. 메인세일은 마스트 주변에 장착되어 있다. 그리고 이 배에는 헤드세일이 없다. 더욱 큰 돛단배는 스쿠너와 켓치와 같이 두 개의 마스트가 있다.

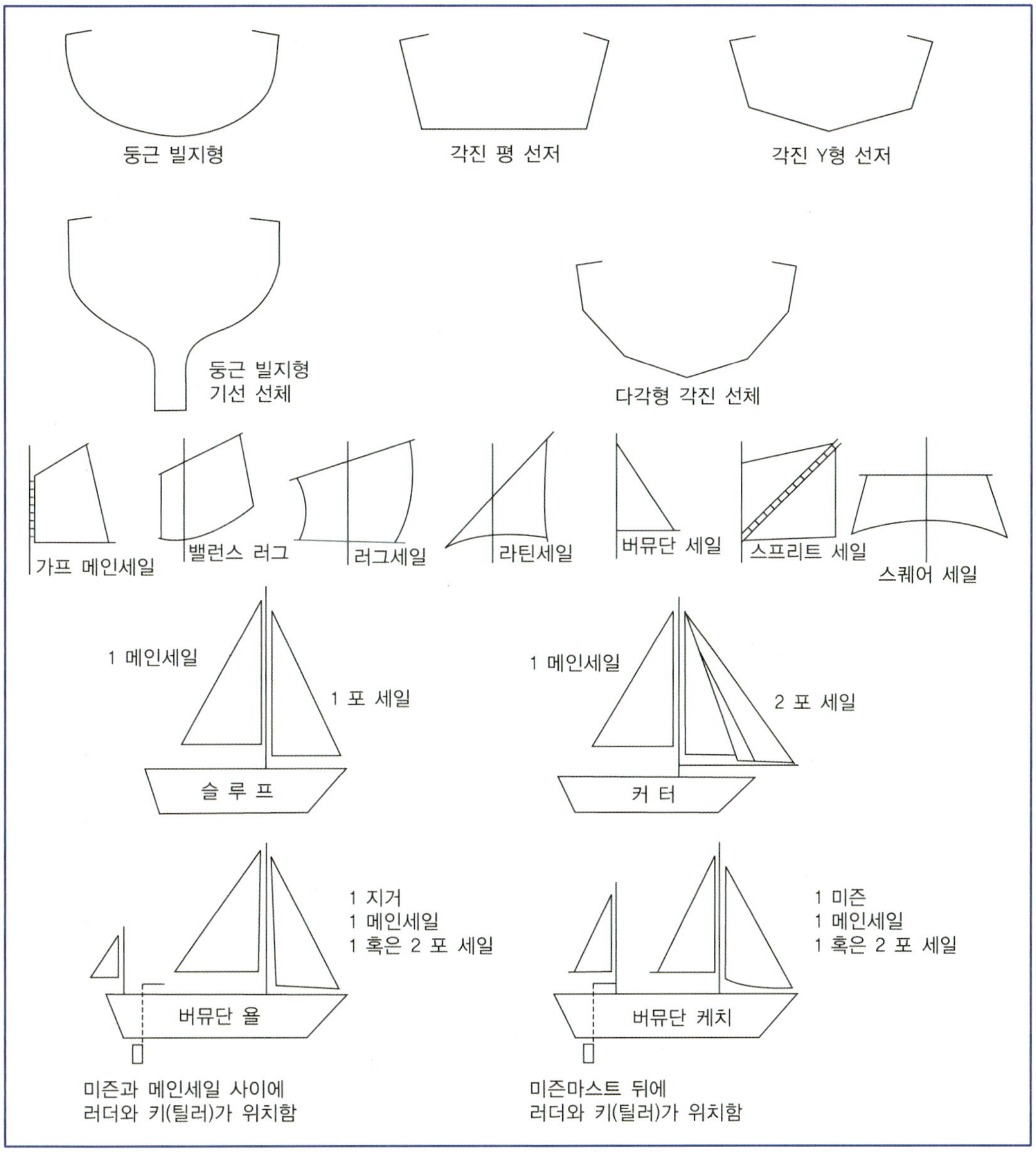

〈그림 4-7〉 선체와 돛의 이해

3) 메인세일의 종류에 의한 분류

(1) 버뮤단 메인세일(BERMUDAN MAINSAIL)

버뮤단 메인세일은 삼각형 모양의 세일이다. 이것은 현대의 모든 크기의 세일 중에서 가장 일반적인 형태의 세일이다.

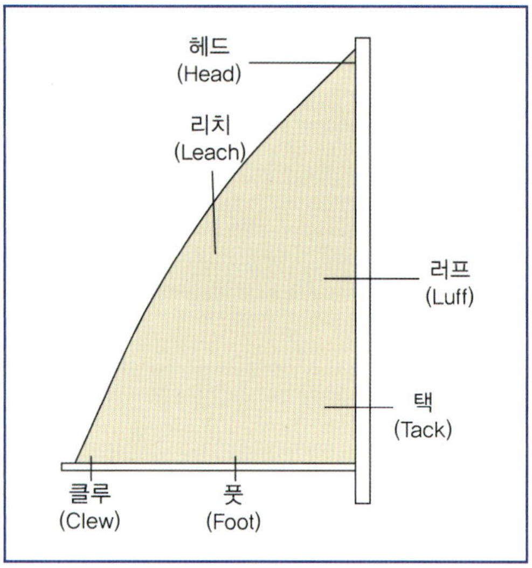

〈그림 4-8〉 버뮤단 메인세일

(2) 가프 메인세일(GAFF MAINSAIL)

가프 메인세일은 사각형 모양의 세일이다. 이것은 비교적 짧은 돛대의 붐에 장치되어 있으며 꼭대기 부분에 가프(gaff)라고 하는 막대기가 붙어 있는 형태이다.

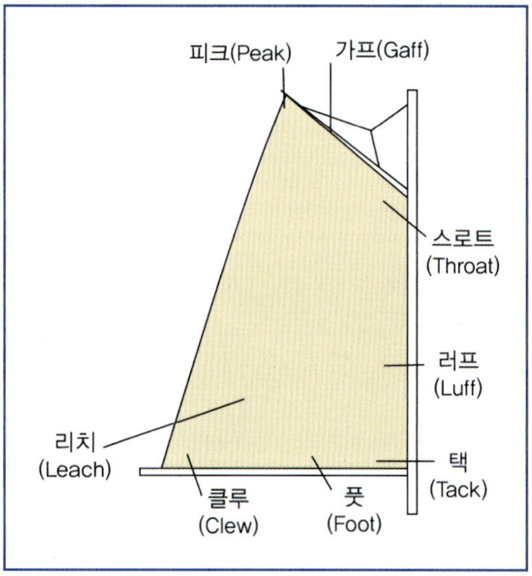

〈그림 4-9〉 가프 메인세일

4) 돛대와 세일의 수에 의한 분류

(1) 버뮤단 슬루프(BERMUDAN SLOOP)

버뮤단 슬루프는 삼각형태의 메인세일을 가지고 있고, 하나의 헤드세일을 가지고 있다. 마스트헤드 슬루프는 마스트의 꼭대기에서부터 부착되어진 포 스테이를 가지고 있다.

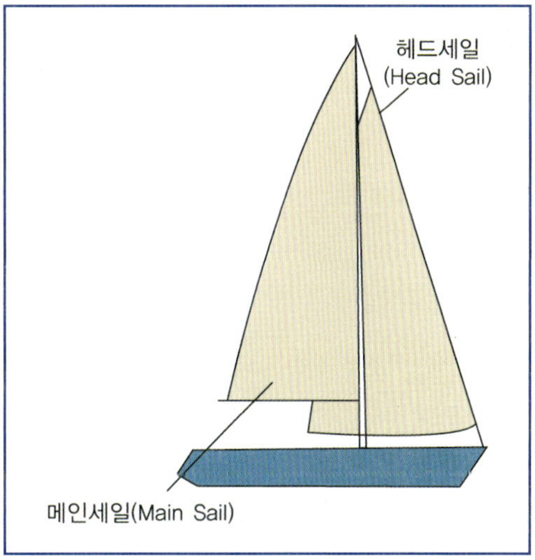

〈그림 4-10〉 버뮤단 슬루프

(2) 버뮤단 커터(BERMUDAN CUTTER)

커터는 2개 이상의 헤드세일을 가지고 있다. 각각의 헤드세일은 스테이를 따로 가지고 있다. 안쪽의 헤드세일은 스테이 세일이라고 하고, 바깥쪽은 지브라고 한다.

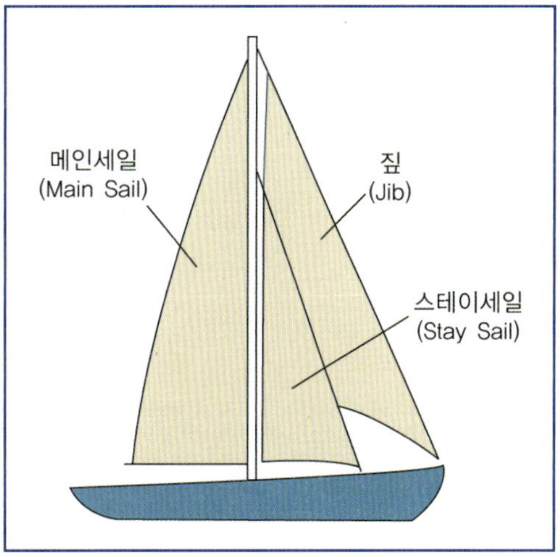

〈그림 4-11〉 버뮤단 커터

(3) 버뮤단 욜(BERMUDAN YAWL)

욜형 범장은 키의 뒤쪽의 선미에 작은 미즌 마스트를 장치한 것이고, 여러 개의 헤드세일을 가질 수 있다.

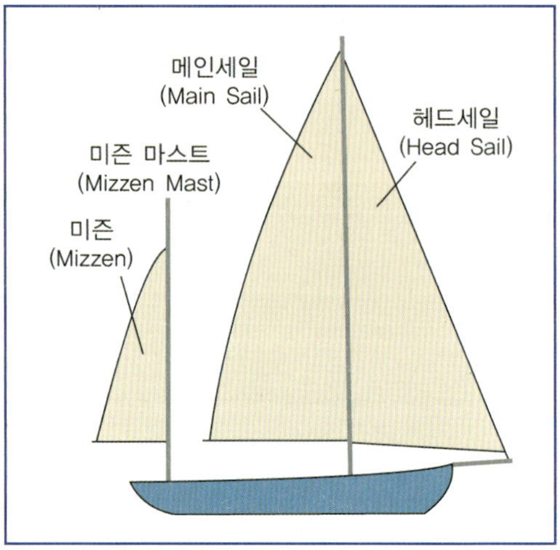

〈그림 4-12〉 버뮤단 욜

(4) 버뮤단 케치(BERMUDAN KETCH)

버뮤단 케치는 하나의 케치형 범장에 미즌 마스트가 메인마스트 뒤에 있지만 키보다는 앞쪽에 장치된 것이다. 이것은 하나 혹은 그 이상의 헤드세일을 가질 수 있다.

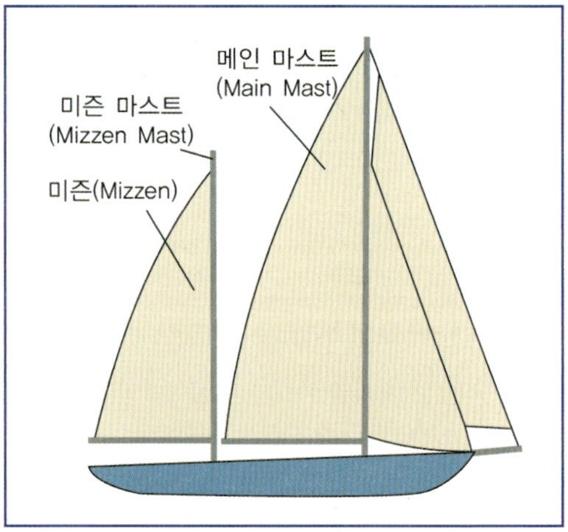

〈그림 4-13〉 버뮤단 케치

(5) 가프 스쿠너(GAFF SCHOONER)

스쿠너 위에 메인마스트가 짧은 전방 마스트의 뒤에 위치하고 가프장치가 된 메인세일을 가지고 있다.

하나 이상의 헤드세일을 가지고 있다.

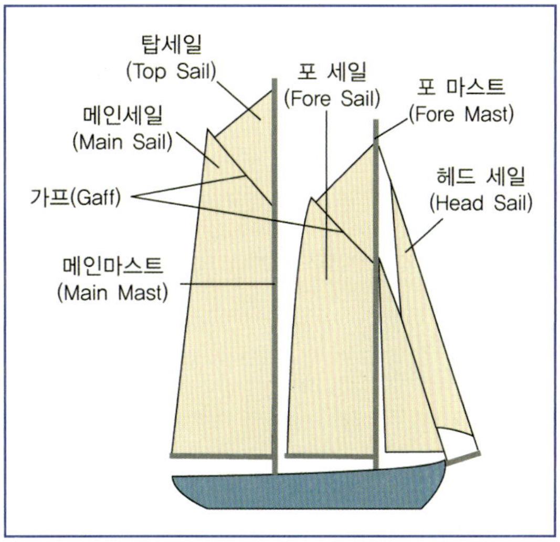

〈그림 4-14〉 가프 스쿠너

3. 요트의 선택과 디자인

1) 구매와 선택

요트 구매비용을 줄이거나 특히 요트에 사용할 새로운 장비를 구입하기 원한다면 세일링 잡지나 비용을 최소화해 줄 수 있는 중개업자의 조언을 통하여 중고 요트를 찾아본다. 또한 요트를 구입하기 전에 어느 지역에서 어떠한 종류의 항해 또는 요트경주를 할 것인지를 결정해야 하며 다양한 요트를 타보고 미리 경험을 해보는 것도 중요하다.

(1) 요트 항해

대부분의 사람들은 장기간의 항해를 꿈꾸고 있다. 그러나 실질적으로 극소수의 사람들만이 이 꿈을 실현시킨다.

대부분의 요트는 단지 두 명 내지 세 명의 선원만이 필요하기 때문에 항해를 즐기기 위하여 특별히 거대한 요트가 필요한 것은 아니다. 이제 막 항해를 시작하는 것이라면 요트를 가능한 간단하게 유지시켜야 한다. 다시 말하자면 기본적인 장비로 이루어진 작은 요트는 구입과 유지에 있어서 비용이 적게 들 것이다. 정박요금, 보험료가 줄어들 것이고 조종이 더 간편해질 수 있지만 크고 더 복잡한 요트만큼이 즐거움을 줄 것이다. 매우 간단한 장비로 이루어진 요트는 항해하는데 소비하는 시간을 증가시켜주는 장점이 될 수가 있다.

⑵ 항해지역

가장 실용적인 종류의 요트는 빈번하게 항해하는 지역의 상태에 의해서 결정되어질 것이다. 얕은 물에서 항해를 할 계획이 있다면 빌지 킬(bilge keel) 또는 센터보드(centerboard)가 장치되어 있는 요트를 고려해 보아야 한다. 예를 들면, 긴 연안 항해에 착수하기 위한 계획을 세우려 한다면 요트 제작시 상황에 맞는 적합한 형태로 수정을 가해야 할 것이다.

⑶ 요트경기

몇몇 사람들은 클럽이나 요트경기를 통해서 요트항해를 즐기고 싶어 한다. 경기를 원한다면 해당 클럽에서 사용되고 있는 여러 종류의 요트를 관찰해 보아라. 어떠한 클럽에서는 일반적으로 선호하는 단 한 가지 종류의 요트선단을 가지고 있다. 당신이 속한 클럽이 이와 같은 선단을 가지고 있다면 당신의 항해 욕구에 적당한 것인가를 따져보아야 한다.

일반 요트보다 경기용 요트는 더 많은 선원이 필요함을 명심해야 하며, 요트에 탑승하고 있는 사람들의 안전을 보장할 만한 장비를 갖추고 있어야 한다.

2) 디자인과 킬

⑴ 디자인의 선택법

전통적인 요트는 제조업자들이 쉽게 사용할 수 있는 요트 소재에 따라 설계되고 발전해 왔다. 새로운 소재와 건조기술은 새로운 건조방법을 혁신시켜 줄 것이다.

요트를 구매하기 전에 다양한 종류의 요트를 가지고 가능한 많은 항해경험을 쌓는 것이 필요하다. 요트 선택시 다양한 옵션 중에서 장점을 결정하는 열쇠는 항해계획의 형태를 파악하고 잘 이해하는 것이다.

⑵ 선체의 모양

오늘날 대부분의 요트선체는 분리된 킬의 고정을 위한 카누 형식의 선체모형을 띠고 있다. 수면 아래의 선체는 더 넓고, 가볍고, 얕은 형태를 취하고 있지만, 수면 위의 상부는 더 높게 제작되고 있으며 요트의 선수와 선미에서 짧고 우아한 곡선을 가진 선체를 제작하고 있다.

(3) 선수와 선미의 모양

전통적인 모양의 선수, 우아한 숟가락 모양의 선수, 경사진 선수형태가 일반적이지만, 수직 또는 거의 수직에 가까운 선수 또한 속도를 최대한 올리기 위한 경주용 요트에서 볼 수 있다. 선미를 살펴본다면 대량생산형 요트는 욕실 설비와 숙식 장소를 제공하기 위하여 볼록한 형태의 선미의 요트를 생산하고 있다. 트란섬(transom), 카운터(counter), 카누(camoe)형 선수와 같은 전통적인 선미의 모형은 새로운 요트에 여전히 사용되고는 있으나 보다 다양한 요트 디자인이 채택되고 있다.

3) 킬의 분류

(1) 킬과 키

킬과 키의 설계는 더 강하고 더 단단한 새로운 자재가 시대의 흐름에 따라 개발되고 발전되어 왔다. 예전 요트의 킬은 요트 설계의 중추 부분인 롱 킬을 사용하였다. 현재 대부분의 최신형 요트는 다른 여러 종류의 사용 가능한 킬의 종류가 있음에도 불구하고 핀 킬의 변형된 형태를 사용하고 있다.

킬이 선체의 안전성을 높여서 전복을 방지하는 기능도 있으나, 킬의 면적에 조류가 부딪혀서 밀리는 힘도 발생한다. 이것을 리웨이(leeway)라고 한다.

킬의 형태가 어떠하든 통상적인 킬은 두 가지 목적에서 사용되고 있다. 리웨이(leeway)에 저항하기 위한 목적과 요트의 안정성을 제공하기 위함이다. 이와 마찬가지로 키의 기본적 역할은 요트의 조종과 리웨이 현상에 저항하는 킬을 돕는 것이다. 최근의 경기용 요트 설계는 안정성을 제공해 주는 캔팅 킬과 조종의 편리함과 풍하에 저항할 수 있는 기능을 갖춘 트윈 포일 개념을 발전시켜 전통적인 킬의 기능과 구분짓는다.

(2) 안전성, 리웨이, 드래프트

중량이 많이 나가는 킬은 대부분 요트에 안정성을 제공해 준다. 킬의 유효성은 킬의 무게와 무게중심, 깊이에 달려 있다. 무게중심이 낮을수록 더 큰 안정성을 얻을 수 있다.

최근의 요트 설계에 사용되는 킬은 매우 깊고 킬의 아래 부분에 어뢰 같은 구근모양으로 무게를 실을 수 있는 좁은 핀 킬의 형태로 제작되고 있다. 리웨이를 잘 견딜 수 있는 경주용 킬은 효율성이 높고 심지어 높은 종횡비를 가지고 있다. 경기용 요트에 사용되는 키 역시 매우 깊게 제작되나 경기의 효율성을 높이기 위해서 폭이 좁은 키를 사용한다. 그러나 이러한 발전은 요트에 있어서 고비용에 손상을 입기 쉽고 전문적인 조종술을 필요로 한다. 또한 매우 깊은 킬은 수심이 얕은 지역으로의 접근에 어려움이 있다.

(3) 센터보드

센터보드같이 들어 올릴 수 있는 킬은 수심이 아주 낮은 지역에서 항해를 가능하게 해준다. 이러한 지역에서 항해를 하는 것에는 센터보드 케이스와 좀 더 복잡함이 요구되지만 좋은 해결책이 될 수 있다.

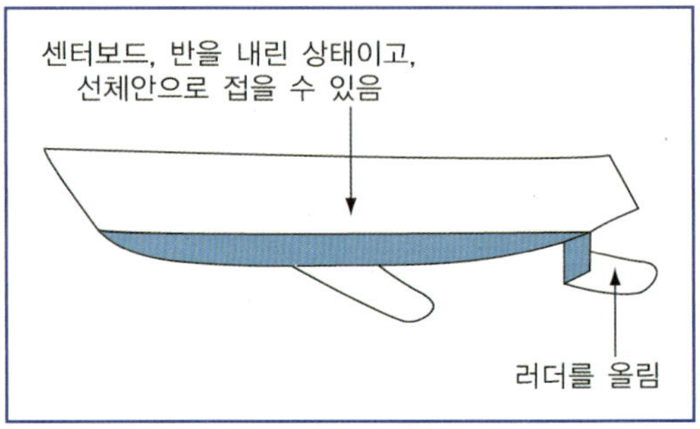

〈그림 4-15〉 센터보드

(4) 크루징 핀 킬

크루징 핀 킬은 일반적으로 길이에 비하여 아주 넓고 간단하게 만들어진다. 몇몇의 크루징 핀 킬은 매우 짧지만 킬 아랫부분에 무거운 구근을 달고 있어서 수심이 얕은 곳에서의 긁힘을 최소화 시켜준다.

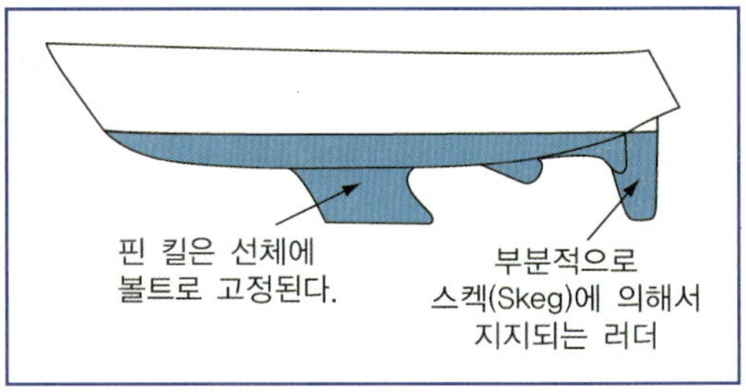

〈그림 4-16〉 크루징 핀 킬

(5) 캔팅 킬

캔팅 킬은 요트의 직선 움직임을 위하여 비스듬히 기울어진 얇은 킬의 끝부분에 무거운 구근을 달고 있다.

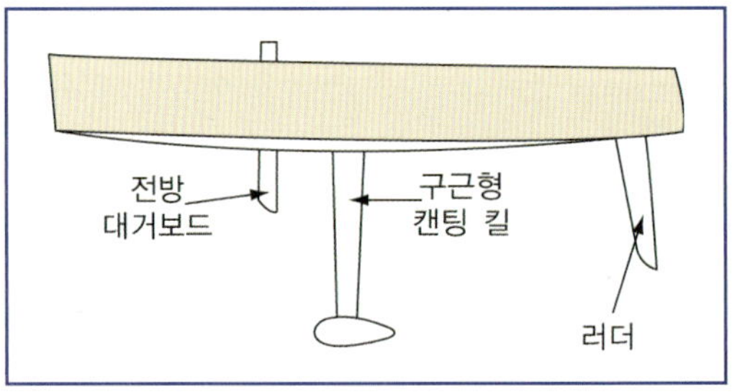

〈그림 4-17〉 캔팅 킬

⑹ 롱 킬

전통적인 요트의 롱 킬은 나무 재질의 선체 때문에 강하게 제작되었다. 롱 킬은 일반적으로 요트 길이의 절반에서 3/4 만큼의 길이로 만들었다. 키는 일반적으로 킬의 뒤편에 걸려있게 하였다.

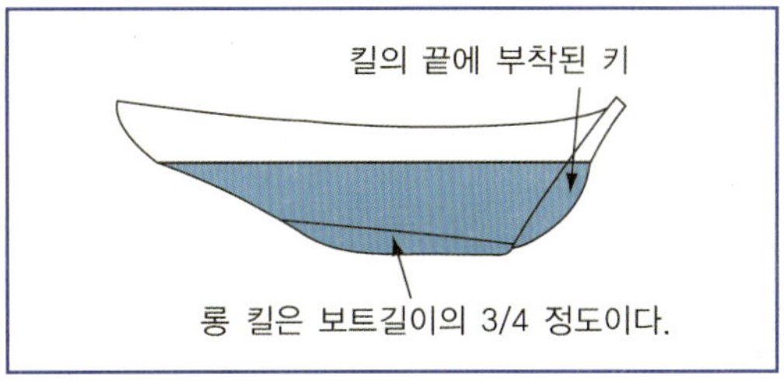

〈그림 4-18〉 롱 킬

⑺ 빌지 킬

트윈 킬로 알려진 빌지 킬은 요트가 육지에 있을 때에도 똑바로 설 수 있게 도와준다. 빌지 킬은 핀 킬보다 덜 효과적이지만 센터보드를 설치할 때 더욱 간편하다.

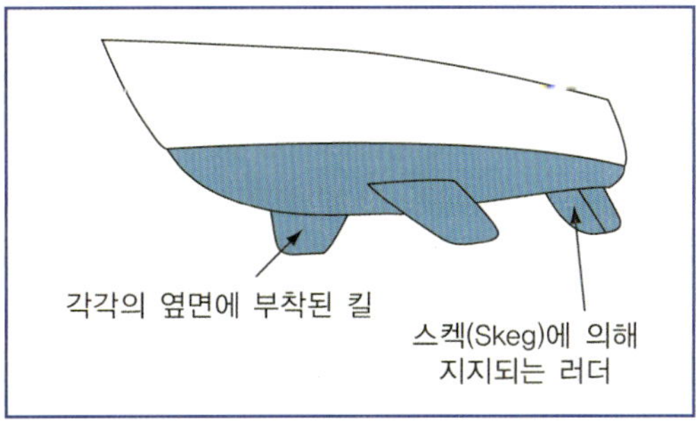

〈그림 4-19〉 빌지 킬

⑻ 경기용 핀 킬

경기용 요트는 최대의 효과를 낼 수 있도록 킬의 아래쪽에 구근을 장치한 깊고 좁은 킬을 사용한다. 경기용 핀 킬은 대부분의 요트에 적합하다고 할 수 없다.

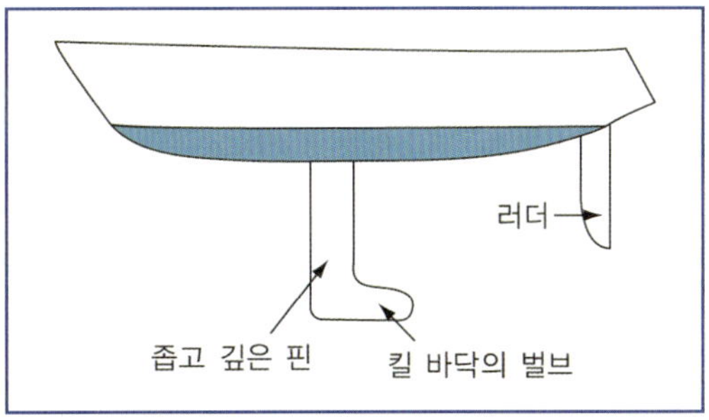

〈그림 4-20〉 경주용 핀 킬

(9) 캔팅 킬과 트윈 포일

두 개의 조종 가능한 포일은 얇고 버팀목 같이 생긴 캔팅 킬이 안정성을 제공해 주는 동안 균형을 유지하면서 리웨이에 저항할 수 있고 추진 가능하게 해준다.

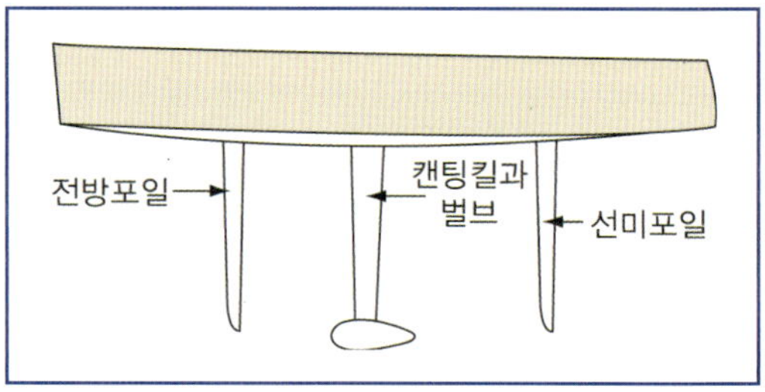

〈그림 4-21〉 캔팅 킬과 트윈포일

4) 선체와 의장

(1) 요트의 특성

요트에서 요구되는 특성은 개인적인 선호도와 타려고 하는 요트의 형태에 달려 있다. 바다에서의 안정성은 쉽게 조종할 수 있는 장치나 오토파일럿보다도 더욱 중요한 요소이다. 원양항해에서 스피드는 안락함이나 안전성보다 더 중요한 것은 아니다. 아무리 빠른 요트라 하더라도 악천후로부터 탈출할 수 있는 안전성이 더욱 중요하다. 또한 정비료가 덜 들고 전문적 지식이 많이 필요하지 않는 점도 고려해야 한다.

(2) 단수의 선체와 다수의 선체(MONO HULL OR MULTI HULL)

모노헐은 멀티헐이 악천후에서 전복될 수 있는 것과는 달리 복원력이 높다. 멀티헐은 단지 연안항해에서만 속도감을 충분히 느끼려고 할 경우에는 효과적인 선택이다.

(3) 의장의 선택

멀티헐이 많은 논란을 가지고 있지만 의장의 선택은 원거리 항해자들 사이에서 첨예하게 논의되는 문제이다. 버뮤단 슬루프가 일반적인 것은 건조하기가 쉽고 경제적이기 때문이다. 다시 말하면, 가능한 한 여러 가지 다른 의장의 요트를 경험하는 것이 중요하다. 가프형 의장이나 정크 의장이 원거리항해에서 장점을 갖고 있다. 또한 커터도 표준형 슬루프보다는 원거리항해에 더욱 적합하다.

4. 기초항해술

1) 세일 사용법

(1) 세일의 설치

세일을 장치한다는 것은 통례적으로 메인세일을 붐에 적당히 장치하는 것으로 말하곤 한다. 헤드세일은 요트에 실어두었다가 필요한 상황에서만 사용되었다. 그러나 최근 대부분의 요트는 항해를 하지 않을 때에는 헤드세일이 포스테이(forestay)에 견고하게 접힐 수 있도록 롤러리핑(roller-reefing) 시스템을 사용하고 있다.

(2) 세일 하부

대부분 요트의 메인세일은 붐에 있는 홈을 따라 이동식 빗장의 형태로 로프를 연결한 딩기요트에서와 같은 식으로 붐에 장착되어 있거나 붐의 홈에 슬라이드 형태로 장착되어 있다. 세일의 하부는 구스넥(gooseneck)에 묶여 있다.

(3) 메인세일의 러프

러프는 대부분 마스트 홈 안에 슬라이드에 연결되어 마스트(mast)에 장착되어 있다. 완전하게 배튼이 장치된 메인세일에서 배튼(batten)은 리치(leech)에서부터 러프(luff)까지 영향을 준다. 배튼에서 받은 압력에도 불구하고 손쉽게 세일을 올리고 내리게 하기 위해서 배튼은 마찰이 적은 슬라이드를 사용한다.

(4) 세일 줄임선

메인세일의 세일 줄임선은 리치의 밧줄 구멍을 통해서 붐 끝에서부터 시작된다. 그다음으로 앞쪽 붐 끝의 윈치와 클리트 또는 칵핏에 있는 윈치를 돌아나오기 전 붐 뒤로 이끈다. 때때로 이와 비슷한 선들은 러프의 밧줄 구멍이 람스 혼(ram's horn)으로 알려진 반대의 고리에 장치되는 것을 제외하고 러프에 장치된다.

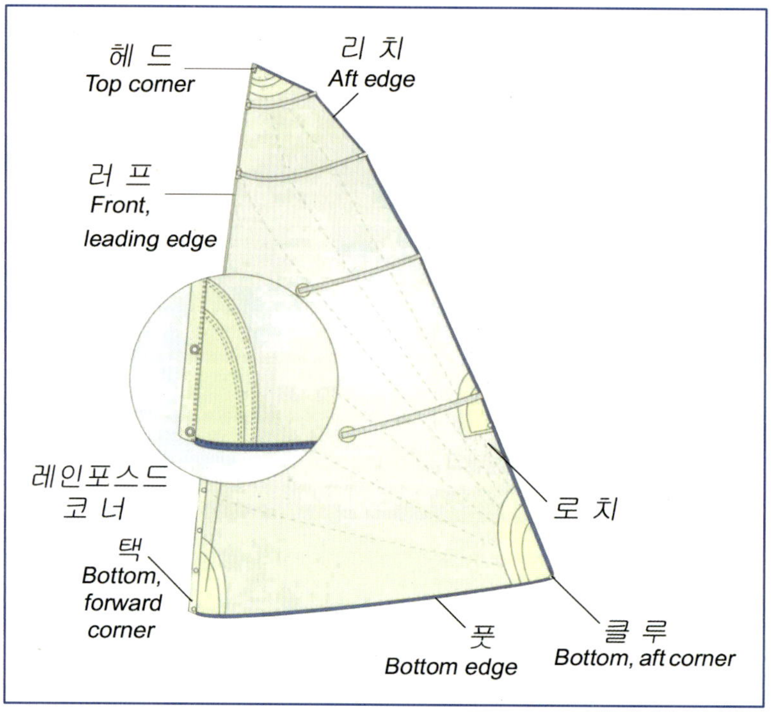

〈그림 4-22〉 세일의 각부 명칭

(5) 메인세일 장착하기

메인세일을 장착하기 전에 요트가 바람에 정면으로 향하고 있는지를 확인한다. 만일 정면이 아니라면 장착하는 순간 세일은 활짝 펴지게 될 것이며 세일을 장착하는 일이 어렵게 될 것이다.

① 마룻줄(halyard)이 돛대 위에 완벽하게 걸려 있는지 점검한다. 붐 위에 매달아 놓은 세일을 풀고 메인 조종줄을 최대로 풀어놓은 후에 마룻줄을 당긴다. 세일을 장착할 때에는 세일이 걸리지 않는지 확인하기 위해서 항상 주시하고 있어야 한다.

② 마룻줄이 선미에 있는 조종실의 윈치까지 연결되는 요트의 경우에는 더욱 빠르게 세일을 장착하기 위해서 한 선원이 마스트에서 마룻줄을 당길 수 있다. 윈치를 잡고 있는 사람은 세일이 거의 장착될 즈음 윈치를 느슨하게 풀어주기만 하면 된다.

(6) 세일의 주름을 펴고 러프와 평행을 이루게 하기 위해서 마룻줄에 충분한 압력을 준다. 강한 바람이 불 때 이 문제는 자연적으로 사라지게 될 것이다.

〈그림 4-23〉 메인세일 장착하기

(7) 헤드세일 접기

〈지브세일 펄링기어〉

〈메인세일 펄링장치〉

〈그림 4-24〉 롤러 펄링

롤러 펄링과 헤드세일 축범 시스템에서 헤드포일(head foil)은 갑판 앞부분에 장치된다. 헤드포일은 선미 끝부분에 하나 혹은 두 개의 홈이 있으며 러프가 장착된다. 택(tack)은 헤드포일의 받침에 있는 롤러펄링에 고정되며 헤드는 헤드포일에 장치되어 있는 슬라이드 이음쇠에 고정된다. 소종줄은 밧줄을 각 측면에 사용하여 세일 귀에 연관되어 있다. 이러한 조종줄은 회전 블록이나 페어리더를 통해서 선미와 연결된다.

(8) 헤드세일의 여러 장치

만일 펄링 시스템이 사용되지 않았다면 바람의 세기에 따라서 다양한 크기의 수많은 헤드세일을 요트에 싣고 다녀야 할 것이다.

(9) 헤드세일 장착하기

- 메인세일과는 다르게 헤드세일은 어떠한 바람의 방향에서도 장착할 수 있다.
- 롤러펄링(roller-furling) 헤드세일은 세일을 말 수 있기 때문에 장착과 접기가 편리하다.
- 행크 온(hanked-on)세일은 마룻줄과 마룻줄 윈치를 사용하여 세일을 장착한다.

2) 윈치 사용법

(1) 윈치 걸기

윈치를 건다는 의미는 윈치를 사용하기 전에 로프를 감아둔다는 것이다. 일반적으로 로프를 최소 세 번 감는 것이 로프와 윈치 드럼(drum)에 충분한 마찰을 주게 된다. 로프는 윈치 드럼 회전방향과 같은 방향으로 감아야만 한다. 거의 모든 윈치 회전방향은 시계방향으로 되어 있으나 어느 방향이 회전을 자유로이 할 수 있는지 육안으로 빈 윈치의 회전방향을 즉시 확인할 수 있다.

(2) 윈치 사용하기

일단 윈치가 장착되면, 윈치 최고부에 있는 소켓에 로프를 감기 위한 핸들을 장착한다. 몇몇의 핸들에는 윈치가 풀리는 것을 방지하기 위한 잠금장치를 갖추고 있다. 핸들 위에 있는 작은 레버를 이용하여 잠금장치를 장치하거나 제거해야 한다.

(3) 조종줄의 긴장을 완화하기

헤드세일 조종줄은 윈치의 많은 짐을 부과하고 세일의 긴장을 완화하거나 팽팽하게 할 때에 매우 조심성 있게 다뤄야 한다. 만일 조종줄을 완화시키고자 한다면 클리트에서 풀어주고 밧줄을 팽팽하게 해 주어 너무 일찍 풀리는 것을 방지해야 한다.

다른 한 손으로 힐(heel)을 누르고 드럼에 매달려 있는 로프의 마찰력을 증가시키며 드럼을 가볍게 완화시킴에 따라 세일을 조정하는 것을 유지시켜야 한다.

(4) 조종줄의 압력을 풀기

걸쳐진 조종줄을 완전하게 풀어주기 위해서는 드럼(drum) 또는 조종줄에서 꼬이거나 얽힐 위험이 있기 때문에 감긴 로프를 풀어 주어서는 안 된다. 조종줄을 재빠르게 위로 당기고 감긴 로프가 드럼에서 빠져나올 때 풀어준다.

〈그림 4-25〉 윈치

3) 세일의 정리방법

(1) 메인세일 정리하기

항해 시즌 동안 메인세일은 항상 덮개를 씌워 보호하고 붐의 왼쪽에 놓아두어야 한다. 범포는 자외선에 장기간 노출되면 손상을 입을 수 있기 때문에 사용하지 않더라도 덮개를 씌워 보관하는 것이 중요하다.

래이지잭스(lazy jacks)라고 불리우는 로프 가이드(rope guide)는 완벽하고 깔끔하게 붐 위에 관리된다. 그것들은 블라인드형 커튼과 같이 세일을 정리한다.

(2) 헤드세일 정리하기

앞 돛대의 앞 밧줄에 헤드세일을 말아서 정리해 둘 때 부분적으로 화학반응을 일으켜 손상이 발생되는 것을 방지하기 위해서 자외선을 차단시켜야 한다.

말아 올릴 수 있는 헤드세일은 펄링 선을 당겨서 포스테이 주변에 감아 놓고 간단히 말아 올림으로써 쉽게 정리할 수 있다.

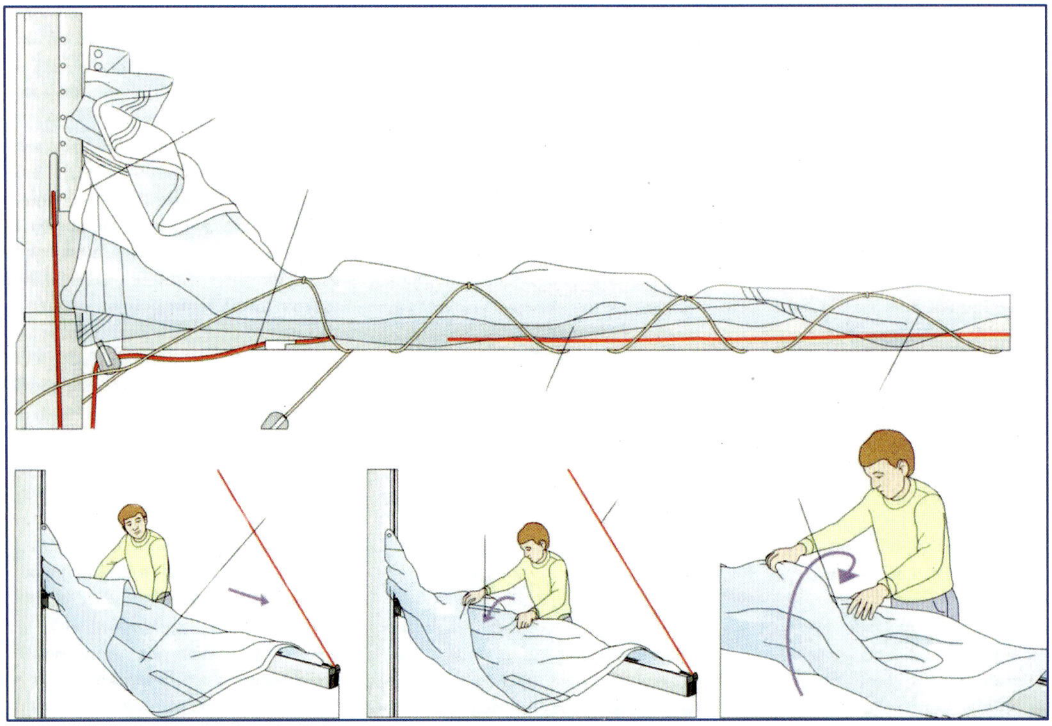

〈그림 4-26〉 메인세일의 정리방법

4) 텐더보트 사용법

(1) 텐더보트 보관

몇몇의 요트는 텐더보트를 선미에 있는 갑판에 결박하여 가지고 다닌다.

안전하게 텐더보트를 결박해 놓기 위해서 안전선으로 묶어 놓는다면 텐더보트가 요트 밖으로 떨어지는 것을 방지할 수 있을 것이다.

(2) 텐더보트 끌기

텐더보트의 끌기는 요트의 선미에서 이루어진다. 텐더보트를 끌 때에는 항해속도가 줄어들 수 있다.

텐더보트를 끌 때에는 두 개의 배를 끄는 로프를 사용한다. 즉, 텐더보트의 선미에 로프를 연결하고 다른 로프를 텐더보트 선수에 연결한다. 여분의 로프를 준비한다면 보트를 끌 때 텐더보트의 손실을 막을 수 있을 것이다. 요트의 선미에서 발생하는 파장을 고려하여 두 로프의 길이를 적절히 조정한다. 텐더보트를 끌 때에는 항상 텐더보트의 장비를 모두 제거하고 사람을 승선시키지 말아야 한다.

(3) 텐더보트 배에 싣기

우선 선외엔진, 노, 느슨한 장치를 모두 제거한다. 텐더보트를 들어올리기 전에 텐더보트 외부 엔진에 견고히 밧줄을 연결하고 다른 한 편인 요트 선상의 강력한 지점에 연결한다면 엔진이 떨어지더라도 손실을 막을 수 있을 것이다.

(4) 텐더보트 사용하기

텐더보트를 적재할 때 텐더보트의 무게가 너무 과중하지 않게 하여야 한다. 비록 짧은 거리를 항해할지라도 만약을 대비하여 충분한 장비를 준비해야 함을 명심하라. 장비목록에 포함되어야 할 것은 닻과 로프, 여분의 노, 소형 라디오, 토치, 조명탄, 엔진의 비상 연료, 유입된 물을 퍼낼 수 있는 장비이며 공기를 주입하는 텐더보트라면 에어 펌프가 포함되어야 한다.

조수간만이 있는 곳에서 노를 저어 간다면 조수에 밀려나지 않도록 진행방향과 조수간만의 차에 주의해야 한다. 만일 조류를 가로질러 간다면 목적지를 길게 잡고 조류에 밀려나가는 것에 대비해야 한다.

(5) 텐더보트의 승 · 하선

세일링 사고는 요트 위에서 보다 텐더보트 사용시에 더 많이 발생한다. 텐더보트를 사용할 때에는 항상 구명조끼를 착용하고 야간에 자신의 위치를 알릴 수 있도록 토치를 가지고 다녀야 한다. 특히 텐더보트에 승·하선 때 주의를 기울여야 한다. 공기 주입 텐더보트가 더 안전해 보이기는 하나 중심이 한쪽으로 치우치면 보트가 전복될 가능성이 높다. 몇몇의 요트에는 잔잔한 물에서 쉽게 승·하선 할 수 있도록 선미 플랫폼을 갖추고 있다.

〈그림 4-27〉 텐더보트

5) 항해준비

(1) 항해 전 준비

우선 기상상태를 확인하고, 기후가 어떻게 변할지를 예상해야 한다. 또한 조류상태와 항해가 끝났을 시점의 변화에 대해서도 확인하여야 한다. 더욱 긴 항해를 할 예정이라면 사전

〈표 4-1〉 항해준비를 위한 항해용 장비 점검표

① 엔 진
- 연료, 오일, 식수의 점검
- 출항 전 엔진 위밍업
- 배터리 점검
- 공구 확인

② 요트장비
- 닻의 체인 점검
- 빌지펌프의 점검 : 빌지펌프가 말라 있는가? 젖어 있는가? 빌지펌프에 있는 수위가 적당한가?
- 가스의 연결상태 확인, 가스경보기의 작동유무 확인
- 방수 전등과 스페어 배터리 점검
- 항법 조명과 무선기 작동 확인
- 모든 해치가 잠겨 있는가?, 누수여부 확인

③ 안전장비
- 구급약 확인
- 구명조끼와 안전장비 확인
- 비상조명탄 확인
- 포그혼(해무용나팔) 확인

④ 돛배와 세일
- 돛대의 균열과 핀이나 볼트의 손상 확인
- 세일의 찢김이나 손상 및 보수장비 확인

⑤ 항법 장비
- 항해지도 확인
- 조석표와 항해표지 확인

⑥ 일반적 체크사항
- 갑판 위 장비 점검 및 보수상태 확인
- 식수 및 여유장비 확인

항로계획을 수립하여야 한다. 요트에서는 모든 장비에 대하여 외형적 요소를 체크하고 세부적인 사항에 대해서도 점검을 해야 한다. 몇 시간 이상의 항해를 준비할 경우에는 간단한 식량과 따뜻한 음료수를 준비하는 것이 좋다.

(2) 장비의 정리

항해 전에는 모든 장비가 제자리에 정리되어 있는지 확인하고 움직이지 않도록 정리한다. 선원들에게도 갑판이나 갑판 밑의 공간에 대해서도 분배를 하고 개인용품을 정리하도록 한다. 선원들에게도 모든 중요한 장비에 대하여 정리된 위치를 설명하고 모든 해치도 완전하게 잠겨있는지 확인한다.

(3) 항해 중 안전교육

스키퍼가 선원들에게 항해 중 안전에 관한 주의사항을 설명하여야 한다. 항로계획에 대해서도 설명을 하고 개인임무에 대해서도 숙지토록 한다. 선원들의 경험정도에 따라서 항로에 관한 상태와 조건을 설명한다. 또한 선실의 주방이나 가스, 식수의 공급, 항해 중 화장실 사용에 관하여 설명하고 소화기의 위치, 담요 등의 사용과 구급약품, 무전기, 비상용품 등에 관하여도 설명을 한다. 각각의 선원들은 라이프자켓을 착용하여야 하며, 하네스를 적절하게 착용하여야 한다. 스키퍼는 선원들이 특별한 질병이나 건강문제를 가지고 있는지 확인하여야 하며 수영을 할 수 있는지와 비상상황에서 도움이 될 수 있는지를 확인하여야 한다.

6) 엔진 조종

(1) 요트 조종하기

요트 항해를 처음 시작하는 사람들은 종종 자동차 운전을 할 때와 같이 요트를 조종하고자 하는 실수를 범한다.

사실상 요트를 회전시킬 때 회전하고자 하는 방향에서부터 좁은 공간에서 요트를 조종할 때 요트가 회전하는 선미의 전후좌우 흔들림을 이해하고 있어야만 한다.

(2) 프로펠러 효과

요트 조종을 능숙하게 하기 위한 핵심적 요소는 프롭워크(prop walk)라고 불리는 프로펠러 효과를 이해하는 것이다.

수심이 깊어짐에 따라서 물의 밀도가 증가하며 이는 회전하는 프로펠러의 낮은쪽 날이 위쪽보다 밀도가 높아진다. 그래서 프로펠러가 도는 방향으로 선미가 밀려나는 경향이 있다.

전형적으로 우로 회전하거나 시계방향으로 회전하는 프로펠러는 앞으로 전진할 때 선미를 우현으로 돌리려는 경향이 있고, 변속기를 가지고 진행방향을 바꾸어 요트를 후진시킬 때 프로펠러는 선미를 좌현으로 돌리려는 경향이 있다.

요트가 앞으로 나아가고 있을 때 키(rudder)는 더욱 효율적으로 작용이 되어 추진방향으로 프롭 워크효과가 쉽게 나타난다. 그러나 후진으로 갈 경우 비효율적이어서 특히 저속으로 갈 경우 반대방향으로 프롭워크 효과가 분명히 나타난다.

(3) 요트의 특성

엔진을 사용하여 요트를 조종할 때 여러 가지 요인의 영향을 받게 된다. 이러한 영향은 엔진의 크기, 프로펠러의 위치, 회전방향, 킬과 키의 형태, 갑판 위의 바람의 영향 등이 포함된다.

킬의 뒤에 키가 위치한 롱킬 요트는 선미쪽으로 기동을 할 때 방향을 유지하기가 쉽지 않다. 여러 경우에 있어서 일직선으로 선미쪽으로 요트를 유지하는 것은 거의 불가능하다. 이러한 상황을 이해하면서 기동을 하는 것이 중요하다. 요트에 대한 바람의 영향은 요트의 기동을 도와줄 수도 있고 방해할 수도 있다. 옆으로부터 불어오는 바람은 요트를 선수쪽으로 밀어낸다. 이러한 효과는 프로펠러의 힘에 의해서 일어난다.

(4) 엔진사용 중 방향 유지하기

특히 스페이드 러더(spade-rudder)를 가지고 낮은 속도에서 항해하는 대부분의 최신 핀킬 요트는 후진에 용이할 수 있다. 만일 키를 사용하여 이러한 종류의 요트를 조종한다면 후진으로 빠르게 모터링할 때를 알아야 한다. 키에 가해지는 힘은 강하게 나타날 수 있고, 키로 전해질 수 있다. 키를 확실하게 잡고 있지 않거나 작용되는 큰 움직임을 피하지 못한다면 키는 한쪽으로 치우치며 렌치 될 수 있다. 만일 이러한 상황이 발생한다면 요트는 빠르게 회전될 것이고, 키 끝에 서 있지 않는 한 키에 부딪히게 될 것이다. 좁은 공간에서 엔진을 사용하며 나아갈 때는 요트가 여러 상황에서 어떻게 운행되는가를 숙지해야 한다. 일직선상에서 다른 속도 프로펠러 조작, 최고 속도, 중간 속도, 최저 속도에서 터닝서클 반경 등의 조종 연습을 해 보아라. 후진으로 모터링할 때 키가 반대방향으로 작용된다는 것을 명심해라. 선수는 키가 움직이는 것에 따라 좌우로 움직일 것이고, 반면 선미는 그 반대 방향으로 움직일 것이다.

7) 세일조종

(1) 기본 특성

크루저요트의 조종성은 여러 가지 요소에 의하여 달라진다. 즉, 요트의 선체와 킬의 형태, 돛대의 특성에 따라 달라진다. 크루저요트의 모든 디자인과 크기에 따라서 다양하게 나타나며 세일과 엔진의 사용차이에 의해서도 달라진다. 이러한 차이는 보통의 속도에서 항해하거나 모터링할 때 나타나지만, 특히 항구나 부두를 입출항할 때 현저하게 나타난다. 이러한 특성에 따라 덜 숙련된 선장이나 선원들에게는 아주 어려운 일이 되기도 한다.

자신의 요트를 조종할 때 아주 효율적으로 요트 조종의 특성을 파악하는 유일한 방법은 저속과 고속에서 항해하거나 모터링을 하면서 그 특성을 파악하는 것이다.

자신의 요트에 관해 익숙해지기 위해서는 맑은 물이 있는 지역에서 다른 요트로부터 떨어져서 요트가 어떻게 출발하고 흘러가는가를 보아야 한다. 우선, 세일을 설치한 상태에서 엔진으로 출발하여 다른 요트로부터 멀어졌을 때 엔진을 중립에 놓은 후 바람이 있는 지역으로 요트를 돌려놓고 엔진을 정지시킨다. 이때 선수가 신속하게 풍하로 이동하는가를 주의깊게 보아야 한다. 어떤 요트들은 바람이 자연스럽게 빔에 위치하지만 바람이 충분할 경우에는 요트가 풍하로 자연스럽게 움직이는 것을 볼 수가 있다. 다음으로, 얼마나 빨리 정지할 수 있는가를 관찰하여야 한다.

(2) 메인세일로만 운항하기

자신의 요트가 어떻게 떠나고 정지하는가를 연구한 후에는 메인세일만 올린 상태에서 모든 항해 포인트별로 항해를 시도해 본다. 자신의 요트가 메인세일만으로 잘 항해하는지의 여부는 물속에 있는 선체의 모양과 돛대의 종류에 따라서 달라진다. 최근의 많은 신형 요트들은 메인세일만으로도 잘 항해할 수 있다. 이것은 특히 슬루프형 범장에서 잘 나타나고 충분한 돛대를 갖고 있는 형태의 요트에서의 헤드세일은 이러한 특성이 덜 나타난다. 크로스홀드로 항해할 때 메인세일 하나만으로 항해하는 것은 매우 어렵다는 것을 알 수 있을 것이다.

만일 자신의 요트가 방향이 전환되고 풍상쪽으로 천천히 움직일 때 세일을 느슨하게 할 필요가 있다. 요트의 방향을 전환시킬 때에는 원형으로 가능한 평평하게 하여야 한다. 요트가 회전하기 시작할 때 메인 조종줄을 빠르게 당길 때에는 세일 면적을 줄이는 것이 쉽다. 그러나 헤드 세일이 없을 때에는 요트가 조류에 밀려가게 된다.

요트는 회전하기 전에 메인 조종줄을 가능한 당기고 빠르게 움직여야 한다. 오직 메인세일만 가지고 자신의 요트를 조종하는 것은 매우 중요한 기술이다. 이것은 선박을 정박하기 전 닻을 내리기 전에 사용하는데 유용한 요트 조종기술이다.

(3) 헤드세일만 운항하기

가장 넓은 헤드세일을 설치하고 여러 방향으로 운항해 본다. 요트는 풍하로 운항하는 것이 좋고 빔 리치 방향이 안전할 수 있다. 이때에는 리헬름이 나타날 것이다.

(4) 모든 장비 이용

크루저요트로 항해하는 대부분의 시간동안 모든 세일을 함께 사용할 것이다. 풍상이나 풍하의 힘을 덜 받으면서 적절하게 장치된다면 메인세일이나 헤드세일은 회전력으로 서로 작용하고 힘을 유지하게 한다. 세일들이 적절하게 조종되어지면 세일의 표면을 조종하여 요트를 추진할 수 있게 한다.

5. 요트의 성능과 장비

1) 균 형

(1) 중량과 부력

요트가 똑바로 세워져 있다면 요트 중심부의 중력은 작용되는 요트의 부력에 수직으로 작용한다. 요트가 마리나에 정박해 있을 때 요트의 중량과 부력은 평형을 이루며, 요트가 얼마나 높게 물위에 뜰 수 있는가를 결정지어 준다.

요트의 기울기에 있어서 무게중심이 동일한 지점에 존재하지만 부력의 중심은 잠겨진 부분에서 작용을 하게 된다. 무게의 힘은 아래로 작용하고 부력은 위로 작용한다. 두 개의 힘은 회전력을 일으키고 요트가 바로 설 수 있도록 회전하는 힘이 작용된다.

(2) 복원력

복원력은 무게중심과 부력의 차이에 의한 전체 요트무게에 의해서 계산된다. 요트가 수평을 유지하고 있을 때, 복원력은 사라지지만 요트가 무게중심을 벗어나서 부력의 중심으로 기울어졌을 때 복원력은 증가하게 된다. 요트가 기울어지면 질수록 부력의 중심이 무게중심 쪽으로 움직여 복원력이 증가하게 된다. 무게중심과 부력이 수직일 때 최종적인 균형이 나타난다. 이러한 기울기의 각도를 AVS(Angle of Vanishing)라고 한다. 때때로 이것을 복원한계각도(Limimit of Positive Stability)라고도 한다. 이것은 요트가 스스로 복원할 수 있는 마지막 지점이다. 만일, 요트가 이 각도보다 더 기울어지면 복원력은 반대방향으로 작용하게 된다.

(3) 균형각도

새로운 요트를 구입하였다면 제조업자에게서 힐(heel)에 대한 복원력이 기록되어 있는 평면 그래프를 받아야만 한다. 만일 제조업자가 위와 같은 그래프를 주기 꺼려한다면 구입하려는 요트의 안전성은 기대치만큼 높지 못할 수 있다.

힐의 각도에 대한 복원력이 그래프 형식으로 표시되어 있다면 그 그래프는 요트가 작용하는 힘에 대하여 어떻게 반응하게 되는지를 알려주게 된다. 그래프의 기울기가 크게 나타난 경우에는 복원력이 뛰어나고 요트의 흔들림이 줄어들지만, 그래프의 굴곡이 완만한 지점에서는 요트의 흔들림은 더욱 크게 일어날 수 있다. 그래프의 곡선과 만나는 X축 지점은 안전성이 없는 각도를 말해준다.

최신의 요트는 가볍고 하부에 좋은 숙박시설을 갖추어 설계한다. 이는 너비가 넓은 요트에서 볼 수 있으며, 우선적으로 요트의 흔들림을 너비가 좁은 요트보다 향상시키기 위해서이지만 AVS를 감소시킬 수 있는 단점을 야기시킬 수 있다.

대부분의 요트는 수심이 얕은 지역에 쉽게 도달하기 위해서 최대한 흘수를 낮추어 설계된다. 폭이 넓은 빔과 낮은 흘수로 만들어진 요트는 요트의 AVS를 줄여주고, 너비가 좁고, 중량이 많이 나가며, 흘수가 깊은 요트보다 전복에 대한 위험을 줄일 수 있다.

(4) 실용적 고려사항

가급적 무게가 많이 나가는 장비를 설치하지 않는다면 요트의 안정성을 유지할 수 있다. 레이더 스캐너를 마스트 내외부 혹은 지브 펄링 시스템에 장착한다면 중앙부의 중력을 증가시킬 것이고 안정성을 떨어뜨릴 것이다. 갑판에 장비를 설치하고 보관해 둘 때에는 이와 같은 점을 상기해야 한다.

바다에서는 바람의 영향보다 파도의 영향에 의해서 요트가 전복되기 쉽다는 것을 알고 있어야 한다. 요트에 가장 치명적인 경우는 부서지는 파도가 요트의 측면을 강타하는 것이다.

온건한 바다의 상태에서라도 부서지는 파도는 조류의 끝자락이나 수심이 갑자기 깊어지는 곳에서 마주칠 수 있기 때문에 이러한 지역을 급히 빠져나가려고 시도해야 한다. 거친 바다에서 위와 같은 상황을 피하기 위해서는 파도에서부터 멀리 피해야 한다.

2) 의장과 세일

(1) 의 장

의장은 고정형 의장(standing rigging)과 유동형 의장(running rigging)의 두 개의 범위로 나뉘어진다.

고정형 의장은 마스트를 세우고 구부러짐과 세일에서 선체로 미치는 힘을 분산해 주며, 요트에 마스트를 단단히 설치해주고 세일이 느슨해지지 않도록 지지하여 준다. 유동형 의장은 로프와 와이어로 구성되어 있고 세일과 장비를 지지하고 조정하여 준다.

대부분의 고정형 의장은 스테인레스 스틸 와이어로 만들어져 있다. 이것은 선체와 연결하여 슈라우드와 체인플레이트에 연결된다.

① 고정형 의장

대부분의 요트는 네 곳에서 마스트를 지원하는 고정형 의장에 의한 똑바로 선 형태를 취한다. 하운즈(hounds)에서 마스트가 뒤로 넘어가는 것을 막아주는 마스트헤드 또는 그 아래에 결부되어 있는 포스테이(fore stay)와 마스트가 앞으로 넘어지려는 것을 막아주는 백스테이(back stay)가 있다. 캡 슈라우드(cap shrouds)라 불리는 두 개의 주요 슈라우드가 반드시 양 측면에서 마스트를 고정시켜야 한다.

② 항해장비 설치의 여러 방법

표준적인 마스트헤드 배치는 마스트에 부과되는 하중에 저항하기 위해서 안정성과 균형있는 기하학적 배치를 제공하지만 고정형 의장 방식이 아닌 받침대 없이 서 있는 고정형 의장 방식과 같은 대부분 다른 배치를 사용하고 있다.

몇몇 요트는 포스테이가 마스트헤드와 연결되어 있지 않고 마스트 아래쪽에 결부되어 있는 부분적인 슬루프 의장으로 설계되어 있다. 부분적 슬루프 의장방식은 강한 바람에서 메인세일의 하단을 배 중앙으로 당기기 위해서 항해 중 마스트가 구부러지는 고전방식의 크루저요트나 경기용 요트에 사용되곤 한다.

③ 유동형 의장

항상 혹은 부분적으로 조종을 할 수 있는 로프나 와이어를 유동형 의장이라고 한다. 가장 일반적인 유동형 항해장비는 마룻줄(halyards)과 조종줄(Sheet)이다. 대부분 요트의 조종줄은 폴리에스텔 로프로 만들고, 마룻줄은 로프 끝을 꼬아 연결한 것을 로프나 와이어 안에 넣은 것으로 만든다. 마룻줄이 로프로 만들어졌다면 폴리에스텔보다 좋은 성능을 낼 수 있고, 보다 수축이 적은 섬유질을 사용할 수 있다.

고정 밧줄과 와이어는 손상이나 낡은 부분이 없는지 주기적으로 조사해 보아야만 한다. 로프와 같은 반복적으로 클리트되거나 얽히거나 윈치에 걸 때 닳는 경우가 생길 수 있다. 가능하다면 로프의 여러 부분을 사용하여 부분적으로 닳아지는 것을 최소화시킨다. 이는 마룻줄을 사용할 경우에는 불가능하지만 조종줄을 사용하는데 있어서는 유용할 것이다.

(2) 세 일

① 메인세일

메인세일은 잔잔한 바람에서부터 매우 거센 바람까지 여러 바람의 강도와 대처해야 하기 때문에 요트 항해에 있어서 가장 다루기 힘든 일이다. 메인세일은 반드시 세일의 주변과 힘을 받는 지점에 충분한 보강재를 사용하여 강하게 제작되어야 하고 풍하중(風荷重), 마찰, 자외선에 의한 손상에 잘 견딜 수 있어야 한다. 자외선이 강한 몇몇 항해지역에서는 세일이 노출되어 있을 경우 심각한 손상을 입을 수 있으므로 강한 재질을 사용한다. 모든 하중, 오래된 변질, 찢어짐이 있어서도 메인세일은 잘 견뎌낼 수 있어야 하며, 너무 무겁게 제작되지 않고, 약한 바람에 기울지 않고, 선원이 조작, 저장, 축범하는 것에 어려움이 없어야 한다.

만일 요트가 트라이세일(trysail)을 갖추고 있다면 최악의 기상 상태에서는 메인세일을 붐에 감아놓고 트라이세일로 교체해야만 한다. 그러나 그렇게 나쁘지 않는 기상 상태라면 메인세일을 상황에 맞게 축범할 수 있다. 비록 작은 요트의 경우 메인세일을 두 단계 축범할 수 있지만, 대부분의 요트의 메인세일은 단계별로 전체의 1/3 크기로 축범할 수 있다.

② 배 튼

배튼(batten)의 용도는 메인 세일의 어느 한 부분인 로치(roach)를 지원하는 것이다. 최근의 요트는 많은 수의 로치를 메인세일에 설계하고 있다. 왜냐하면 로치가 여러 방향의 힘을 전해주기 때문에 그 힘의 영향을 받는 배튼이 세일을 알맞게 조정해주는 것이다.

항해용 메인세일은 활개를 쭉 뻗은 배튼과 함께 사용된다. 이러한 배튼은 리치(leech)부터 러프(luff)까지를 관통하며 세일의 모양을 잡아주는 이점을 갖게 한다. 또한 배튼은 조종줄이 느슨하게 풀려 있을 경우 세일의 플로깅(flogging)을 막아준다. 그러나 배튼을 최대로 늘려서 효과적으로 사용하기 위해서는 런닝(free running sliders)을 러프에서 마스트까지 연결한 적당한 시스템 설계가 요구된다. 볼베어링으로 슬라이더(slider)용도로 설계된 것은 배튼을 가득 사용한 메인세일을 조정하고 축범을 보다 쉽게 만든다.

배튼을 전부 사용한 메인세일은 축범시 마치 베네치언 블라인드(Venetian blind)처럼 붐에 세일을 깔끔히 정리해 둘 수 있는 이점이 있으나 래이지잭(lazyjack)시스템이 있을 경우로 국한된다. 래이지잭은 붐의 양 측면에 있는 가벼운 선으로 붐에서 마스트까지 연결되어 있다. 래이지잭은 가이드와 같은 역할을 하며 붐을 조정하며 세일이 축범되는 것에 따라 두 선 사이로 배튼을 고정하고 있다.

③ 헤드세일

훨링 장치가 된 헤드세일 장비는 편리하지만 부분적으로 롤러가 헤드세일에 장치된 것은 풍상에서 좋은 항해를 할 수 없게 만든다. 그러나 세일 조정장비가 편리하고 쉽게 사용될 수 있고 강한 바람에서 세일을 빠르고 간편하게 축범할 수 있다는 장점이 있다.

이러한 편리함에도 불구하고 항해자들은 장비의 결함과 행크(hank)를 사용한 헤드세일을 선택하려는 경향으로 롤러펄러를 선호하지 않는다. 행크로 연결된 헤드세일은 바람의 세기에 따라서 헤드세일을 쉽게 교체할 수 있다.

헤드세일은 제노아(genoa) 또는 지브(jib)로 분류할 수 있다. 제노아는 마스터에 겹쳐질 만큼 큰 헤드세일이고 마스트에 도달할 수 없는 것이 지브이다.

일반적인 항해자들은 헤드세일을 선택할 때 롤러리핑(roller-reefing) 헤드세일을 사용하지 않고 미풍에서 사용하는 제노아, 적당한 바람에서의 지브, 여기에 더하여 바람의 세기에 대비한 여러 가지 작은 지브를 선택한다.

모든 요트 항해자들은 스톰 지브(storm jib)를 가지고 다녀야만 한다. 이것은 다른 세일들에 비하여 더 작고 강한 바람에 견딜 수 있도록 제작되었다. 만일 일반적인 헤드세일이 롤러펄러에 장착되었다면 스톰 지브를 사용해야만 할 경우를 대비하여 갑판머리에 스톰 지브를 따로 준비해 두어야 한다.

3) 갑 판

(1) 상갑판

① 갑판머리

돛대 앞쪽의 갑판머리는 갑판에서 가장 작업이 빈번하게 일어나는 장소이다. 일반적인 작업은 헤드세일을 교체하고 닻, 펜다를 끌어올리는 일을 포함하여 선수 가까이에서 이루어진다. 권양기가 장치되어 있다면 주로 닻을 올리는데 사용되는 전자식 윈치는 갑판머리에 놓여진다.

파도가 치는 상황에서 항해를 할 때 유동이 심한 갑판머리에서 작업을 한다면 위험을 초래할 수 있으므로 각별한 주의가 필요하다.

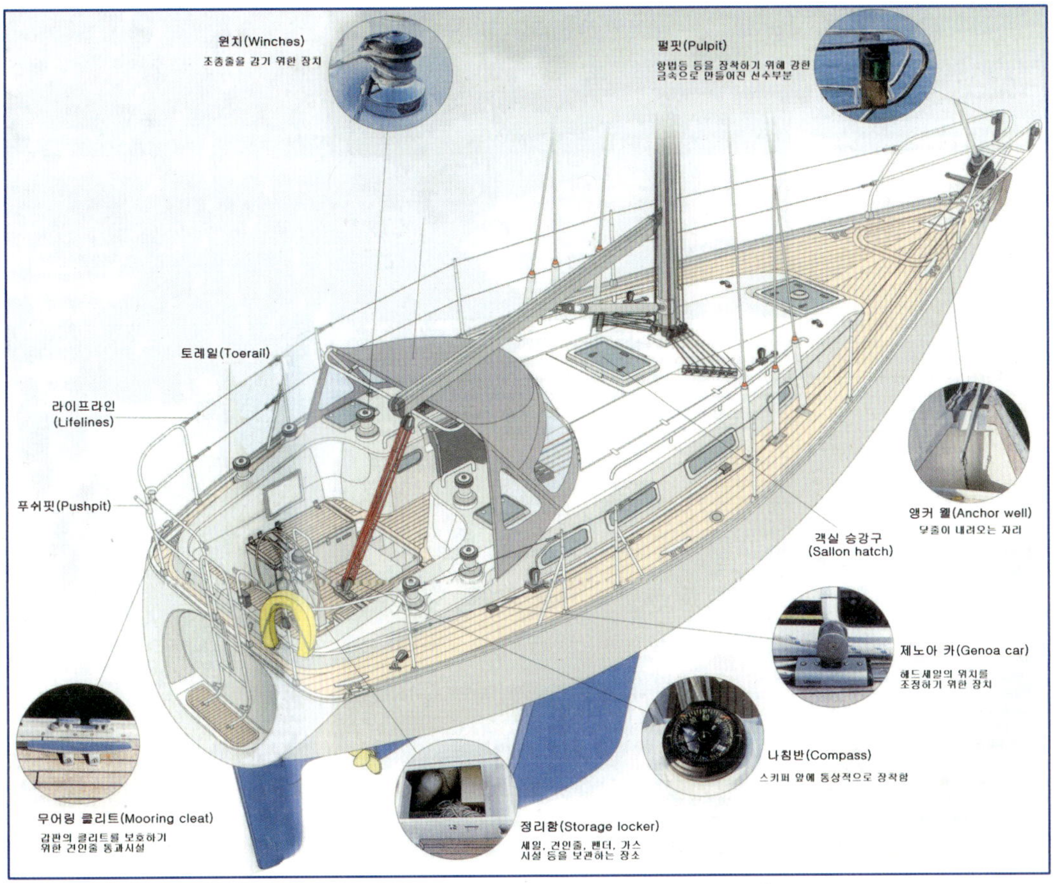

〈그림 4-28〉 상갑판

② 옆 갑판

대부분 작거나 중간 크기의 요트는 헤드 룸을 낮추기 위한 옆갑판과 앞갑판보다 높은 마스트 후면 중앙에 상갑판 위로 튀어나온 선실을 구비하고 있다. 이러한 배치에서 옆갑판은 상갑판 위로 튀어나온 트렁크(trunk)와 갑판 가장자리 사이에서 작용된다. 몇몇의 큰 요트는 이동의 편익을 추구하기 위해서 선실 트렁크가 아닌 공간이 넓은 평면 갑판을 사용한다.

일부 작은 요트의 옆갑판은 넓이가 매우 좁아서 갑판 위를 움직일 때 주의가 요구된다. 지브 조종줄(jib-sheet)의 페어리드(fairlead)에 사용되는 트랙은 보통 옆갑판을 따라서 선수와 선미 방향으로 놓여 있다.

③ 선실지붕

선실지붕은 요트 중앙에 있는 상갑판 위로 튀어나온 선실의 최상부이다. 마스트는 선실지붕과 닿아 있거나 킬에 닿아서 선실지붕을 뚫고 통과하고 있다. 마스트와 연결된 마룻줄(halyard)과 다른 컨트롤 라인(control line)은 종종 지붕을 가로질러 선미 끝에 있는 윈치와 연결한다. 해치와 환기장치는 빛과 신선한 공기를 선실로 통하게 하는 것에 적합하다. 구명보트나 텐더보트 또한 이곳에 보관해 둔다. 또한 선원들이 갑판 주위를 걸어다닐 때 안전을 유지하도록 잡을 수 있는 지붕의 길이에 맞는 난간이 있어야만 한다. 주 해치는 칵핏 바로 앞의 선미쪽 선실지붕 끝에 위치한다.

④ 해치와 환기장치

모든 요트에는 몇 가지 종류의 환기장치와 선실로 통하는 주요 승강구와 전면부에 해치가 있어야만 한다. 작은 해치일수록 헤드 칸막이, 갤리, 객실에 빛을 전해주고 환기를 위한 선실지붕에 적합할 것이다.

최고의 환기장치는 해치를 닫아야만 하는 험한 상황에서도 환기가 가능하게 하도록 왼쪽으로 열 수 있는 환기장치이다.

⑤ 요트의 구조

요트는 강하고 편리한 장비와 함께 튼튼하게 만들어져야 한다. 선원의 안전을 위한 넓게 펼쳐진 후드로 여러 위험요소로부터 보호받을 수 있게 하기 위하여 조타석은 깊고 편안해야 한다. 여기에는 선원들이 쉽게 텐더보트로 접근할 수 있도록 해주는 선미 플랫폼이 있다.

⑥ 칵 핏

칵핏(cockpit)은 요트에서 가장 중요한 활동 공간이며 갑판에서 가장 안전한 장소이다. 요트는 칵핏에서 휠(wheel) 또는 키(tiller)에 의해서 조종된다. 무엇보다 중요한 사항은 칵핏으로 고이는 물은 하부에 있는 큰 배수구를 통하여 스스로 배수가 된다는 것이다.

칵핏은 브리지 데크(bridge deck)라 불리는 공간에 의해서 선실을 가로지를 수 있는 워시보드(wash board)에 의해서 분리되어 있다. 많은 요트는 칵핏 부분과 통로를 보호하기 위한 스프레이 후드(spray hood)를 가지고 있다. 악천후에서는 선원을 보호하기 위한 선반이 되기도 한다. 방수천막은 닷저(dodger)라 불리는 물보라 막이용 칸막이에 라이프라인으로 연결되어 있다.

⑦ 조종위치

작은 요트에서의 요트 조종은 키(tiller)를 통해서 이루어지고 큰 요트는 휠(wheel)을 사용하여 조종한다. 휠은 자동차 조종장치인 휠과 같이 작동된다. 휠을 왼쪽으로 회전시키면 요트는 왼쪽 또는 포트(port) 방향으로 나아가고, 오른쪽으로 회전시키면 요트는 오른쪽 또는 스타보드(starboard) 방향으로 나아간다. 키는 선미를 움직이고자 하는 방향의 반대로 움직이게 한다. 비록 휠이 자동차 운전과 비슷하여 사람들이 사용하기에 더 편리하지만, 설비가 키보다 더 복잡하고 가격 면에서도 비싸다.

⑧ 보관실

보관실은 펜더, 갈고리 장대, 밧줄, 안전장치, 세일을 포함하여 갑판위에서 수시로 필요한 장비들을 보관해 두는 곳으로 사용된다. 식당에서 필요한 가스통은 분리하여 스스로 배출할 수 있도록 따로 보관함으로써 유출되는 가스를 배 밖으로 내보낼 수 있도록 해야만 한다.

⑨ 갑판에서의 이동

대부분의 요트 갑판은 장비의 배치에 의해서 혼잡스럽게 된다. 그러한 장비는 요트에 있어서 중요한 기능을 담당하지만, 선원들의 분주한 움직임에 의한 잠재적 위험이 있다. 만일 갑판이 층으로 되어 있고 안정감이 있다면 발생될 수 있는 문제를 줄일 수 있지만, 요트항해에 있어서 바람과 파도에 대처하기 위한 움직임은 지속적으로 이루어진다. 요트가 피칭(pitching)하거나 힐링(heeling)할 때 갑판에서의 움직임은 매우 어렵지만, 그러한 장애를 피할 수 있는 여러 가지 방법이 있다. 야간에 항해를 하고자 한다면 어두운 상황에서 쉽게 움직일 수 있어야 하므로 악천후에서 항해하거나 야간 항해를 할 경우 갑판위의 장비 배치에 익숙해져야 한다.

대부분의 신형 요트는 마룻줄(halyard)과 조종줄(control line)이 선원들이 갑판 위에서 맡아야 할 임무를 할 수 있도록 칵핏(cockpit)으로 연결되어 있다. 그러나 요트항해에 있어서 칵핏을 사용하지 못할 경우가 생긴다면 평온한 상태에서의 항해일지라도 구명조끼를 입고 하네스를 착용하는 것은 현명한 것이다.

모든 요트는 항해시 잭스테이(jack stay) 장비를 가지고 있어야 한다. 가죽이나 플라스틱 피복으로 쌓여진 선은 요트 양측면의 칵핏에서 갑판전면(foredeck)에 연결되어 작용한다.

(7) 하갑판

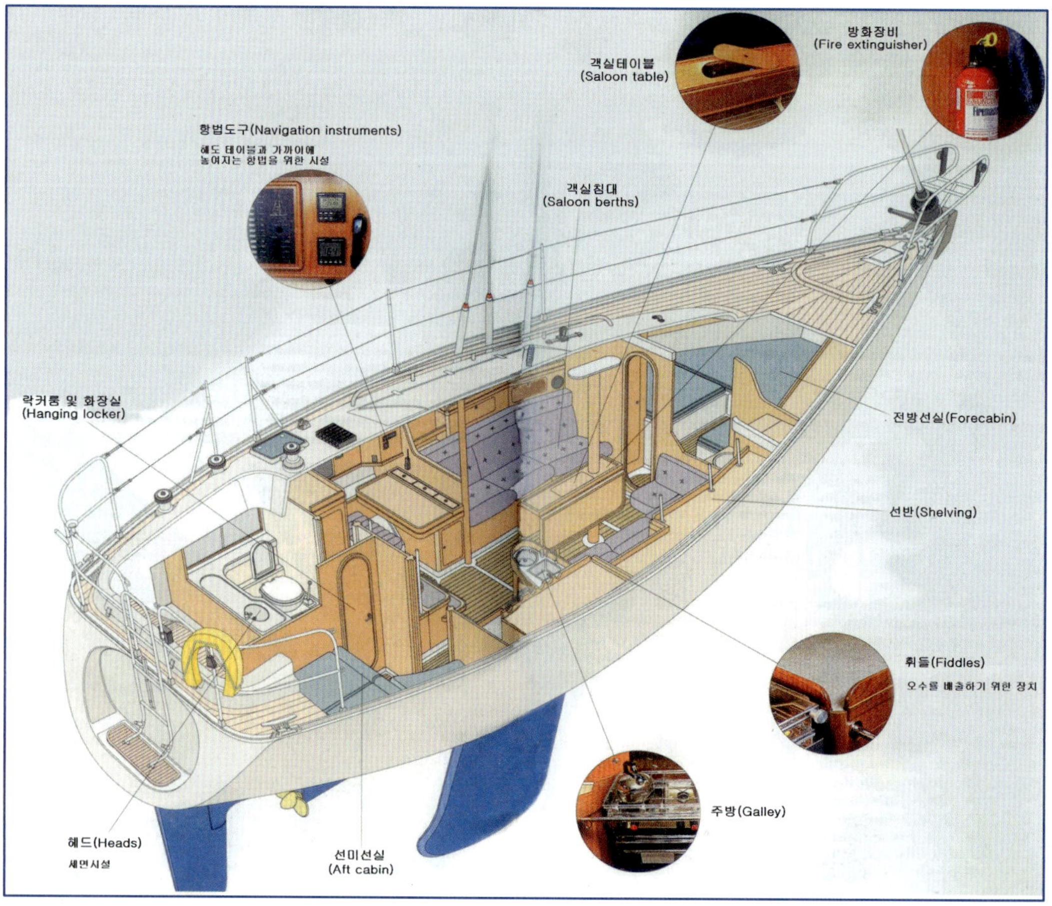

〈그림 4-29〉 하갑판

① 항구에서의 편리함.

요트의 내부 배치를 고려해 볼 때 항해계획을 면밀히 따져보아야 한다. 정박지 근처나 마리나 내에서 주간에 혹은 하룻밤 동안에만 항해를 하고자 한다면 편안한 항해를 위해서 침실을 적절히 꾸며 놓고 최대한 활용한다. 요트 생산업체가 내부 인테리어에 대한 설계를 항구에서 편안함을 추구할 수 있도록 함에 따라 내부 인테리어에 대한 다양한 선택을 할 수 있게 되었다.

② 바다에서의 편리함.

요트 내부의 인테리어는 많은 수의 손잡이와 경계 임무를 끝마친 선원들을 위한 안정감

있는 침실, 상처의 원인이 될 수 있는 날카로운 모서리를 제거하는 것으로 편안함과 안정감을 제공해 준다. 주방은 항해 중 안전하게 사용할 수 있도록 배치해야 하며, 조리대는 요트가 흔들릴 때를 대비하여 효과적인 레일을 설치해야 한다. 그리고 항해에 관련된 지역에서는 항해사가 해도용 책상에서 일하는 동안 편안함을 줄 수 있어야 한다.

요트의 주요 활동 공간 아래층에는 주방과 해도용 책상이 있다. 이 두 곳은 요트가 흔들리거나 다양한 장비를 쉽게 사용할 수 있도록 요리사나 항해사에게 안전하고 편리함을 주도록 설계된다. 주방은 요트가 흔들릴 경우에 물이 넘치는 것을 대비하여 하나 혹은 두 개의 깊은 싱크대를 갖추고 있어야 하며 항해 중 요리할 수 있는 충분한 공간이 있어야 한다.

③ 내부 인테리어

전형적인 중간 크기의 연안을 항해하는 요트 내부 인테리어는 주방과 해도용 책상, 편안한 휴게실, 칸막이가 있는 객실을 통하여 원활한 활동이 이루어질 수 있도록 하며 적어도 두 개의 안정된 침실이 있어야 한다.

④ 주 방

주방에서는 주로 병에 담긴 가스 혹은 파라핀을 이용하는 작은 스토브를 사용한다. 스토브에는 요트가 균형을 잃고 좌우로 흔들릴 경우 수평을 유지하기 위해서 짐발(gimbals)을 부착해 놓는다. 그러나 가로대에 스토브를 고정시켜 사용하는 것이 일반적이다. 원칙적으로 스토브는 가스 유출을 막기 위해 요리가 이루어지는 곳을 피해서 놓아두어야 하지만, 작은 요트에서는 이와 같은 원칙을 지키기가 어렵다.

〈그림 4-30〉 주방

싱크대는 깊게 설치되어야만 하지만 바다에서 사용하기 위해서는 공간을 많이 차지하지 않도록 좁은 싱크대를 사용한다. 공간이 여유가 있다면 트윈 싱크는 유용하게 쓰인다. 신선한 물 공급은 직접 또는 전자식 펌프를 사용한다. 그러나 전자식 펌프를 사용하여 편리하게 물을 공급받는 것은 공급될 물을 완벽하게 받지 못할 수 있다. 전자식 펌프가 사용된다면 반드시 사용설명서가 있어야 한다. 또한 온수를 주방이나 화장실에 공급할 수 있는 요트도 있다. 주방에 있는 해수를 사용할 수 있는 수도꼭지는 설거지를 하거나 야채를 씻을 때 유용하게

사용할 수 있다.

주방은 화재의 염려가 높기 때문에 반드시 소화기나 방화용 모포를 쉽게 찾을 수 있는 곳에 놓아두어야 한다. 주방에서 가스를 사용한다면 새어 나오지 않도록 주의한다. 가스를 사용하지 않을 경우 연료통의 밸브를 반드시 잠가둔다.

⑤ 침 실

근해를 항해하는 요트에는 항해 감시 시스템 임무를 마치거나 준비하는 선원을 위한 침실이 마련되어 있어야 한다. 항해를 하는 요트 위의 침실은 선수와 선미를 이루는 선에 평행을 이루어 너무 멀리 떨어지지 않는 곳에 배치한다. 범포와 단단한 나무재질의 측판은 선창쪽으로 맞추어야 한다. 이러한 것들은 요트가 심하게 흔들리는 상황에서도 사용자가 침대에서 떨어지지 않도록 하기 위함이다. 범포는 단단한 측판보다 더 안정감이 있고 쉽게 제거가 가능하며 사용하지 않을 때에는 매트리스 아래로 집어넣을 수도 있다. 어떠한 형태의 짐이든지 선상에서는 안정적으로 고정되어야 한다.

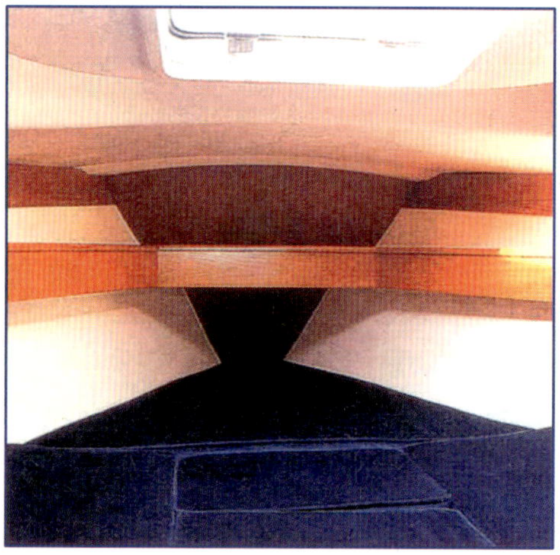

〈그림 4-31〉 침실

⑥ 화장실

화장실의 주요 구획은 요트의 충분한 공간이 선실로 통하는 승강구 가까이에 있더라도 중앙 휴게실과 요트의 앞쪽 객실 사이의 작은 구획에 위치하게 된다. 대부분 요트의 앞쪽에는 해양 화장실, 작은 세면기, 개인적인 용도로 사용될 수 있는 사물함이 있다. 또한 샤워를 할 수 있는 냉온수가 나올 수 있는 샤워시설을 갖추고 있다. 만일 걸어 놓을 수 있는 사물함이 있다면 방수복을 저장할 수 있는 충분한 공간을 구비할 수 있을 것이다. 화장실이 사용되지 않을 경우에는 선저밸브를 잠가두어야 한다. 변기가 흘수선의 아

〈그림 4-32〉 화장실

래쪽에 설치되어 있을 경우 이러한 조치가 취해지지 않았다면 물이 넘치는 상황이 발생할 수 있기 때문이다.

모든 선원들과 승객들은 화장실이 어떻게 사용되고 있는지 알고 있어야 한다. 화장실에서 실수를 범하는 것은 화장실을 수리하는 선원 또는 선장에게 곤경을 안겨줄 수 있기 때문이다. 화장실 주변에 주의사항, 사용방법 등을 부착해 놓는다.

⑦ 해도용 책상

해도용 책상은 항해사가 쉽게 소통사와 상황을 주고받을 수 있도록 반드시 선실로 통하는 승강구와 가깝게 위치해야만 한다. 해도용 책상이 있는 곳은 주방과 주요 공간과는 다르게 개인적인 공간이어야 한다. 쉽게 사용할 수 있는 모든 장비와 라디오 시스템이 이곳에 준비되어 있어야 한다. 대부분의 항해사들은 요트의 선수를 바라보는 해도용 책상에 앉고 싶어 한다.

〈그림 4-33〉 해도용 책상

⑧ 휴게실

휴게실은 대부분 휴식, 식사, 오락이 이루어지도록 지정된 장소에 위치해야 한다. 휴게실은 요트에서 가장 화려한 내부 장식과 요트가 좌우로 흔들릴 때 휴게실에 있는 사람이 균형을 잘 유지할 수 있도록 하는 손잡이가 있다. 손잡이는 아이와 어른들이 앉아 있을 때와 서 있을 때의 상황을 고려하여 다양한 높이에 장치되어 있어야 한다. 가구의 모서리는 사람들이 넘어질 경우를 생각하여 상처를 입히지 않도록 반드시 둥글게 제작되어야 한다.

〈그림 4-34〉 휴게실

좋은 조명과 환기가 잘 이루어진다면 요트의 내부는 더욱 쾌적할 것이다. 자연 조명은 요트의 포트(port), 창문, 해치(hatch)에 의해서 받을 수 있다. 환기는 해치와 열려진 포트, 해상에서 사용할 수 있는 환풍기를 통해 이루어진다.

4) 안전 및 보호장비

(1) 복 장

〈그림 4-35〉 요트복

① 모자와 장갑

모자는 무더운 날씨의 태양열을 막아주고 추운 곳에서 열손실을 줄여주며 시야를 가리는 빗방울을 차단시켜 준다. 발라클라바(balaclava, 털실로 짠 모자)는 아주 추운 날씨에서 항해하는데 도움을 준다. 어떠한 모자를 선택하던지 착용시 방수 재킷에 달린 모자 안에서 편안해야 하는 것이 가장 중요하다.

세일링 장갑은 손을 보호하고 따뜻하게 해준다. 장갑은 로프를 잡기 위해 겹이 없고 정교한 일을 할 수 있도록 자유로이 손가락을 움직일 수 있는 것이 유용하다. 아주 추운 날씨에는 양털장갑 또는 벙어리장갑이 따뜻함을 유지하는데 도움이 되지만 로프 조작시 반드시 벗어야 한다.

② 방수장비

가까운 연안 항해와 장기간의 바다 항해에서 나타나는 방수장비 디자인의 차이는 무게와 상노의 자이라고 할 수 있다. 바다 항해에서의 방수장비는 더 좋은 커버 장치와 소매, 발목, 옷깃, 지퍼의 열림이 있는 곳에 가능한 더욱 강력한 조임을 줄 수 있을 것이다.

(2) 개인 안전 및 보호 장비

데이 세일요트일지라도 모든 요트는 발생될 잠재적 문제를 다루기 위해서 다양한 종류의 안전장비를 갖추어야 한다. 더 멀리 가고자 하는 항해를 계획할수록 더 많은 안전장비가 요구되어진다. 안전장비 중 반드시 구비해야 하는 것은 응급처치 장비, 라이프자킷, 하네스, 비콘(Beacon) 등의 개인안전장비, 헐(Hull), 헐 손상시 수리장비, 최소한의 침수방지장비, 방화장비, 응급조타장비, 악천후에 사용될 세일이다.

① 응급처치 장비

선원이 상처를 입었을 경우 사용될 응급처치 장비는 반드시 준비해야 한다. 응급처치 장비는 어떠한 항해를 할 것인지에 따라 그 종류가 달라진다. 경고제(劑)와 반창고를 구비한 기본적인 응급처치 세트는 데이세일링과 짧은 크루즈 코스에 사용된다. 그러나 장거리 항해에서는 어떠한 상처라도 치료할 수 있는 더 많은 장비가 구비된 응급처치 세트가 필요하다.

② 방화 장비

소화기는 식당 안에 있는 주방과 배 앞쪽의 엔진에 가까이 놓아두어야 한다. 또한 소화기의 올바른 비치는 선실로부터 선원들 스스로 안전하게 탈출할 수 있는 경로를 열어줄 수 있어야 한다.

바다에서 안전을 지킬 수 있는 최선의 방법은 요트에 계속 남아 있는 것이다. 이를 위해서는 하네스(harness)가 가장 중요한 장비 중 하나이다. 구명조끼는 요트에서 바다로 떨어졌을 때 물위에 뜰 수 있게 해 줄 것이나, 요트에서 바다로 떨어지지 않는 것이 무엇보다 중요한 것이다. 하네스와 구명조끼를 함께 구비하는 것은 안전을 위한 좋은 선택이다.

- 하네스

  몇몇의 방수조끼는 언제라도 입고 있기만 한다면 위험으로부터 보호받을 수 있는 하네스가 장치되어 있다. 그러나 분리할 수 있는 하네스는 그것이 소모품이기 때문에 더욱 효과적이다. 어떠한 구명조끼는 항상 물 위에 뜰 수 있고 조직화된 안전 하네스를 가지고 있다. 이러한 것들은 착용이 간편하고 합리적이며 여러 개의 장비로 두 개로 분리된 장비를 착용할 필요가 없다. 어떠한 종류의 하네스를 선택하든 넓고 편하며 자신의 체형에 맞는 가죽으로 된 끈을 선택해야 한다.

- 구명조끼

  작은 요트에서 사용하는 가장 인기 있고 실용적인 구명조끼는 물에 뜰 수 있는 형태이다. 이러한 것들은 오직 물에 뜰 수 있는 것과 수동 혹은 자동으로 물에 뜰 수 있게 하는 종류가 있다. 단순히 물에 뜰 수 있는 형태에만 의존하지 말고 물에 빠졌을 경우 자동적으로 부풀어 올라 물에 뜰 수 있게 하는 구명조끼가 필요할 것이다. 그러나 최상의 구명조끼는 사용자의 취향에 달려 있는 것이다. 여러 구명조끼는 스플래시 마스크(Splash mask)를 사용할 수 있다. 대부분 잘 제작된 구명조끼는 크러치 스트랩(crutch strap)과 하네스에 사용되는 테더 라인(tether line)장비를 갖추고 있다. 구명조끼를 구입하기 전에 직접 착용해 보고 편안한가를 따져본 후 구입한다.

- 그 밖의 장비

  개인 안전장비를 선택하는 것에 있어서 고려해봐야 할 것은 작은 개인용 전등과 다용도 용구 또는 다루기 수월한 칼이다. 칼을 선택하였다면 칼집이 있거나 접을 수 있어야만 불의의 사고를 방지할 수 있다. 요트에 MOB(personal man-overboard beacon)를 장치할 수 있다면 MOB 또한 선택 사항이 될 수 있다.

〈그림 4-36〉 개인 안전 및 보호 장비

분말 소화기는 모든 화재에 사용되고 포말 소화기는 기름에 의한 화재발생시 사용된다. 엔진이 있는 부근에는 엔진의 칸막이가 열려 있지 않도록 하며 주위에 작동 가능한 전용 소화기가 있어야만 한다.

③ 구명보트

근해를 항해한다면 구명보트 또는 구명의 역할을 할 수 있는 겸용의 텐더보트를 싣고 다녀야만 한다. 구명보트는 현행의 안전기준을 따르기 위해서 매년 점검해 보아야만 한다. 음식, 물, 조명기구 등 요트를 포기하여야만 하는 응급 상황시 생존에 필요한 장비를 응급 상자에 싣고 다녀야 하고 쉽고 빠르게 찾을 수 있는 곳에 놓아두어야 한다.

Yacht Sailing

Chapter

5

요트항해의 기초지식

요트항해입문

요트항해의 기초지식 제5장

1. 요트구조의 이해

1) 선체의 구성

① 선체(hull)

선체(hull)는 요트의 몸체를 이루는 부분이다. 선체는 요트의 모든 무게와 승무원의 하중에 부력을 갖도록 하여 요트가 물 위에 뜰 수 있도록 하는 역할을 한다. 선체는 전통적인 방법으로 목재나 강철 등으로 만들어지지만, 최근에는 알루미늄이나 유리섬유(glassfibre)나 케브라(kevlar) 등 특수재료를 이용하여 만들어진다.

선체의 하부 중심부분에는 선체가 옆으로 밀리는 것(leeway)을 방지하기 위하여 킬(keel : 용골)이라고 불리는 장치를 부착한다. 이러한 킬은 대형 요트에서는 고정형으로 만들어지나 소형 크루저요트나 딩기에서는 상하로 접을 수 있도록 설치하기도 한다.

② 키

키는 요트의 방향을 변환하는 장치이다. 키는 선체의 선미부분에서 긴 막대나 원형의 조종간에 연결하여 조종하는 장치이다.

③ 의장(Rigging)

의장은 선체 상부에 설치하는 돛대(mast), 붐(boom), 세일(sails : 돛) 등으로 이루어지며 선체가 이동할 수 있도록 동력과 조종력을 제공하는 역할을 수행한다.

대부분의 요트는 돛대가 고정형 의장(standing rigging)이라고 불리는 강선(wire) 등을 이용하여 지지되어 있다. 세일은 여러 가지 로프에 의하여 지지되어 조종이 되며, 이 로프들은 도르레장치(block)나 택클 등과 연결하여 조종줄로 사용되며 이러한 장비들을 유동형 의장(running rigging)이라고 한다.

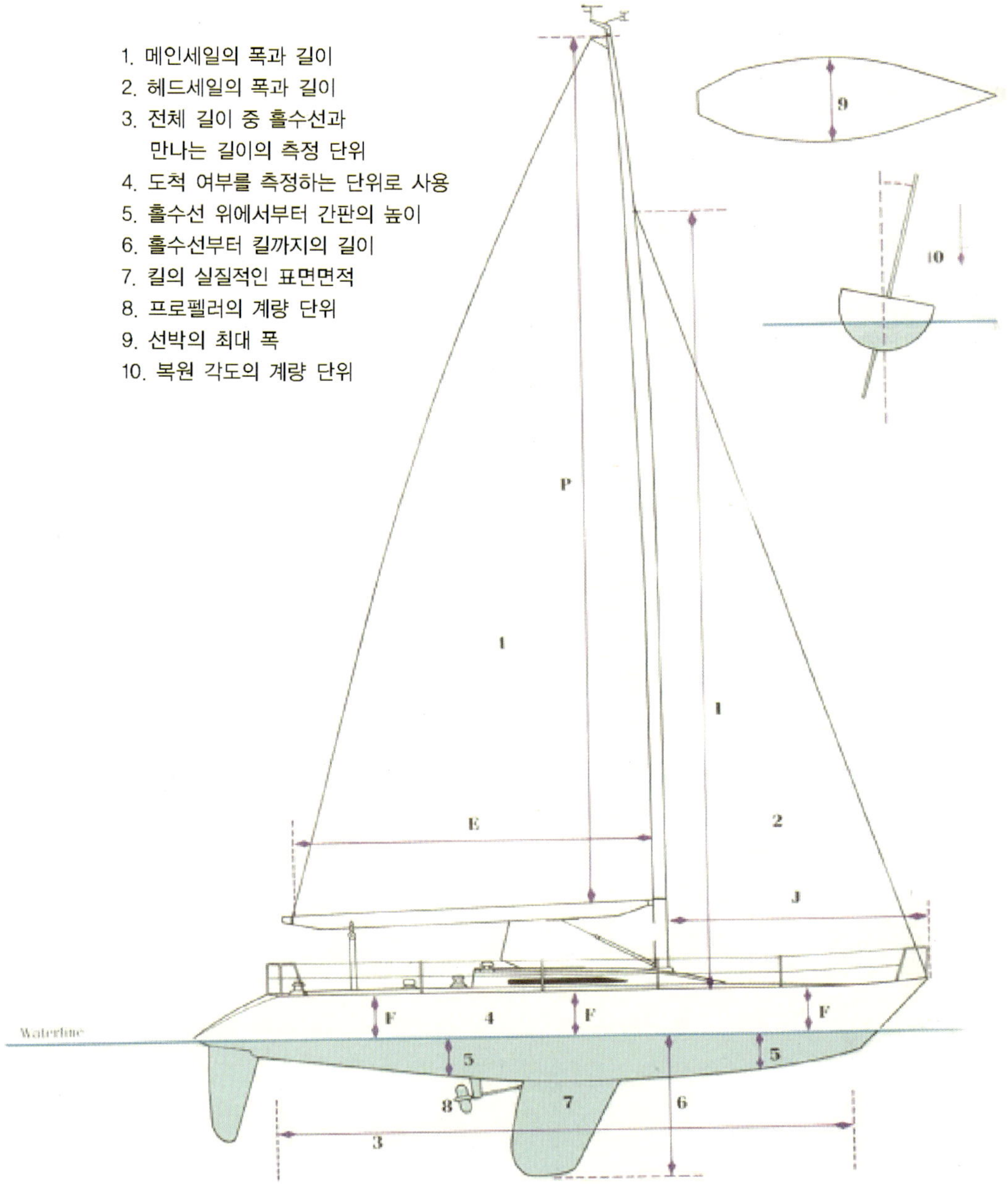

〈그림 5-1〉 요트의 측정 명칭

2) 로프의 매듭법

(1) 로프 사용법

① 로프 사용

전형적인 크루저요트에는 다루기 쉬운 로프에서부터 정박지에서 사용하는 무거운 로프와 세일 워프(warp)까지 다양한 로프가 있다. 크루저요트에서 사용하는 로프는 딩기요트에서 사용하는 로프보다 더 길고 무게가 많이 나가며, 그 무게와 길이 때문에 다루기가 더 어려울 수 있다. 각각의 로프는 사용되는 위치와 용도가 따로 있으며 크기와 용도에 의해서 어떻게 쓰여질 것인지 결정된다. 기본적인 매듭연결 방법, 고리 만들기, 클리팅(cleating), 로프 저장, 큰 로프를 히빙(heaving)하는 것을 연습해 보아라. 이러한 기술들을 숙련한다면 어떠한 상황에서도 능숙하게 정박할 수 있을 것이다. 당신은 이러한 기술들을 빠르고 효과적으로 습득할 줄 알아야 하며, 심지어 로프가 보이지 않는 어두운 상황에서도 로프를 사용할 줄 알아야 한다.

② 로프의 연결과 갈무리

로프의 연결은 로프의 끝을 연결하여 두 개의 로프를 결합하는 것과 로프의 끝을 고리로 만들어 사용하는 것이다. 일단 연결이 된다면 매듭보다 더 강력하고 영구적인 힘을 발휘하게 된다. 세 가닥의 로프는 간단하게 연결할 수 있지만 땋은 로프는 연결하기가 더욱 복잡하다.

③ 로프 고정법

롤링 히치(rolling hitch)는 둥근 목재나 다른 로프와 팽팽하게 연결할 때 매우 유용하게 사용되어지는 매듭방법이다. 이 매듭법은 목재 옆에 요트를 묶어두고 잠시 정박할 때 매우 강하게 죄어주며 응급 상황에도 유용하게 쓰인다.

(2) 로프 매듭법

① 리프노트(Reef knot) : 동일한 굵기의 로프를 서로 연결할 때와 돛 줄임시에 주로 사용한다.

② 시트밴드(Sheet bend) : 두 개의 로프를 서로 연결할 때 사용하는 매듭법. 서로 다른 굵기의 로프를 연결할 때 굵은 로프를 중심으로 가는 로프를 연결하여야 한다.

③ 8자 매듭(Figure-of-eight) : 8자 매듭은 블록 등을 통과한 로프가 빠지지 않도록 제동하는 역할을 한다.

④ 바우라인(Bowline) : 바우라인은 링이나 말뚝에 줄을 고정시킬 때 사용하며 주로 지브

세일에 조종줄을 연결할 때 사용한다.

⑤ 하프히치(Half-hitches) : 이 매듭은 말뚝이나 링에 로프를 고정할 때 유용한 매듭이다. 이것은 풀기가 쉬워서 요트를 정박할 때 주로 사용한다.

⑥ 클로브히치(Clove hitch) : 이 매듭은 링이나 말뚝에 요트를 잠시 정박할 때 유용한 매듭이다. 안전을 위하여 매듭의 끝을 길게 남기는 것이 좋다.

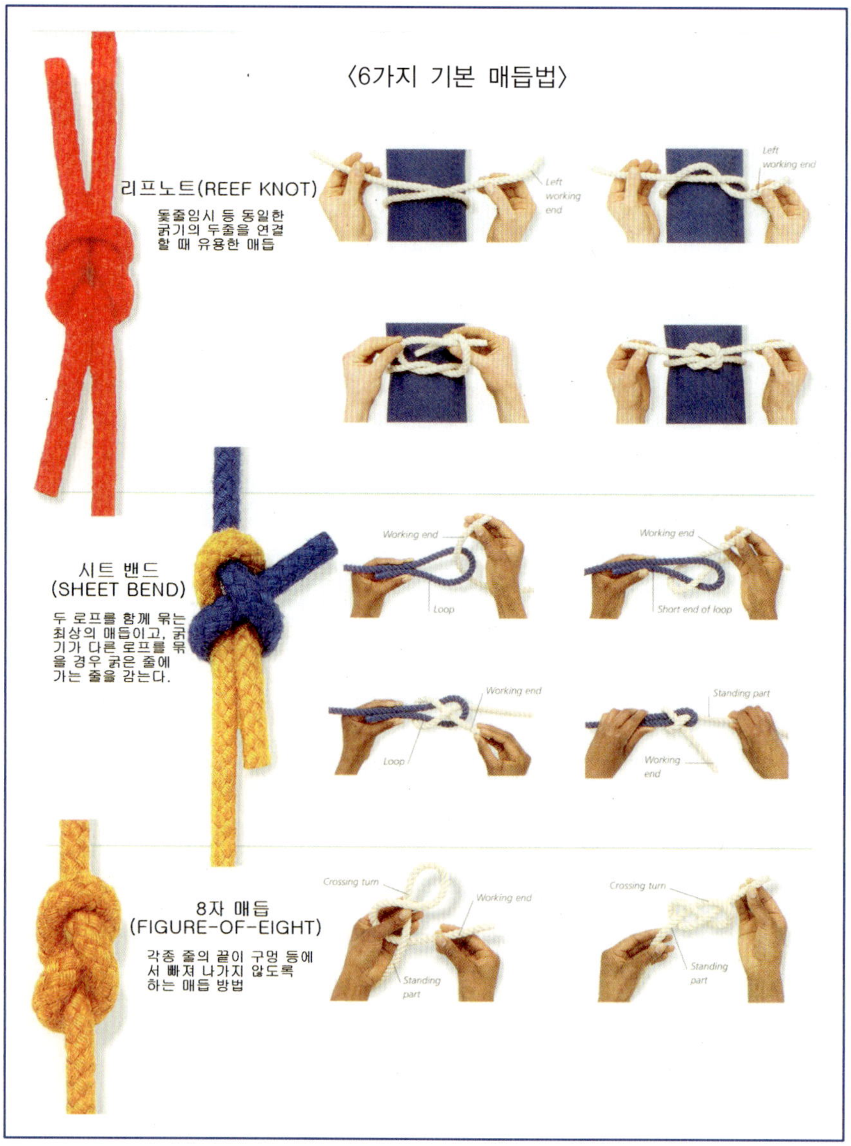

〈그림 5-2〉 6가지 기본 매듭법-1

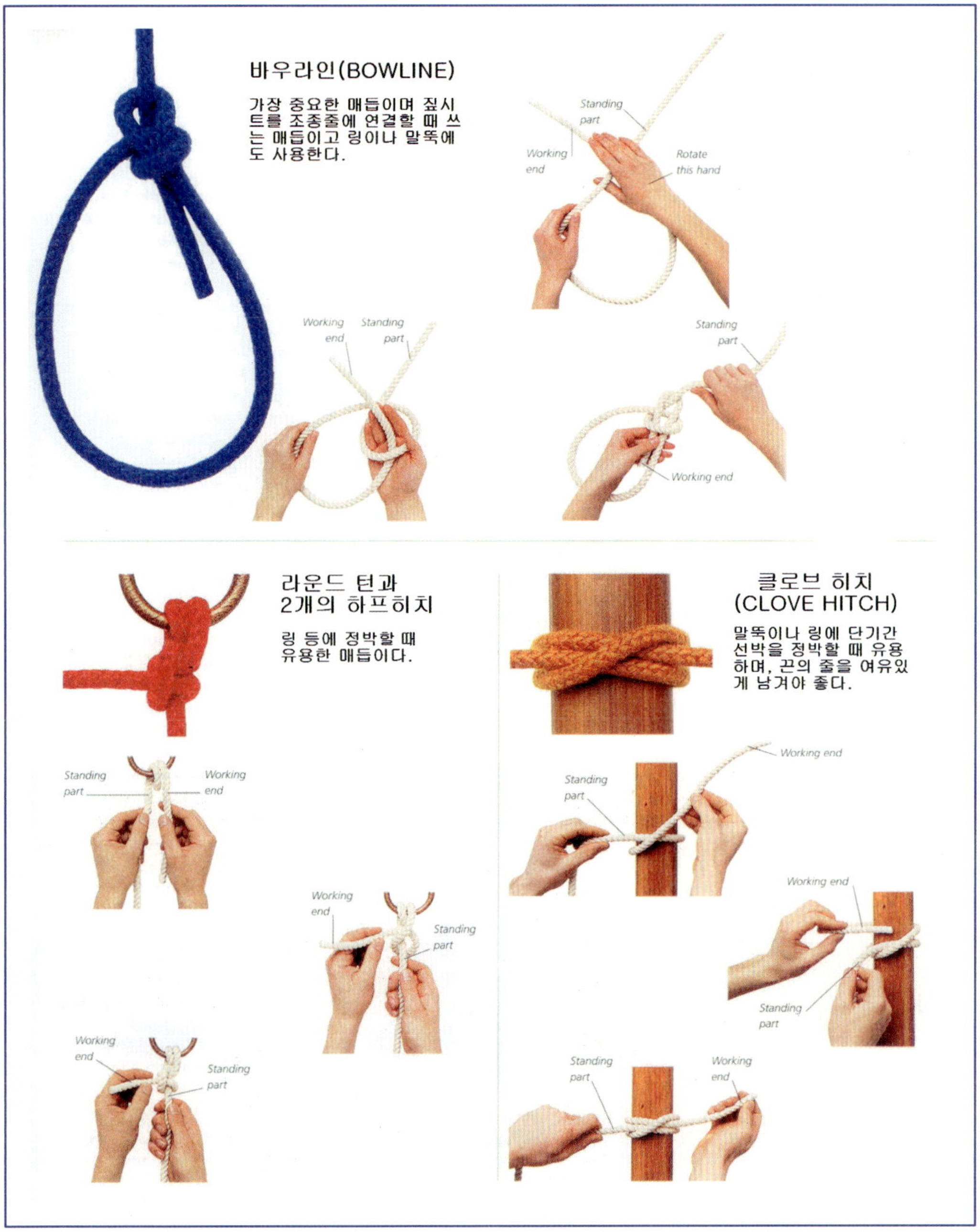

〈그림 5-2〉 6가지 기본 매듭법-2

2. 항해의 기본적 기술

1) 항해의 주요 방향

바람의 각도와 관련하여 항해하는 요트의 방향은 아래의 그림과 같다. 항해의 방향에 따라 바람의 각도와 관련하여 돛의 위치, 킬의 위치, 승무원의 위치를 조정할 필요가 있다. 또한 항해 코스에 따른 바람과 관련하여 항해 코스의 형태와 방향이 다양해진다.

바람쪽으로 요트가 돌아가는 것을 러핑(luffing)이라고 하고, 반대로 바람으로부터 멀어지면 베어링 어웨이(bearing away)라고 한다.

모든 항해 방향에서 빔리치보다 바람이 부는 방향으로 가까이 항해하는 것을 업윈드(Up wind)코스라고 하고, 빔리치보다 바람 방향으로부터 멀어져서 항해하는 것을 다운윈드(Down wind)코스라고 한다.

붐의 위치를 택(Tack)이라고 하기도 한다. 요트의 위치가 중앙선으로부터 붐이 왼쪽에 있을 때를 스타보드 택(Starboard Tack)이라고 하고(배는 오른쪽으로 돈다), 반대의 위치에 있을 때 포트 택(Port Tack)이라고 한다(배는 왼쪽으로 돈다).

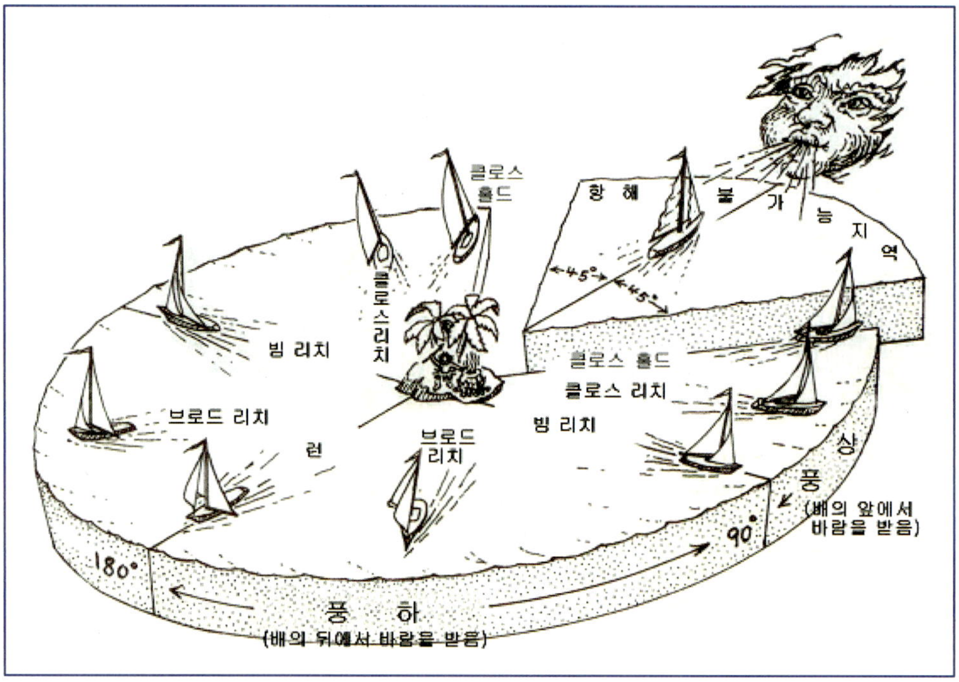

〈그림 5-3〉 항해의 주요 방향

2) 항해의 시작

1) 요트의 스피드는 여러 가지 요소에 의하여 결정된다. 즉 바람의 세기, 항해의 주요 방향, 요트의 종류, 항해기술 등이다. 그 밖에 조류와 파도도 속도에 영향을 준다. 오른쪽의 그림과 같이 일반적인 항해환경에서는 빔리치가 최고 속도를 내고 런이 가장 느린 속도를 낸다.

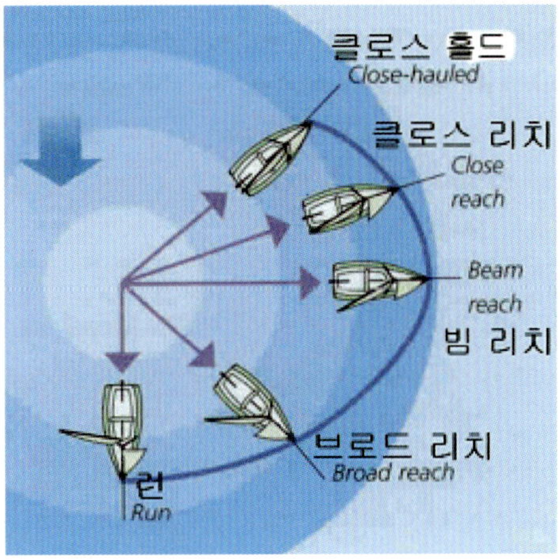

2) 항해속도와 다섯 가지 주요 원칙
효율적인 항해를 위해서는 다섯 가지 주요 원칙을 알아야 한다. 즉 세일트림, 센터보드의 위치, 요트의 균형, 요트의 트림, 좋은 항해 코스가 서로 영향을 준다.
이 중에서 한 가지라도 변화를 주면 다른 네 가지의 영향도 재빨리 판단하여야 한다.

- 세일트림
  세일이 바람에 떨리면 그것이 멈출 때까지 조종줄을 당긴다. 이때 텔테일의 상태를 보면서 조종하면 편리하다.
- 센터보드의 위치
  센터보드는 옆으로 밀리는 힘을 방지하여 주고, 특히 클로스 홀드로 항해할 때 큰 효과를 낸다. 따라서 바람쪽으로 가까이 항해하면 할수록 센터보드는 더 밑으로 내려야 하고 바람 부는 방향에서 멀리 떨어지면 떨어질수록 센터보드를 올려야 한다.
- 요트의 균형
  바람쪽으로 가까이 항해할 때에는 요트가 기울어지기 쉬우므로, 승무원들은 요트가 수평을 이루도록 조종하여야 한다. 그리고 바람의 세기나 코스가 변하면 승무원은 요트의 균형을 위하여 자리를 이동하여야 한다.
- 요트의 트림
  항상 요트의 트림이 바로 되었는가 관찰하여야 한다. 약한 바람일 때 요트는 선수가 약간 내려가고, 강한 바람일 때는 그 반대이다. 승무원은 항상 요트의 중간에 무게 중심이 집중되도록 중심 가까이에 앉아야 한다.
- 좋은 항해 코스
  항해방향에 항상 관심을 기울여야 한다. 요트의 항해목적은 목적지에 가장 빠른 루트로 항해하는 것이다. 이러한 코스가 일직선일 필요는 없다. 예를 들어, 풍상으로 항해할 경우에는 지그재그 코스로 항해할 것이다. 그 밖에 조류의 흐름도 코스에 영향을 준다.

〈그림 5-4〉 요트의 속도와 다섯 가지 원칙

3) 풍상 항해

(1) 빔리치

빔리치에서 센터보드를 반쯤내리고 항해한다. 세일을 트림하고 요트 방향으로 몸의 무게를 유지한다. 만일 기울기가 심하면 돛 줄임을 해야 한다. 이때 수평선과 선수의 관계의 영향을 관찰해 보는 것이 좋다. 세일의 트림을 유지하면 가장 빠른 속도를 얻는다.

(2) 클로스리치

클로스리치에서는 항상 풍상으로의 힘을 받는다. 3/4정도로 센터보드를 낮추고 조종줄을 충분히 유지한다. 이때 기울어짐의 힘을 받게 된다. 낮은 바람에서 가장 속도를 빠르게 낼 수 있다.

(3) 클로스 홀드

센터보드를 충분히 내리고 지브의 조종줄을 충분히 당겨서 조종줄을 결박한다. 다음엔 메인세일의 조종줄을 당기고 지브가 풍상으로 향하는 모습을 관찰한다. 이때 요트는 노 세일존(no-sail zone ; 바람의 중심선에서 좌우 45°의 안쪽이며, 요트가 조종성을 잃게 된다)의 면을 따라 항해하고, 가능한 풍상쪽으로 방향과 거리를 두어야 한다. 그리고 지브세일이 펄럭이

텔테일은 울이나 나이론으로 만들어진 가벼운 줄이다. 길이는 15~23cm로 세일의 앞뒷면에 붙어 있고, 세일 표면이 바람의 흐름을 나타내 준다.
세일의 트림이 올바르게 되어 있으면 양면의 텔테일은 수평으로 흔들린다. 바람쪽 텔테일이 안쪽보다 높으면 메인세일의 조종줄을 당기고, 반대면 메인세일의 조종줄을 느슨하게 하여준다.

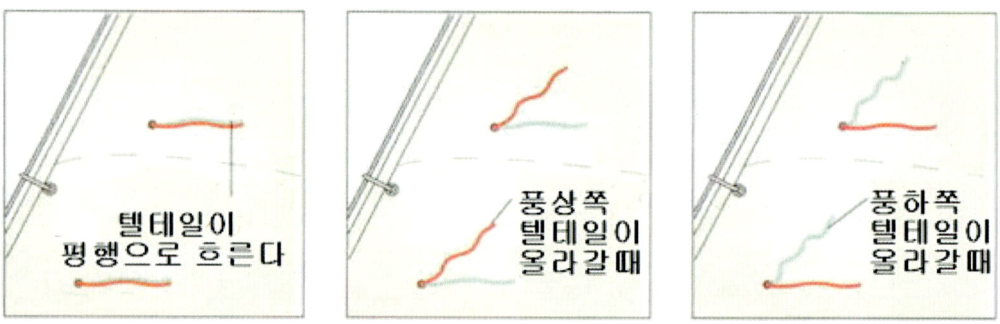

올바른 조정 미흡한 조정 과도한 조정

〈그림 5-5〉 텔테일(Tell-Tales) 보는 법

면 키를 가볍게 당기어 펄럭임이 멈출 때까지 조종하여야 한다. 클로스 홀드 코스를 유지하기 위해서는 위의 동작을 부드럽게 반복해야 한다.

속도가 느려지거나 노 세일존으로 너무 올라가면 지브세일이 펄럭인다. 그리고 반대일 경우에는 "텔테일"을 보고 조정한다(바깥쪽 테일이 올라가면, 메인시트를 당기고 안쪽이 올라가면 메인시트를 풀어준다). 너무 풍상으로 가거나 반대로 가는 것을 방지하려면 키를 작게 움직여야 한다.

4) 풍하 항해

(1) 빔리치

러프나 텔테일을 보면서 양 세일을 늦추면 빔리치에서 브로드리치로 전환이 된다. 강한 바람에서의 브로드리치는 아주 빠른 속도를 낼 수 있다.

(2) 트레이닝 런(Training Run)

돛을 가능한 멀리 풀어주면 브로드리치에서 트레이닝 런으로 바뀐다. 이때는 메인 세일이 슈라우드에 부딪히기 때문에 너무 풀면 안 된다. 그러나 메인세일과 달리 지브세일은 제한이 없다.

(3) 데드 런(Dead Run)

좌우에 롤링이 느껴지고 정 뒤로 바람을 받는 자세이다. 스키퍼는 풍상으로 선원은 풍하의 위치에 자리한다. 이때는 급작스런 자이브를 하면 안 된다.

3. 코스의 변경

1) 풍상 출발

풍상코스로 변경하려면 러프를 하여야 한다. 러프를 하는 것은 스키퍼가 키를 가볍게 자신으로부터 밀어내고 메인세일의 조종줄을 당기는 것이다. 선원은 지브의 조종줄을 당기고 센터보드를 내린다. 요트가 바람쪽으로 회전하면 표면바람은 속도가 빨라지고 배의 기울기가 커진다. 따라서 승무원은 요트가 균형을 잡을 수 있도록 자리를 옮기면 최고의 속도로 항해할 수 있다.

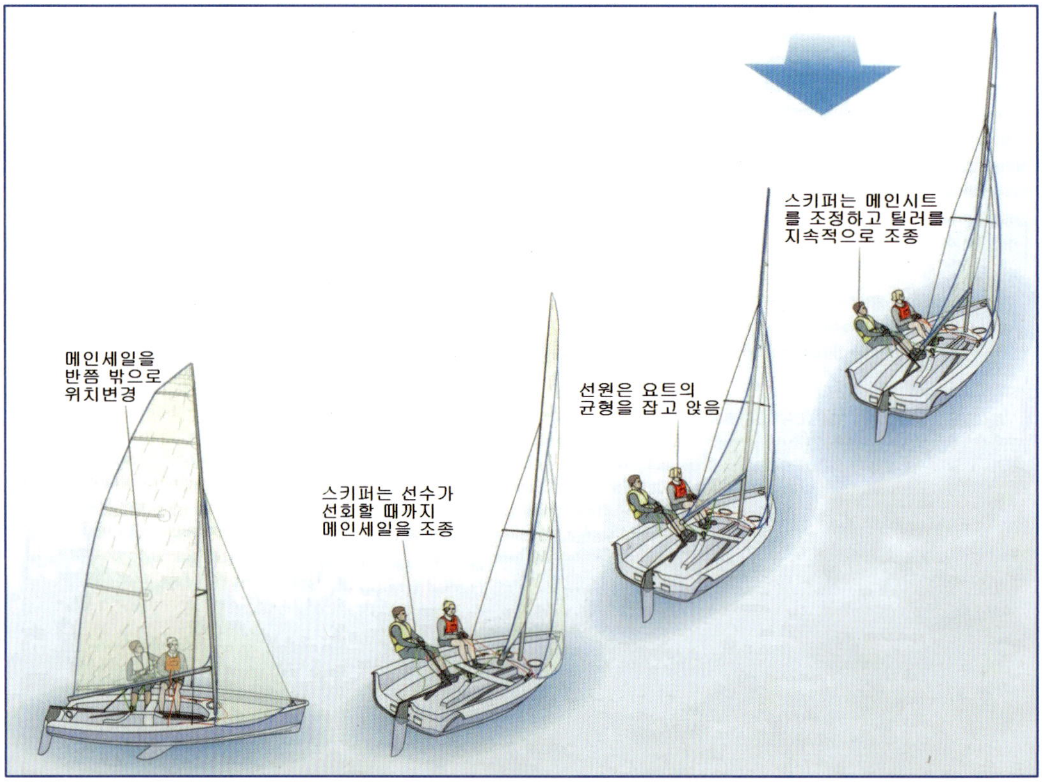

〈그림 5-6〉 풍상 출발

2) 풍하 출발

바람으로부터 멀리 떨어지려고 하는 것을 베어링어웨이라고 한다. 풍하로 가기 위하여 키를 스키퍼쪽으로 당기고 메인 세일을 느슨하게 해준다. 승무원은 지브세일을 풀어주고 센터보드를 올린다. 요트가 바람으로부터 더 멀리 회전하면 표면 바람의 속도는 떨어지고 배의 기울기는 감소하여 승부원은 자리를 양쪽으로 이동한다.

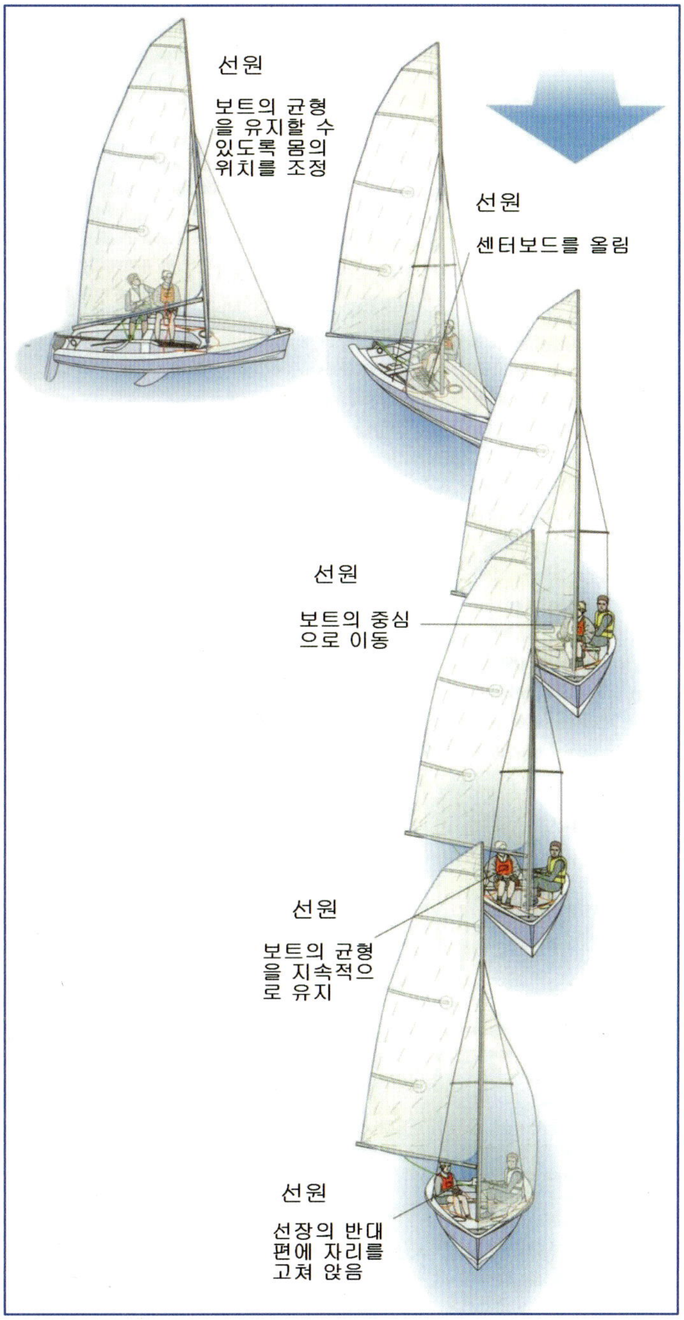

〈그림 5-7〉 풍하 출발

3) 러핑 ; 풍상으로의 변경

풍상으로 이동하는 것은 키와 센터보드, 세일트림과 요트의 균형이 서로 조화가 되어야 이루어질 수 있다. 승무원은 회전하기 전에 센터보드를 더욱 내리고 지브세일과 메인세일의 조종줄을 당긴다.

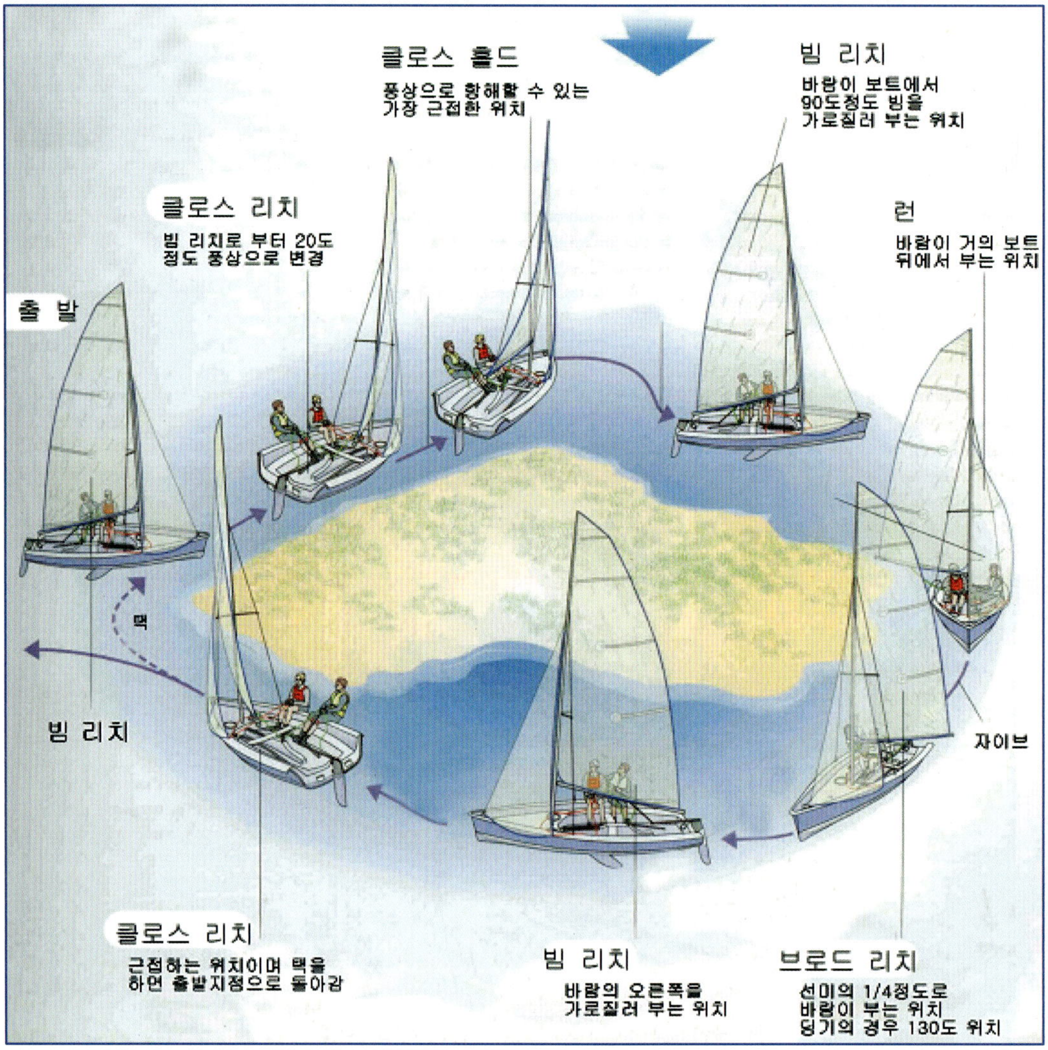

〈그림 5-8〉 코스 변경과 항해방향의 이용

4. 택 킹

1) 요트의 특성 이해

요트의 특성에 따라 택킹의 속도는 다양하게 변한다.

전통적인 버뮤단 슬루프는 현대적인 대량생산형 요트보다 속도가 느리다. 따라서 요트의 의장이나 킬의 특성을 잘 이해하는 것이 필요하다.

2) 택킹 절차

크루저요트를 택킹할 때 요트의 속도를 최대한 유지하며 선수를 돌려 새로운 항로로 진입하는 것이 우선적인 택킹의 목표가 된다.

크루저요트는 크기와 무게 때문에 딩기요트 보다 택킹이 느리게 이루어진다. 또한 세일이 더 크기 때문에 선원들의 더 많은 노력이 필요하다. 택킹이 쉽게 이루어지게 하기 위해서 많은 수의 선원을 탑승시켜야 하지만 일이 효과적으로 조정되기 위해서 스키퍼의 지휘가 필요하다. 만일 당신이 선원의 일원이라면 스키퍼가 좋아하는 택킹 방식이 어떠한가를 알고 있어야 하며, 이해를 못했을 경우 택킹을 하는 동안 요트를 어떻게 조종할 것인지를 물어본다. 당신이 선장이라면 이러한 혼동을 피하기 위해서 선원에게 미리 간략하게 말해 준다. 예를 들면, 요트가 택킹하기 어렵게 설계되어 있다면 헤드세일을 사용하여 바람을 받아 선수의 회전을 도와야 하기 때문에 택킹하는 동안 지브(jib)를 어떻게, 왜 움직여야 하는지 선원에게 말해주어야 하는 것이다.

3) 완만한 회전

택킹하는 동안 지브를 조종할 때 선원이 직면하는 문제점이나 어려움은 택킹을 하는 동안 요트 조종을 어떻게 하는가에 달려 있다. 선수가 바람을 통과할 때 완만하게 회전함에 따라 스키퍼는 헤드세일이 바람을 완전하게 받기 전 선원들이 준비할 수 있는 충분한 시간을 줄 수 있다. 만일 스키퍼는 이러한 상황을 고려하지 않는다면 요트는 너무 빠르게 회전할 것이고 선원들은 강한 바람 속에서 조종줄을 다루는 것에 어려움을 겪을 것이다. 따라서 스키퍼는 이러한 기술을 미리 연습하고 요트의 특성을 기록해야만 하는 것이다.

모든 크루저요트는 택킹을 시도하기 전에 충분한 속도를 유지하여야 한다. 그리고 헤드세일이 바람에 펄럭이기 전까지 조종줄을 풀면 안 된다.

4) 간단한 택킹

대부분의 크루저요트 택킹에 관한 지시서는 모든 선원이 정위치에서 일하고 있음을 가정한다. 그러나 실제로 이러한 경우는 좀처럼 드물다. 크루저요트 항해는 커플 혹은 선원의 가족 그리고 비록 모든 선원이 승선했을지라도 한두 명은 경계 시스템을 맡아야 하기 때문에 갑판 위에 있을 수 없다. 때로는 오직 한 사람만이 칵핏에서 요트의 택킹을 하게 될 수도 있다.

5) 악천후 택킹

① 스키퍼가 "택킹준비"를 외치면 선원은 새로운 조종줄을 윈치에 2바퀴 감는다. 다른 쪽 선원들은 지브시트의 줄은 풀지만 줄이 팽팽하게끔 유지한다.

② 스키퍼가 "택킹"을 외치면 요트는 방향을 전환하기 시작한다. 선원은 지브의 세일 상태를 보고, 펄럭이기 시작하면 조종줄을 푼다.
③ 지브가 새로운 방향으로 가면, 새로운 방향의 조종줄을 당긴다.

〈그림 5-9〉 택킹절차

강한 바람과 큰 파도에서의 항해는 무풍지대로 들어가는 위험을 가지게 된다. 헬름이 균형을 유지하도록 올바른 항해구역을 유지할 수 있도록 해야 하고 방향전환 전에 요트가 빠르게 이동할 수 있도록 하여야 한다. 완전한 방향전환을 할 때 파도와 다음 파도 사이의 수평지점을 찾아서 택킹을 시도하는 것이 좋다.

〈표 5-1〉 실패한 택킹의 탈출법

요트가 택킹에 실패했을 때, 요트는 노 세일존에 들어가게 된다. 택킹에 실패하는 원인에는 여러 가지가 있다. 요트가 너무 천천히 항해하거나 스키퍼가 방향을 잘못 잡았을 때 혹은 선원이 새로운 방향의 지브의 조종줄을 너무 일찍 당겼을 때 일어난다.

1. 노 세일존에서 탈출하기 위해서는 스키퍼는 키를 좌측으로 민다.
2. 동시에 선원은 지브를 반대방향으로 당긴다. 즉 오른쪽의 지브를 당긴다.
3. 요트는 뒤로 후진하고 키는 반대가 된다. 지브는 원하는 방향쪽의 선수로 민다.
4. 요트가 다른 방향으로 가자마자 스키퍼는 키를 중앙에 놓고, 선원은 지브를 좌측으로 놓는다.

5. 자이빙

1) 자신의 선박의 이해

자이빙은 택킹보다는 간단한 절차로 이루어진다. 만일 헤드세일이 한 개 이상인 캣치나 욜일 경우에는 세일이 큰 것부터 자이브 해야 한다.

2) 자이빙 절차

크루저요트와 딩기요트에 적용되는 자이빙 절차가 같다고 하더라도 크루저요트에는 더 무거운 기어가 장치되어 있다. 자이브 전에 헤드세일이 잘 고정되어 있는지 확인하고 메인세일의 트래블러가 중앙에 있어야 한다. 자이브가 준비되었을 때 붐이 가운데 있는 것을 확인하여야 한다. 강한 바람에서는 자이브가 되자마자 요트는 풍상으로 바뀌려고 한다. 스키퍼는 이것을 예상하고 붐이 중앙을 지나갈 때 키는 배의 중심에 있어야 회전이 된다는 것을 알아야 한다.

3) 악천후 자이빙

요트의 속도가 느리거나 장착된 세일이나 조종줄이 가벼울 때 미풍에서의 자이빙은 쉽게 이루어지지만 강한 바람과 거친 바다에서는 더욱 어렵고 위험할 수 있다.

악천후에서 자이빙을 시작하기 전 자이빙이 꼭 필요한지 아닌지, 택킹하며 새로운 코스로 나아가기 전 뱃머리를 바람 불어오는 쪽으로 돌려서 항해하는 것이 안전한지 아닌지를 고려해 봐야 한다. 악천후에서 택킹이 자이빙보다 의장에 압력을 덜 받지만 자이빙은 바람과 파도 속에서 완벽한 회전을 할 수 있다.

자이빙을 선택하였다면 조종하기 전 선원들에게 메인세일 조종줄을 다루는 법과 임무에 대한 충분한 설명을 해주어야 한다. 이는 자이빙을 하기 전 메인세일 중심선에 조종줄을 단단하게 장착하는 것이 중요하기 때문이다. 자이빙 후 요트를 풍상으로 회전시키기 위해서 조종줄을 재빨리 풀고 풍상으로 회전하려는 키를 풀어야 한다. 요트에 있는 모든 사람들은 자이빙시 그들의 머리를 붐보다 아래에 위치시켜야 한다.

4) 급격한 자이브의 회피

모든 스텐딩 자이빙은 잠재적 위험요소를 갖고 있다. 자신의 요트가 데드런에서 항해하는 것이 아니라면 이러한 것을 피할 수 있다. 트레이닝 런에서 항해한다면 예기치 않은 바람이나 파도의 영향을 최소화할 수 있다.

① 스키퍼는 선원에게 "자이빙 준비"라고 한다.
② 메인세일의 조종줄을 당겨서 붐을 센터라인의 중앙에 위치시킨다. 메인세일의 조종줄이 칵핏을 횡단하여 설치되어 있다면 자이브 전에 중앙에 고정시킨다.
③ 다른 선원이 새로운 지브의 조종줄을 윈치에 두 바퀴 감거나 당길 준비를 하면 다른 지브의 조종줄을 풀 준비를 한다. 이때 선원들은 스키퍼에게 준비되었음을 알린다.
④ 스키퍼는 천천히 "자이브-오"를 외치며 키를 당긴다. 지브는 선수를 가로질러 이동을 하고 스키퍼는 주의 깊게 메인세일이 새로운 쪽으로 이동하도록 방향을 결정한다.

〈그림 5-10〉 자이빙 절차

5) 간단한 자이빙

자이빙을 어떠한 도움없이 해야만 한다면 충분한 시간을 갖고 우선 메인세일을 다룬다. 센터라인에 조종줄로 단단하게 고정하고 자이브를 통해서 요트를 돌린다. 이때 새로운 방향으로 갈 수 있도록 메인세일을 충분히 풀어주고, 그 다음에 헤드세일을 조종한다.

6. 기상상태와 요트

1) 보우퍼트풍력계급(Beaufort Wind Scale)

1805년에 프란시스 보우퍼트 경(Sir Francis Beaufort)은 바람의 속도에 따른 계급을 측정하였다.

오늘날 이것은 전세계에 널리 사용되어졌다. 이것은 풍속계(風速計)가 고안되기 이전에 해상 파도나 연기・나무 등의 바람에 의한 유동을 기준으로 하여 만든 것으로 풍속을 추정할 수 있는 항해시 유용한 기준표이다.

각각의 풍력계급은 연기가 똑바로 올라가는 정온 상태를 0으로 하고, 태풍에 동반된 심한 폭풍을 12로 하여 13등급으로 나누었는데, 범선시대의 군함에 사용되는 돛의 양, 얻어지는 범선의 속도, 바람 등의 관계로부터 만들어지므로 각 계급의 풍속은 일정하지 않았다.

그 후 영국 및 국제기관에서 풍속을 결정하고, 육상풍에서도 사용할 수 있도록 개량되었다. 현재의 보퍼트풍력계급은 1962년 세계기상기구(WMO)가 결정한 것으로, 계급 B와 상당풍속 V 사이의 관계는 경험식 V=0.836・B3/2으로 나타낸다.

요트 항해시에도 이러한 풍력계급을 사용하여 다음의 표와 같이 적정한 요트의 운용방법을 결정할 수 있다. 특히 이 표에 의하여 각 요트의 크기나 성능별로 바람의 세기에 따라 돛줄임을 실시하여 안전한 항해를 할 수가 있다.

〈표 5-2〉 보우퍼트 풍력계급과 요트의 적정 운용방법

계급	mph	Knots	SEC	명 칭	해상상태	육상상태	요트의 적정 운용방법
0	0~1	0~1	0.0~0.2	고요 calm	해면이 잔잔하여 마치 기름을 흘린 듯하다.	연기가 똑바로 위로 올라간다.	
1	0~3	1~3	0.3~1.5	실바람 Light air	해면에 작은 물결이 있는 것을 알 수	풍향은 연기 날리는 것으로 알 수 있으	가능한 엔진을 이용한 항해.

					있다.	나 바람개비에는 감각이 안 된다.	
2	4~7	4~6	1,6~3,3	남실바람 Slight breeze	해면에 작은 물결이 있는 것을 확실히 알 수 있다.	바람이 얼굴에 감촉되고 나뭇잎이 흔들리며 바람개비에 감각된다.	요트는 기울어짐이 시작됨.
3	8~12	7~10	3,4~5,4	산들바람 Gentle breeze	해면에 군데군데 흰 물결이 일고 있다.	나뭇잎의 가는 가지가 쉴새없이 흔들리고 깃발이 가볍게 휘날린다.	편안한 항해 : 1번 제노아 사용
4	13~18	11~16	5,5~7,9	건들바람 Moderate breeze	해면의 반절이 흰 파도로 된다.	먼지가 일고 종이 조각이 날리며 작은 나뭇가지가 흔들린다.	쾌적한 항해 가능 : 요트 속력 증가
5	19~24	17~21	8,0~10,7	흔들바람 Fresh breeze	해면의 거의 전부가 흰파도로 된다. 포말이 인다.	잎이 무성한 작은 나무 전체가 흔들리고 강물에 잔물결이 일어난다.	풍하쪽 기울어짐 증가 : 돛줄임 시작, 2번 제노아
6	25~31	22~27	10,8~13,8	된바람 Strong breeze	흰파도가 넓게 일어남. 파도의 범위가 넓어진다.	큰 나뭇가지가 흔들리고 전선이 흔들리며 우산을 받기 곤란하다.	강한 세일링 시작 : 두 번째 돛줄임, 워킹질
7	32~38	28~33	13,9~17,1	센바람 Moderate gale	흰파도가 점점 높아짐. 파도가 부서진다.	나무가 전부 흔들리고 걷기 곤란하다.	가능한 풍상으로 진행 : 세 번째 돛줄임, 워킹질
8	39~46	34~40	17,2~20,7	큰바람 Fresh gale	풍량이 점점 높아진다.	잔가지가 꺾어지고 걸어갈 수가 없다.	요트의 항해능력 한계 제한점 : 엔진 사용
9	47~54	41~47	20,8~24,4	큰센바람 Strong gale	풍량이 굉장히 높아짐. 파도가 꺾여 말린다.	건축물에 다소 손해가 있다.	모든 돛을 내리고 항해 무사히 귀환할 수 있도록 기도함.
10	55~63	48~55	24,5~28,4	노대바람 Whole gale	풍량이 한층 더 높아진다.	나무가 쓰러지고 건축물에 피해가 있다.	
11	64~72	56~63	28,5~32,6	왕바람 Strom	풍량이 대단히 심해짐. 배가 파도 그늘에 감추어진다.	건축물에 큰 손해가 있다.	
12	73~82	64~71	32,7~이상	싹쓸바람 Hurricane	선박의 전복이 우려된다.	보기 드문 큰 손해를 일으킨다.	

2) 날씨관련 속담

보우퍼트 풍력계급과 함께 각국의 기상상태나 각 지역의 기상상태를 알아보기 위하여 옛 조상들이 사용한 방법들이다. 아래의 표를 통해 옛 조상들은 어떻게 날씨를 측정하였는지 알 수가 있고, 특히 한국 연안의 기상상태를 측정할 때 유용하게 참고할 수가 있다.

〈표 5-3〉 날씨 관련속담

- 가루눈이 내리면 추워진다.
- 갓난애가 투레질하면 비가 온다.
- 개미도 비 오는 날을 안다.
- 겨울철의 날씨가 따뜻하면 눈이 내린다.
- 고구마꽃이 피면 천재(天災)가 일어난다.
- 꿀벌의 활동이 이르면 계절도 일러진다.
- 높새바람이 불면 잔디 끝이 마른다.
- 눈이 많이 오는 해엔 보리농사가 풍작된다.
- 동지 때 따뜻하면 보리농사가 흉작이다.
- 마파람이 계속 불면 비가 온다.
- 물고기가 물 위에서 숨쉬면 비가 온다.
- 물독에 땀이 흐르면 비가 온다.
- 반하생에는 큰 비가 내리기 쉽다.
- 번개가 잦으면 벼농사가 풍작이다.
- 별빛이 흔들리면 큰 바람이 분다.
- 비올 무렵엔 신경통이 난다.
- 아침 무지개는 비, 저녁 무지개는 갠다.
- 아침비는 우산이 필요치 않다.
- 아침의 짙은 안개는 맑을 징조이다.
- 아침 천둥은 큰 비를 몰고 온다.
- 양떼구름은 비를 몰고 온다.
- 용오름이 생기면 폭풍우가 일어난다.
- 자라가 뭍에 올라오면 홍수가 난다.
- 저녁놀은 맑고 아침놀은 비가 온다.
- 저녁에 골짜기로 바람이 불어 내리면 좋은 날씨가 계속된다.
- 제비가 낮게 날면 비가 온다.
- 조금 때는 날씨가 기울기 쉽다.
- 태양흑점의 극대기엔 가뭄이 온다.
- 토우가 내리면 소나무가 무성해진다.
- 해륙풍의 바람이 바뀌면 날씨가 급변한다.
- 햇무리와 달무리가 나타나면 비가 온다.

Yacht Sailing

Chapter
6

요트의 정박

요트항해입문

요트의 정박 제6장

1. 정 박

크루저요트는 부교나 선창 쪽에 정박하는 것이 일반적이다. 부교는 물에 뜨고, 조수의 간만으로 오르내리는 것이 가능하기 때문에 조수 간만의 차가 있을 때 선호되는 경향이 있다. 이는 수위에 맞게 예인줄(warp)을 조절할 필요가 없다는 것을 의미한다.

모든 정박에는 서로 다른 방법들이 있지만, 드나드는 기본방법은 같다.

1) 정박위치 선택

정박위치의 선택은 정박의 편리함을 결정하는 것이다. 가능하면 바람과 큰 물결로부터 보호된 정박위치를 선택해라. 정박위치가 항구 안으로 굽이치는 큰 물결의 영향을 받으면, 요트는 손실을 입을 수 있다. 정박위치쪽으로 밀려드는 것보다 요트가 바람에 밀어내지도록 가능하다면 항상 부교나 선창의 풍하쪽에 둔다. 이렇게 하는 것이 떠날 때에도 편하고, 안전하다. 만약 정박위치의 풍하쪽에 둘 수 없다면, 차선책은 안전한 갑판 승강구 계단이 유지될 때 바람에 정면으로 두는 것이다. 강풍이 예보되고 빨리 떠나야 한다면, 부교의 풍상쪽에 두는 것은 피한다.

저속일 때 요트의 조종특성을 알고, 안전하게 떠나는 것이 어렵다면 복잡한 선착장에 입항하려고 하지 마라. 선착장은 분명 편리함을 갖고 있지만, 딴 곳에서 정박할 때가 종종 더 안전하고 더 편안하며, 비용이 싸다.

(1) 바람과 조수의 영향

정박위치에 접근하거나 떠날 때 중요한 요인은 바람과 조수의 영향을 받는다는 것이다. 여느 때처럼 근거리에서 요트를 조종할 때 가장 강한 힘으로 정박위치에 도착하거나 떠나도록 해야 한다. 동력이나 세일을 올리고 정박위치에 접근할 때, 선원이 안전하게 해안으로 걸어가서(뛰지 않는다) 밧줄을 고정하도록 요트를 선택한 위치에 정지시킨다. 어떤 조수도

없을 때는 가능하면 풍상으로 향하고, 속도를 늦추고 멈추기 위해 요트의 풍속 저항을 이용한다. 조수의 흐름이 있을 때는 요트에 가장 큰 영향을 미칠 것이다. 강풍과 약한 조수를 제외하고, 마지막까지 접근하는 동안 조수가 선수쪽에서 흐르도록 선택해야 한다.

강한 흐름의 간조일 때는 절대 정박을 시도하지 마라. 강력한 엔진이라도 자신이 선택한 곳에 요트를 정지시키기 힘들다. 이러한 문제는 정박위치를 떠날 때에도 똑같이 적용된다.

때때로 강한 조수에 선미쪽으로 정박되어진 것을 찾을 것이다. 이러한 상황에서는 선미쪽으로 떠나거나 예인줄로 요트를 돌려야 할 것이다.

2) 정박위치

정박위치를 떠나려고 준비하고 있을 때 방향조종에 영향을 주는 모든 요인에 대해 세심하게 관찰을 한다. 풍속과 풍향, 그리고 조수와 요트에 연관되는 영향력을 고려한다. 요트의 조종특성에 대한 올바른 지식은 특히 저속일 때 움직임, 표류 특성 그리고 빔(beam)에서 바람이 어떻게 반작용하는지에 관해 고려하여야 한다. 근처에 있는 어떤 장애든 경계하고, 어떻게 처리할지 결정한다. 바람이 가볍고 약간의 조수가 흐르고 있다면, 근처에 장애가 없는 것이다. 쉽게 예인줄을 풀 수 있으며, 배를 밀어내고, 세일이나 모터를 내린다. 복잡한 상황이라도, 세심한 준비와 실행으로 요트의 손실을 피할 수 있다.

(1) 출발 준비

사전에 모든 요인을 파악한 후 정박위치를 떠나기 위한 계획을 결정하고 선원에게 간단히 알린다. 이 일은 많은 선원이 함께하면 더 쉬워질 수 있지만, 단독으로 항해하거나, 다른 선원이 한명 뿐이라면, 자신 개인의 요트와 선원에게 적합한 일과를 처리해야 한다.

대부분 큰 통제력을 줄 수 있는 만큼 동력을 올리고 떠나는 것이 가장 쉽고 가장 안전하다. 많은 정박위치는 세일을 올리고 안전하게 떠날 수 있으며, 가능할 때 그렇게 하는 것이 만족스럽고 유익하다. 엔진을 사용해야할 필요가 있다면, 시동하고 출발 전에 준비할 시간을 주기 위해 중립으로 작동하여 떠나야 한다. 예인줄이 모든 적재화물 아래 있는지 확인하고, 마지막으로 밧줄을 풀기 위해 계획한다.

(2) 엔진으로 출발하기

조수가 가장 강한 힘으로 영향을 미치고 있고, 선수쪽에 있다면, 우선 선수쪽으로 떠나야 한다. 조수가 뒤에서부터 흐르면, 우선 선미쪽으로 떠나거나 예인줄로 요트를 돌린다. 조수가 심각하지 않으면, 가급적 바람이 불어오는 쪽으로 떠나야 한다. 바람이 빔(beam)의 앞쪽에서 불어온다면 선수쪽으로 먼저, 빔의 뒤에서 불어온다면 선미 쪽으로 먼저 떠나야 한다. 요트의 특별한 외형, 엔진의 동력, 그리고 바람의 세기에 따라 다르기 때문에 이러한 규칙은 엄격하게 적용되지는 않는다.

(3) 밀어내기

밧줄을 풀고 멀어져서 떠나려고 했다면–문제가 되는 바람이나 조수가 없을 때라도–요트의 선미를 회전시킴으로써 부두와 부딪히게 될 것이다. 이를 피하기 위한 방법은 멀어지기 전에 부두에서 멀리 떨어져 있는 요트의 한쪽 끝을 회전시키는 것이다. 작고 가벼운 요트의 경우, 간단하게 보트 훅(boat hook)으로 선수나 선미를 밀어내어 이룰 수도 있다. 강한 앞바다로 부는 바람일 때, 요트는 예인줄이 풀어지면 부두에서 떨어져 미끄러지게 된다.

(4) 스프링 사용하기

통제력 있는 출발은 요트의 회전을 돕는 스프링 중 하나를 사용함으로써 이뤄질 수 있으며, 선수에서나 선미에서 먼저 떠나는 것이 가능하다. 한번 정박위치를 떠나서 공해에 있다면, 예인줄과 펜다를 싣고, 모든 밧줄이 물과 추진기에서 떨어져 있는지 확인한다.

(5) 세일을 올리고 떠나기

세일을 올리고 정박위치를 떠나는 것은 종종 가능하지만, 바람이 가볍고 조수가 강하게 흐른다면 통제력이 줄어들 것이다. 보통 동력을 올리고 떠나는 것이 더 쉽다. 정박위치 위로 바람이 불고 있다면 전혀 출항할 수 없을 것이다. 정박위치 밖으로 나가기 위해 엔진과 예인줄을 사용하거나, 거룻배를 이용하여 닻을 내린다. 조수가 있으면 최고의 통제력을 위해 항상 조수를 향해 선수쪽으로 떠난다. 요트가 조수를 향해 선미쪽으로 놓여 있으면 출항하기 전에 예인줄을 이용하여 돌린다.

조수에 정면으로 놓여 있고, 바람이 빔의 위나 뒤에서 불고 있다면 헤드세일만 올리고 출항한다. 바람이 앞에서 불고 있다면, 메인세일 하나만 올리고 출항하거나 바람이 가볍다면, 메인세일과 헤드세일을 함께 올린다. 바람이 바로 앞에서 불고 있다면, 선수를 밀어내기 위해 헤드세일을 올리고 뒤로 간다.

3) 선착장에 도착하기

정박위치에 접근하는 것은 사고력과 계획이 필요한 방향조종을 복잡하게 할 수 있으며, 선원에게 잘 알려야 한다. 정박위치에서 바람과 조수의 영향을 확인하고 진입시 피해야 할 근처의 위험물을 살핀다. 바다에 안전하게 되돌아갈 비상 탈출 항로를 계획하고 마지막까지 문제점들을 고려해야 함을 기억해라.

어느 쪽을 옆으로 대어 정박할지 확인해라. 다른 요트를 건너야 할 필요가 있으면 우선 허락을 구한다. 자신의 계획을 결정했다면, 선원에게 알리고 장치, 특히 펜다와 예인줄을 준비할 충분한 시간을 준다. 항구에 입항했지만 동력을 올리고 정박할 작정이라면, 준비할 충분한 시간동안 엔진을 시동한다. 정박위치에 진입하기 전에 세일을 내리고 싣는다.

(1) 준 비

갑판에서 예인줄을 준비한다 : 정박할 때 통상적으로 적어도 4개의 예인줄이 필요하다.

(2) 엔진으로 도착하기

바람과 조수가 심각하지 않아 후진 기어로 멈추고자 할 때는 지주대가 선미를 밀어낼 곳을 향한 쪽에서 정박하도록 한다. 이것은 한 끝을 위로 하여 대는 것과 정박위치에서 평행상태를 돕는다. 가까이 대어졌을 때 선원은 해안으로 걸어가 단단히 고정시킨다. 바람과 조수가 심각할 때는 가장 강한 힘으로 방향을 돌려 접근한다. 더 큰 저속 통제력을 주고 정확히 정박위치에 정지하도록 도울 것이다. 피할 수 있더라도 간조나 강한 바람이 뒤에서 불면 접근하지 마라(강력한 엔진 없이 이러한 방향조종은 절대 시도하지 마라). 펜다를 장치하고 페어리더를 지나 바깥 끝까지 끌어 선수와 선미 예인줄을 준비하며, 충분히 당기고 갑판 밧줄걸이에 단단히 고정시킨다. 돛대밧줄의 바로 뒤 요트의 중간에서 바깥으로 선수와 선미 밧줄의 바깥쪽 끝을 잡는다. 해안에서 밧줄을 잡았을 때, 요트의 가장 넓은 부분이고, 정박할 때 정박위치에 가장 가까워야 하기 때문에 선원은 통상적으로 이때부터 내린다. 정박하고 선수와 선미 밧줄을 고정시킬 때까지 스프링을 장치할 필요가 없을지도 모른다. 그러나 정지 스프링은 특히 엔진이 후진시 효율적이지 못하다면 매우 유용한 보조기구가 될 수 있다.

정박했으면 선수와 선미 밧줄을 고정시킨다. 바람이나 조수가 선수쪽에 있다면, 예인줄이 많은 적재화물과 정박위치에서 요트의 평행상태를 유지하므로 선미 스프링이 장치되어진다. 최종적으로 다른 스프링을 장치하고 모든 예인줄을 정돈하며 부두나 부교에 남겨둔 밧줄 고리가 없는지 확인한다.

(3) 세일을 올리고 도착하기

특히 한정된 공간에서 크루저요트가 세일을 올리고 정박하려면 기술과 확실한 판단력이 필요하다. 방향조종의 성공은 요트의 조종특성에 대한 지식과 선원의 능력 및 처리속도에 따라 다르다. 접근 수단은 동력을 올리고 접근할 때와 매우 유사하다. 항상 정박위치에 닿았을 때 멈추기 위해 이용할 수 있도록 바람과 조수의 가장 강력한 힘으로 향한다. 마지막 단계에서 너무 빨리 접근했다면 메인세일을 뒤로하거나(풍상으로 접근하고 있다면), 헤드세일을 내린다(풍하로 접근하고 있다면). 선원은 끌어당기기 위해 어느 정도 내려진 헤드세일의 뒷부분 가장자리를 잡을 필요가 있다.

2. 선착장 정박

일반적으로 선착장은 연료, 신선한 물, 상점, 식당, 술집, 상인, 수리징과 같은 편의시설과 함께 한정된 공간에서 안전한 정박위치를 제공한다. 선착장은 매우 인기 있고, 항해시즌의 성수기 동안 붐비는 경향이 있다. 요트는 떠 있는 부교의 망에 서로 가깝게 정박되며 방향조종의 공간은 한정되어진다. 훌륭한 요트 조종술은 필수적이다. 항상 주의하여 선착장에 들어오고 나가야 하며, 특히 동력을 올리고 잘 조종할 수 없다면 선착장에 들어가기 전에 잘 준비하여 선원에게 알리며 접근을 시도하기 전에 예인줄과 펜다를 장치한다.

1) 정박위치 선택

선착장에 접근하기 전에 저속에서의 요트 특성과 지주대의 작용을 이용하여 복잡한 공간에서 회전할 수 있는지 아는 것은 중대한 일이다. 후진시 요트를 잘 조종할 수 없으면 특히 복잡하거나 어려운 정박위치를 피해야 한다. 선착장은 보통 인접한 해협 가까이 많은 외부 정박위치를 추가적으로 갖추고 있고, 요트로 붐비는 부교들 사이로 좁은 해협을 지나 도착된다. 선착장 레이아웃에 대해 불확실하거나, 혹은 요트를 조종하기 어려우면 가급적 외부 정박위치를 선택한다. 대부분의 선착장은 방문자가 사용하도록 상설 정박위치의 보유를 위해 정박위치를 남겨둔다. 선착장을 처음 방문했을 때 방문자 정박위치를 선택할 수 있는지 확인한다. 비록 세일을 올리고 외부 정박위치를 택하게 될지도 모르지만, 한정된 공간 때문에 선착장 안에서 정박을 시도하는 것은 현명하지 못하다.

2) 정박 준비하기

적절한 정박위치를 획득하기 위해 도착 전에 VHF 라디오로 선착장 소유자와 연결해라. 예인줄과 펜다를 준비하기 위해 요트의 어느 쪽으로 정박해야 하는지 물어봐야 함을 기억해라.

펜다가 충분하면 확실히 보호되도록 요트의 양쪽 모두에 달고, 이는 또한 마지막 순간에 상황이 변경되거나, 들어가기 너무 어려운 정박위치라면 다른 쪽으로 정박할 수 있는 선택권을 준다.

선착장은 주요한 조수의 흐름밖에 위치한다. 그래서 조수의 영향은 마지막 접근동안 심각

〈그림 6-1〉 각종 펜다

하지 않을 수 있다. 부교가 조수를 향해 돌출되어 있으면 중대한 영향을 미칠 수 있으므로 상황을 세심하게 검토한다. 정박을 준비할 때 상황을 판단하고 최고의 접근방법을 택해야 한다.

3) 선착장 출발

선착장을 떠나기 전에, 엔진을 작동시키고 중립으로 함과 동시에 상황을 판단하고 출항을 계획한다. 정박위치를 떠날 때와 선착장 내에서 방향조종시 바람과 조수가 어떤 영향을 미칠지 고려한다. 선원에게 철저히 알리고, 떠날 때 요트를 조종하기 위해 필요할지도 모르니 어떤 밧줄이든 준비하도록 한다. 선원들은 밧줄이 풀어질 순서를 알아야 하고 추진기를 더럽힐지도 모르는 물에 예인줄이 남겨지지 않았는지 확인해야 한다. 서두르지 말고 조심스럽게 나아간다.

4) 선착장 도착

정박 위치를 선택할 충분한 시간을 준다. 필요하면 그곳 설계에 대한 아이디어와 그럴싸한 정박 위치를 얻기 위해 얼마간 선착장을 지나 항해한다. 남겨진 방문자의 정박위치가 명확히 표시되지 않았으면 적절한 정박위치에 대한 조언을 구한다. 정박위치를 찾았을 때 조심히 입항을 계획한다. 선원에게 알리고 장치를 준비할 시간을 준다. 그들은 어느 예인줄이 먼저 고정되어야 하는지 알아야 하며, 방향조종시 추진기를 더럽힐지도 모르는 물에 끌리고 있는 예인줄이 없는지 확인해야 한다.

3. 부교정박(rafting alongside)

부교나 선창 옆, 말뚝 사이, 수중부표 주변에 요트를 매는 것을 부교정박(rafting)이라고 한다. 혼잡한 항구에서 한정된 공간의 대부분을 구성하는 일반적인 방법이다. 어떻게 안전하게 요트를 결박하는지 익히고, 자신의 요트와 다른 누군가의 요트에 피해를 주지 않도록 주의해야 한다. 또한, 결박한 위치의 안쪽과 바깥쪽에서 어떻게 안전하게 떠나는지 알아야 할 필요가 있다. 부교정박은 기본적인 방법을 따르고, 도착 또는 떠날 때 다른 선원에게 확실한 예의를 지키기만 하면 간단한 절차가 될 수 있다.

〈그림 6-2〉 부교정박 - 스페인 리스보아항의 전경

1) 부교정박의 원칙

해안 부교, 또는 말뚝에 항상 선수와 선미 밧줄로 고정시키고, 계류밧줄(spring)과 옆 예인줄로 자신의 요트와 인접한 요트를 고정시킨다. 자신의 요트를 지탱하기 위해 옆에 있는 요트의 버팀밧줄(shore line)에 의지하지 말아야 한다. 가장 안쪽의 요트에만 결박하는 버팀밧줄에 연결하면, 바람과 조수의 영향으로 앞뒤로 흔들리게 되며, 불편하고 튼튼하지 못한 정박위치를 제공할 것이다. 가장 큰 요트가 안쪽에, 가장 작은 요트가 바깥쪽에 위치하면 더욱 안정적이다. 그러므로 자신의 요트보다 작은 요트 옆에 부교정박하는 것은 피하도록 한다. 연결할 때 자신의 돛대가 옆에 있는 요트의 돛대와 일직선이 되지 않도록 요트를 놓는다. 이는 충돌과 같은 손실의 원인을 방지할 것이다. 다른 요트를 지나 물가로 갈 때는 항상 앞갑판으로 지나가며, 조종석으로 절대 지나가지 않는다. 이는 사생활을 존중하기 위함이다.

2) 부교정박의 단점

부교정박의 대표적인 불편한 점 중 하나는 자신이 원할 때 떠날 자유를 제한한다는 것이다. 자신이 바깥쪽에 있을 때, 안쪽에 있는 요트가 자신보다 먼저 떠나기를 바란다면 귀찮아질 수 있다. 자신이 안쪽에 있다면, 배 또는 물가로 가기 위해 자신의 갑판을 지나 바깥쪽 요트부터 선원과 함께 정리해야 한다. 위험에 노출된 장소에서 요트는 서로 부딪쳐 마찰하고 흔들리며, 불안과 손실의 원인이 된다.

3) 부교 연결

부교(raft)를 연결하는 것은 다른 요트 옆에 정박하는데 필요하지만, 사용하는 방법은 선창이나 부교에 정박할 때와 같다. 진입로를 계획하고 바람과 조수의 영향을 고려한다. 항상 정지할 때 자신의 요트에 가장 큰 영향을 미칠 방향 쪽으로 향하게 한다. 자신이 옆으로 갈 요트와 같은 방향이 아니면 중요하지 않다. 선원에게 알리고 통상적인 방법으로 펜다와 예인줄[3])을 준비한다. 3세트의 예인줄이 필요할 것이다

선창이나 부교에 정박하는 것보다 다른 요트 옆에 정박하는 것이 선원에게는 더 어렵다. 선원들은 2세드의 가드레일을 넘어야 하고, 선수와 선미에 중간밧줄을 고정시키기 위한 적당한 밧줄걸이를 찾기 위해 다른 요트의 옆 갑판을 따라가야 한다. 이러한 예인줄은 다른 밧줄이 모두 장치되기 전에 요트를 통제하기 위해 되도록 빨리 고정시키는 것이 중요하다.

이 과정은 다른 요트의 선원이 갑판에 있으면 훨씬 수월해질 수 있다. 우선 정박의 허가를 구하고 나서 다른 요트의 선원이 기꺼이 도와준다면, 자신의 선원이 선수와 선미에 중간밧줄 끝을 그들에게 건네주면 된다. 계류용 밧줄이 만들어졌다면, 그 밧줄은 자신의 요트에서 조절될 수 있다. 이것은 자신의 선원이 다른 요트에 넘어갈 필요가 없다는 것을 의미한다. 가급적 빨리 계류밧줄을 장치하고, 선수와 선미를 해안에 고정시킨다. 요트와 자신 요트 사이, 해안 또는 부교 바깥쪽에서 밧줄을 끈다. 바다에서 안전하도록 조절하지만 약간의 여유는 남긴다.

4) 부교 출발

부교에서 가장 바깥쪽에 있다면 떠날 때는 부교에서 떠날 때와 같지만, 우선 버팀밧줄(shore line) 먼저 원상태로 하여야 한다. 이 일을 하기 전에 바람 또는 조수의 유속을 결정하고 출항방법을 선택한 후 선원에게 알린다. 자신이 정박소에서 떠나봤다면 방향 조종은 자신이 했던대로 하면 된다.

부교 안쪽에 있다면 항상 가장 강한 힘으로 떠나야 한다. 이와 반대로 떠난다면 바깥쪽에

3) 해안에 연결하는 선수와 선미 밧줄, 그리고 옆에 있는 요트에 연결하는 중간밧줄과 계류밧줄.

있는 요트들은 바람이나 조수에 좌우되어질 위험이 있다. 문제를 피하기 위해 선원들은 자신이 떠날 때, 다른 요트의 예인줄을 통제해야 할지도 모른다. 자신이 출항했다면 부교 바깥쪽에서 선원을 태워야 할 것이다. 바로 옆에 있는 다른 부교는 자신이 빠져나갔던 바깥쪽 요트까지 출발을 방해할 수도 있다. 인근의 모든 장애물을 처리할 수 있는지 확신이 없으면, 자신이 빠져나가기 위해 바깥쪽 요트를 이동시켜도 괜찮은지 물어보거나 그들이 떠날 때까지 기다리도록 한다.

4. 선수와 선미 정박

고려할 조수의 문제가 없는 지역에서 부교나 선창에 선수나 선미쪽으로 정박하는 것이 일반적이다. 닻(혹은 가끔 작은 말뚝 한 쌍)은 요트의 한쪽 끝을 붙잡는데 사용된다. 이 방법은 옆으로 대는 공간의 낭비를 막고, 개개의 요트가 서로 방해 없이 도착하거나 떠나기 쉽게 만들어 준다. 도착할 때 우선 선수로 오는 것이 더 간편하며, 또한 정박할 동안 조종석에서의 프라이버시를 제공한다. 선창이나 부교에 선미쪽으로 정박한다면 해안에 도착하고 떠나는 것이 쉬운지 알아야 할 것이다.

〈그림 6-3〉 선수와 선미 정박
-뉴질랜드 리틀턴 요트마리나 전경

1) 선수 도착

선원에게 알리고 예인줄과 펜다를 준비하며, 정박위치에 진입하기 전에 닻을 내린다. 옆에 있는 요트와의 접촉을 막기 위해 요트의 양옆에 펜다를 매단다. 선수쪽으로 정박했을 때는 2개의 선수 밧줄과 긴 닻줄(anchor warp) 또는 체인이 있는 작은 닻(kedge anchor)이 필요할 것이다. 닻은 선미에서부터 내려지도록 준비해야 한다. 작은 닻의 닻과 예인줄 사이에 체인 부분이 있으면 닻이 떨어지면서 갑판에 닿지 않도록, 그리고 손실을 막기 위해 체인은 물통에 넣어둔다. 훼어리드(fairlead)를 지나고 난간 아래로 떨어지도록 체인과 예인줄이 끌리는지 확인한다. 다른 요트의 닻과 떨어져서 닻을 내리는 것이 중요하다. 이를 이루기 위한 최선의 방법은 정박위치로부터 일렬로 정렬이 되게 요트를 길게 진입하는 것이다. 이는 진입 진로를 조절할 시간을 주며, 진로를 유지하고 정박위치에 곧장 진입하기 위해 필요한 만큼 키 손잡이와 조절판을 이용한다.

정박위치에서 약 3~5 요트길이 정도에 있을 때 선미에서 닻을 내리고 닻줄을 푼다. 정박위치로부터 요트길이의 약 절반 정도에 이를 때까지 진입을 계속하고 그리고 나서 닻줄을 멈춘다. 밧줄걸이나 기둥(bollard) 둘레에 닻줄을 감고, 밧줄걸이 둘레에서 천천히 풀릴동안 예인줄로 적하를 옮기기 위해 단단하게 끝을 잡는다. 닻이 설치되고 요트가 속력을 늦추게 되면, 선원은 해안으로 걸어가 선수 예인줄로 요트를 고정하도록 하고, 선창이나 부교의 밧줄걸이에 요트를 정지할 필요가 있으면 엔진을 후진으로 놓는다.

2) 선미 도착

선미쪽으로 정박하고자 한다면 후진으로 잘 조종하느냐에 따라 2가지 선택의 범위가 있다. 후진으로 잘 조종한다면 약간 떨어져 진입하고 정박위치를 향하여 똑바로 후진한다. 정박위치로부터 약 3~5 요트길이 정도에 있을 때 닻을 내리고 닻줄을 푼다. 선미가 선창이나 부교에 진입했을 때 선수 닻을 팽팽하게 하고, 요트가 정지하도록 미리 엔진에 시동을 건다. 선원은 선미 예인줄을 갖고 물가로 걸어가서 계류밧줄을 만든다. 후진으로 잘 조종할 수 없지만 선미쪽으로 정박하길 원한다면, 우선 선수쪽으로 정박하고 선수 밧줄과 닻줄로 요트의 방향을 돌린다.

3) 출 항

선수쪽이나 선미쪽으로 떠나는 것은 간단하다. 버팀밧줄을 풀고 정박위치를 벗어나기 위해 닻줄을 당기며 필요하면 엔진을 사용한다. 그리고 나서 엔진을 원상태로 하고 출발한다. 자신이 떠날 때 요트를 똑바로 유지하는 것을 힘들게 하는 강한 옆바람이 불고 있으면, 요트를 통제하기 위해 해안에 긴 미끄럼줄을 장치한다. 자신이 멀리 이동할 때 그 밧줄을 팽팽하지 않게 유지하고, 풍하쪽으로 요트가 정지하여 정박위치를 벗어나면 그 밧줄을 푼다.

말뚝과 부교에 정박한 후 떠날 때 후진으로 조종을 잘하고, 강한 옆바람이 전혀 없다면 선수 예인줄을 풀고 뒤로 이동하여 선미쪽으로 먼저 떠날 수 있다. 선미로 이동할 때 요트길이 이내에서 말뚝 밧줄을 푼다.

강한 바람이 불고 있으면 풍하쪽의 선수와 선미 밧줄만 풀고, 미끄럼줄과 같은 2개의 남은 예인줄을 장치한다. 그 다음 요트의 중간에서 앞쪽으로 선미밧줄을 잡는다. 천천히 선미로 가거나 선미 예인줄로 요트를 뒤로 당기며, 서서히 선수 예인줄을 느슨하게 한다. 동시에 풍상쪽 바람으로부터 요트를 보호하기 위해 선수 밧줄에 약간의 팽팽함을 유지한다. 요트의 중간이 말뚝과 수평이 될 때 나머지 밧줄을 풀고 출발한다.

요트를 후진으로 잘 조종할 수 없으면 미끄럼줄과 같은 양쪽 말뚝 밧줄을 장치하고, 요트의 중간에서 앞쪽으로 끈다. 선수밧줄을 풀고 선미밧줄로 요트를 뒤로 당기며 말뚝 밧줄이 똑바로 옆으로 될 때 완전히 푼 다음 출발한다.

5. 파일(pile) 정박

약간의 조수작용이 있는 항구는 해협의 가장자리를 따라 선수와 선미쪽 정박을 제공하기 위해 말뚝 정박용구를 사용하며, 주요 조수가 흐를 때 유리하다. 말뚝은 정박 예인줄을 묶어 해저에 박히는 큰 목재나 금속막대기이다. 대개 한쌍의 말뚝에 허용되는 요트의 수를 제한하지만, 요트는 종종 정박소 사이에 몇 대씩

〈그림 6-4〉 말뚝(pile)정박－뉴질랜드 리틀턴항의 전경

엮는다. 말뚝 사이에 정박했을 때 모든 요트는 옆에 있는 범선과 말뚝에 잘 묶여야 한다.

1) 엔진 정박

말뚝 정박위치를 떠나는 것은 대체로 아주 간단한 과정이다. 주로 고려할 사항은 인근의 위험물과 관계되는 자신의 출항로이다.

(1) 엔진 출항

한쌍의 말뚝 사이에 자신의 요트 하나만 놓여 있다면, 선수나 선미를 먼저 조수의 방향으로 하여 떠난다. 자신의 요트가 안쪽에 있다면 부속선(tender)을 이용해서 말뚝 밧줄을 제거하고 부교처럼 떠난다. 요트가 바깥쪽에 있다면 말뚝 밧줄을 제거하고, 옆으로 정박했을 때처럼 떠난다.

(2) 엔진 입항

말뚝 정박위치를 선택하는 것은 매우 간단하다. 비어 있는 말뚝을 선택했다면 2개의 정박 밧줄만 필요할 것이며, 갑판에서 그 과정을 끝낼 수 있다. 다른 요트 옆으로 정박할 경우, 옆으로 대어 정박했을 때처럼 진입한다. 6개의 예인줄과 펜다가 필요할 것이며, 말뚝 밧줄을 고정하려고 부속선을 사용해야 할 것이다. 선장은 가장 강한 힘 쪽으로 진입하는 계획을 세워야 하며, 미리 선원에게 알려야 한다. 정박 밧줄뿐만 아니라 편리한 요트 걸이(boathook)를 장비하고 밧줄을 고정하기 위한 매듭을 신속히 갖춘다.

2) 세일 정박

가까운 주변이 다른 요트들로 너무 혼잡하지 않으면 세일을 올리고 말뚝 정박소를 떠날 수 있다.

(1) 세일 출항

말뚝 사이에 혼자 정박되어 있다면 세일을 올리고 떠나는 방향 조종은 아주 쉽다. 말뚝에서 바깥쪽에 있을 때 풍하쪽으로 있으면 부속선으로 말뚝 밧줄을 제거한 후 세일을 올리고 떠날 수 있을 것이다. 보통 말뚝 정박소는 조수 작용이 있는 지역에 설치되는 만큼 선수를 조수 방향으로 떠나는 것이 가장 좋다. 이는 가장 큰 통제력을 준다. 선미가 조수방향으로 놓여 있다면, 떠나기 전에 예인줄을 이용해서 요트를 돌린다. 조수방향으로 위치하는 선수에서 떠나는 방법은 풍향에 의해 결정될 것이다. 세일을 올리고 정박하는 다른 상황처럼 바람이 빔(beam) 앞으로 불고 있으면 메인세일만 사용하거나 헤드세일을 함께 사용하고, 빔의 위나 뒤에서 불고 있으면, 헤드세일만 사용한다. 세일을 올리기 전에 미끄럼줄처럼 선수와 선미 밧줄을 장치하고, 요트 방향을 돌리기 위해 사용한다.

(2) 세일 입항

세일을 올리고 말뚝 정박위치에 진입하고자 한다면 가장 강한 힘쪽으로 마지막 진입을 한다. 이것은 조수의 방향이 될 것이다. 그러나 아주 강한 바람이 아주 약한 조수의 반대로 불면, 바람쪽으로 진입을 계획해야 한다.

미리 선원에게 잘 알리고 필요하면 상황을 검토하기 위해 항해모형을 만든다. 선수와 선미 밧줄을 준비하고, 보트 훅을 잡는다. 마지막 진입 방법은 풍향에 따라 다를 수 있다. 바람이 빔 앞으로 불면 메인세일만 올리고 마지막 진입을 한다. 클로스 리치로 진입하고 선수쪽 말뚝 옆으로 정지하도록 노력한다. 선수 예인줄을 계류용 밧줄로 만든 후 메인세일을 내리고, 선미 예인줄을 고정하기 위해 선미쪽 말뚝에 다시 떨어뜨린다. 말뚝 사이의 중심에 요트를 놓는다. 바람이 빔의 위 또는 뒤로 불면 헤드세일만 올리고 진입하고, 속도조절을 위해 지브세일조종줄(jib sheet)을 사용한다. 이 경우 엔진을 이용하여 선수 예인줄을 고정하기 위해 선수쪽 말뚝으로 가기 전에 선미 예인줄을 고정하도록 하고, 선미쪽 말뚝 옆에 정지하기 위해 지브세일을 펼친다. 바람이 가볍고 조수 때문에 항로를 만들 수 없으면 메인세일의 윗부분을 올린다.

6. 수중앵커정박

수중앵커에 요트를 두는 것은 점심식사를 위하여, 또는 야간에만 머무르기 위해 사용하는 대중적이며 실용적인 선택이다. 수중앵커는 요트에게 편리한 정박위치를 제공하기 위해 항구, 강 그리고 만에 설치된다. 복잡한 항구나 혼잡한 선착장에 정박하는 것보다 쉽고 스트레스가 덜하다. 그러나 수상택시를 이용할 수 없으면, 해안으로 가기 위한 부속선을 갖출 필요가 있다.

1) 수중앵커

수중앵커는 무거운 수직 체인이 부착된 해저에 하나 이상의 무거운 닻 또는 저울추로 이루어져 있다. 가끔은 밧줄로 떠 있는 부표가 부착된다. 보통 가벼운 선박을 위한 수중앵커는 1개의 작은 부표를 갖추고 있다. 아래쪽의 밧줄이나 체인은 선수 페어리더를 통과하고 밧줄걸이에 묶인다. 다른 수중앵커는 요트가 계선 밧줄(mooring line)로 묶이는 곳 꼭대기에 고리가 있거나 요트를 고정시키기 위해 배에 가져오는 작은 걸개(pick-up)부표와 분리된 큰 부표를 갖추고 있다. 수중앵커는 보통 조수가 흐르는 방향으로 수로의 가장자리를 따라 줄지어 놓이며, 트로트(trots)라 불린다. 이 경우 각각 수중앵커의 무거운 수직 체인은 각각의 끝에서 무거운 닻이나 저울추가 부착되는 긴 그라운드 체인에 연결된다.

2) 수중앵커 선택

방문객 수중앵커 부표가 있는 항구를 방문할 때 자신의 요트에 적합한 수중앵커를 선택한다. 수중앵커가 충분히 튼튼한지, 간조일 때 요트가 떠 있을 수 있도록 충분히 바다가 깊은지, 그리고 바람과 조수로 부표 주위에 흔들릴 충분한 여유가 있는지 확실하게 한다. 또한 바람과 조수로부터 특히 야간에 정박할 계획이라면 안전한 수중앵커인지 고려해야 한다. 그리고 다른 요트와 해안쪽으로 수중앵커의 접근뿐만 아니라, 동력이나 세일을 올리고 수중앵커에 진입하고 떠나는 것이 어떻게 하면 더 쉬울 수 있는지에 대한 방법 또한 생각하는 것이 중요하다. 상설 수중앵커는 소유자가 어느 시간에든 되돌아 올 수 있고, 정박위치를 요구할지도 모르기 때문에 상설 수중앵커는 선택하지 않도록 주의한다. 다른 사람 소유의 수중앵커를 선택해야 한다면, 소유자가 나타날 경우를 대비해 요트에 남는 선원이 없을 때 요트를 절대 떠나지 마라. 가급적 항구 관리자나 현지 항해사에게 조언을 구한다.

3) 수중앵커 정박

부교나 다른 요트 옆으로 정박하는 것보다 수중앵커에 정박하는 것이 더 간단하지만, 진입하기 전에 준비할 것이 있다. 수중앵커를 고르기 위해 한명 내지 두 명의 선원에게 세부적 임무를 맡기고, 선원들은 계선 밧줄과 보트 훅을 준비한다. 그리고 진입을 검토하기 위해 항해모형을 만들고, 특히 배치 상태를 빈틈없이 점검하여 흔들릴 여유가 있는지 수심을 확인한다. 대형 크루저요트에서 선수는 꽤 높이 있으므로 부표나 계선 밧줄을 집어올리는 것이 어렵다. 이 경우 돛대 밧줄의 바로 앞쪽 부표 옆으로 정박하며, 마지막 진입시 키잡이가 못 볼 수도 있으므로 앞갑판 선원은 수신호로 위치와 부표와의 간격을 알려줘야 한다. 수신호는 종종 소리를 듣는 것이 불가능하기 때문에 사용된다. 자신의 선원에게 적합한 시스템을 만들어 낼 필요가 있다. 일반적인 방법은 계선설비에서 계속적으로 보트 훅을 사용하는 것이다.

부표가 옆에 있을 때, 앞갑판 선원은 배에서 걸개(pick-up)부표를 당기고 요트를 고정시키기 위해 아래쪽 예인줄이나 체인을 사용한다. 혹은 부표의 고리나 부표 아래 체인에 계선 밧줄을 묶는다. 고리나 체인을 지나 한 마름을 잡고, 떠날 때 훨씬 수월해질 수 있게 갑판부터 닿도록 긴 고리로 선수 밧줄을 묶는다.

걸개(pick-up)부표가 배에서 당겨지면 부표와 주요 수직 체인 사이의 밧줄이나 체인의 상태를 확인한다. 의심스러우면 주요 체인에 묶기 위해 자신의 예인줄을 사용한다. 계선 밧줄이 페어리더를 지나거나 닻 롤러위로 끌리는지 확인한다. 앞갑판 선원은 요트가 고정되었을 때 조종석으로 신호를 확실히 한다. 요트가 하나의 밧줄만 의지하지 않도록 두 번 분리하여 장치하는 것이 현명하다.

〈그림 6-5〉 수중앵커 정박 모습

4) 출항과 입항

수중앵커에 도착할 때의 방법과 진입항로를 결정하고, 선원에게 무엇이 필요한지 알도록 간단히 알린다. 천천히 시작하고 선수에서 또는 돛대 밧줄 옆에서 계선부표로 정지하여 다가간다.

(1) 진입항로 만들기

첫 단계는 정박할 때 자신의 요트를 어떻게 둘 것인지 결정하는 것이다. 주변에 다른 요트는 어떻게 놓여있는지 확인하고, 바람이나 조수가 요트에 많은 영향을 미칠 것인지 결정한다. 요령은 통제력을 유지하고 정지할 수 있도록 항상 바람이나 조수의 가장 강한 힘쪽으로 진입하는 것이다. 불확실하면 조수방향으로 진입한다. 세일을 올리고 진입할 계획이라면 마지막 진입시 메인세일만 올릴지 헤드세일만 올릴지 결정해야 한다. 규칙은 진입하는 동안 바람이 빔 앞쪽으로 분다면 메인세일만 사용하고, 빔 위나 더 멀리 뒤에서 분다면 헤드세일만 올리고 접근한다.

빔의 위나 뒤에서 바람이 불 때 메인세일을 사용하면 충분히 바람을 뺄 수 없게 되어 속도를 늦추거나 정지할 수 없을 것이다. 상황을 검토할 시간을 주기 위해 주변을 천천히 항해하고, 진입하거나 빠져나갈 항로를 계획한다. 필요하면 선택한 지점에서 항해모형을 만들어 선원에게 알리고, 계선 밧줄과 보트 훅을 쓸 위치를 준비할 시간을 준다. 또한 사용하지 않을 세일을 내리거나 말기 위한 시간이 필요할 것이다.

동력을 올리고 진입을 결정했다면 충분한 시간동안 세일을 내리고 싶는다. 진입을 계획하는 동안 천천히 주변을 항해한다. 선원이 자신의 의도를 완전히 알고 이해했는지 확인한다. 조수의 흐름이 있으면 마지막 진입은 조수쪽으로 향하도록 하고 계선부표에 천천히 다가간다.

(2) 세일 입항

빔 앞으로 부는 바람일 때, 앞 갑판이 헤드세일에서 멀어지도록 메인세일만 올리고 진입한다. 바람이 빔 뒤에서 분다면, 수중앵커의 풍상쪽으로 항해하며 메인세일은 내리고 헤드세일만 올려 계선부표를 향해 천천히 항해한다. 강한 바람인 경우 헤드세일을 내리거나 말아야할지도 모르며, 드러난 말뚝 아래로 항해한다. 가벼운 바람인 경우 조수에 대항할 충분한 힘이 생기도록 메인세일의 꼭대기를 어느 정도 올려야 할 수도 있다.

(3) 세일 출항

도착할 때와 같은 규칙이 세일을 올리고 떠날 때에도 적용된다. 떠나는 방법은 수중앵커에 놓일 때 요트와 관계있는 풍향에 의해 결정되어질 것이다. 바람이 빔 앞으로 분다면 메인세일만 올리거나 메인세일과 헤드세일을 함께 올리고, 바람이 빔 위나 뒤로 분다면 헤드세일만 올리고 떠난다. 자신이 취할 항로를 결정하고 장애물을 확인한 후 선원에게 알린다.

수중앵커에 놓여 있고 항해하길 원할 때 요트는 방향설정을 위한 동력을 줄 수 있으며,

풀리기 전에 요트의 한쪽을 따라 부표를 당김으로써 원하는 방향으로 회전할 수 있다. 이것은 요트를 앞으로 당기고 방향설정을 위한 동력을 만든다.

(4) 엔진 입 · 출항

동력을 올리고 바람이나 조수 방향으로 진입한다(더 강한 쪽으로). 자신이 정지하는 곳 넘어서 최대의 통제력을 줄 것이다. 어느 쪽이 더 강한지 확실하지 않으면 주변에 정박된 자신의 요트와 비슷한 유형의 다른 요트를 살펴본다. 다른 요트나 장애물에서 떨어져 코스를 계획하고 뜻밖의 상황에 대비해 빠져나갈 경로를 계획하여 선원에게 알리고 준비할 시간을 준다.

수중앵커를 떠날 때 바람이나 조수 중 더 강한 쪽으로 위치한다. 장애물 때문에 다른 코스로 조종할 필요가 없으면 그 나머지가 자신이 설정할 방향이다. 자신이 도착했을 때처럼 선원에게 준비를 하도록 알린다.

수중앵커를 떠날 때 앞 갑판 선원이 지휘에 따라 장치를 떨어뜨리도록 준비해야 한다. 걸림부표가 배에 있다면 그것의 밧줄을 풀고 밧줄걸이 둘레에 돌린다. 계선 밧줄이 부표나 체인에 묶여 있다면 배 양 끝으로 미끄럼밧줄처럼 다시 끌면 쉽게 풀리고 제거될 수 있다. 부표가 떨어지게 되면 선체에서 던져졌는지, 의도한 코스에서 멀어졌는지 확인하고 모든 밧줄을 전부 회수한다. 물에 끌리는 계선 예인줄은 용골이나 키 주변에 걸릴지도 모르니 주의해야 한다. 추진기에 뒤엉키면, 혼잡한 계선구역에서 오도 가도 못하게 될 수 있다.

7. 닻 내림 정박

확신을 가지고 손쉽게 닻을 내려 정박시키는 능력은 특히 선착장에서 먼 곳이나 알려진 항로가 아닌 경우 매우 중요하다. 닻을 내려 정박시키는 것은 수중앵커와 같은 외부 시설에 의지하지 않고 해저에 요트를 고정시키는 능력을 요트 조종자에게 제공하므로 크루징 선원이 익혀야 하는 기본적인 기술 중 하나이다. 크루징 요트조종자는 닻을 내리는 방법을 알아야 하며, 다양한 닻의 유형에 대한 장단점과, 닻을 효율적으로 활용하기 위해 필요한 장비에 대해 이해해야 한다.

1) 닻을 내려 정박시키는 이유

닻을 내려 정박시키는 것은 혼잡한 선착장에서 벗어나 느긋하게 정박하거나, 점심이나 수영하는 동안에 정지하기 위한 방법을 제공하고, 조수가 지나가길 기다리거나 안전한 곳에서 강풍을 견디기 위해 습득해야 하는 꼭 필요한 기술이다. 바람이 없는 날 엔진이 멈추게 되면 위험한 풍하쪽 해안으로부터 멀리 요트를 지킬 수 있으며, 위험 속에서 표류하는 것보다 위치를 유지하는 것이 유일한 방법이 될 수 있다.

2) 닻을 내리기 위한 장비

모든 요트는 체인이나 밧줄인 닻줄의 길이에 적당한 닻을 적이도 2개는 장비해야 한다. 닻을 선택하고 요트의 특성과 통상적으로 항해하는 지역의 특성에 따라 체인을 사용할지 밧줄을 사용할지 결정한다. 닻과 체인 공급업자는 스피네이커 요트의 규모와 무게에 알맞게 권할 것이며, 또한 숙련된 선원으로부터 조언을 구할 수 있다. 위험한 근해 항해를 위해 위험에 노출된 정박위치, 강한 조수, 또는 나쁜 날씨 상태인 경우 닻을 내려야 할 필요가 있을 것 같을 때 닻의 크기와 개수, 그리고 장치하는 닻줄을 늘리는 것이 현명하다.

연안 크루저요트에 대표적으로 설치되는 것은 선수 닻이라 불리는 주요 닻과 작은 닻(kedge)이라 불리는 더 가벼운 닻을 포함할 것이다. 작은 닻(kedge)은 좋은 날씨에서 잠깐 정지하거나 좌초된 후 사용된다. 선수 닻의 닻줄은 해저의 마찰을 잘 버티기 위해 닻과 밧줄 사이에 약간의 체인이 있는 밧줄이거나, 전부가 체인인 닻줄일 수 있다. 작은 닻은 대개 닻에 약간의 체인이 있는 — 약2m(6ft) — 전부가 밧줄인 닻줄을 갖추고 있다.

장거리 크루저요트는 닻을 내리는 다양한 상황에 대처하기 위해 더욱 견고한 닻과 닻줄을 장비해야 한다. 주요 선수 닻과 다른 해저 상태에 대처하기 위해 비슷한 무게지만 다른 유형의 보조 선수 닻, 작은 닻, 그리고 예외의 상황을 대비해 강한 폭풍용 닻의 4가지 닻이 대표적이다. 체인이나 밧줄을 선택하는 것은 필요할 때 깊은 바다에 닻을 내려야 하는지, 동시에 두 개 이상의 닻을 설치하여야 하는지 고려하여 장비되어질 것이다.

3) 닻 디자인

닻은 일부분이 분리될 수 있는 최고급의 피셔 맨(Fisherman's) 닻에서부터 브루스(Bruce)와 같이 날이 하나인 한쪽(one-piece) 닻까지 다양하다. 모든 닻은 해저에 가라앉도록 설계된 하나 이상의 닻혀(fluke)와 닻줄이 연결되는 닻채(shank)를 갖추고 있다. 단포스(Danforth)와 포트리스(Fortress)와 같은 납작한 형태의 닻은 2개의 크고 평평한 닻혀와 회전 닻채, 묘정(crown)에 설치되는 닻가지(stock)를 갖추고 있다. 쟁기 형태는 닻가지를 없애고 회전하거나 고정된 닻채를 갖추고 있다.

일부 최신형은 삽 모양으로 큰 하나의 닻혀와 고정된 닻채로 구성되어 있다. 이러한 디자인은 닻혀부분을 확대하고 해저에서의 각도를 조절하도록 설계된다.

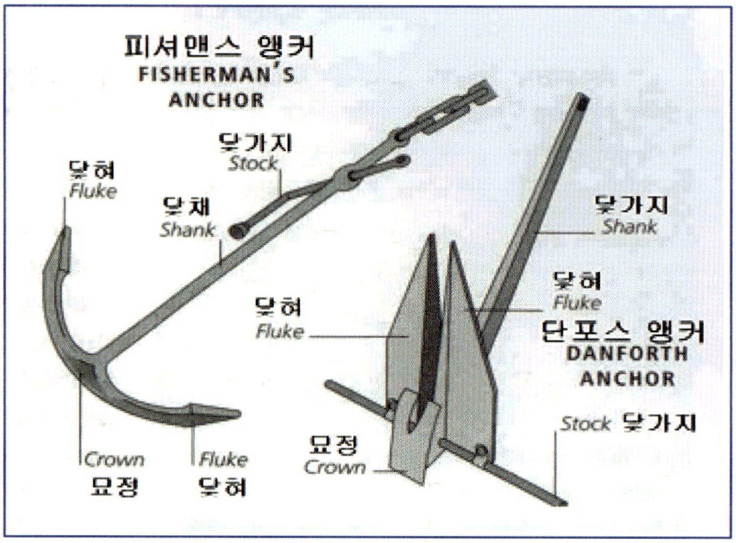

〈그림 6-6〉 닻의 명칭

(1) 닻을 내려 정박위치 선택하기

닻을 내려 정박할 위치를 선택할 때 바람과 파도를 피할 수 있는지, 자신이 정박할 주변의 현재 수심, 해저의 형태, 흔들리는 공간 그리고 세일이나 동력을 올리고 진입과 출발이 용이한지 고려해야 할 필요가 있다. 또한 정박의 실제적 문제를 고려해야 한다. 가급적 닻이 끌리면 바람과 조수가 해안에서 멀리 미는 곳에 닻을 내리도록 한다.

① 변화하는 상태

바람을 피해 닻을 내린 정박은 바람의 방향이 바뀌고, 정박위치가 위험에 노출되면 닻이 지지할 수 없게 된다. 조수의 흐름이 바뀌고, 바다의 상태에 변화가 일어나면 이와 같은 일이 발생한다. 닻을 내리기 전에 일기예보를 확인하고, 바람의 방향과 세기에 대한 어떤 예보된 변화를 고려한다. 어떤 변화가 자신의 정박 위치에 영향을 미칠 것인지 알기 위해 조수책자와 조석표를 참고한다. 얕은 바다에서 정박 중이라면, 간조일 때 자신의 요트가 떠 있을 수 있는 충분한 수심인지, 언제라도 안전하게 떠날 수 있는지 확인한다.

② 해저의 유형

해도나 해저의 유형이 설명된 현지 항해방침을 확인한다. 바위 풀 또는 얇은 모래로 덮인 산호가 있는 곳에 닻을 내려 정박할 때는 단단히 고정되지 않기 때문에 주의한다. 아주 부드러운 진흙 또한 진흙을 그냥 통과하여 당겨질 것 같기 때문에 단단히 고정되지 않는다. 가능한 단단히 잘 고정되는 모래나 단단한 진흙이 있는 곳에 닻을 내리도록 한다. 표류물, 불결한 지역, 또는 수중에 닻줄이 있는 곳 가까이는 피한다.

③ 다른 요트

닻을 내려 정박하기 전에 이미 다른 요트가 정박되어 있는지, 그들의 정박위치와 같은지, 그리고 선택한 지점에 진입하고 떠날 수 있는 항로인지 고려한다. 자신의 요트와 다른 요트 사이에 공간을 충분히 두고, 바람과 조수의 방향이 바뀌면, 다른 요트에서 멀리 떨어진 충분한 공간으로 떠난다. 바람과 조수의 영향에 같은 방법으로 반응할 수 있으므로 유사한 유형과 규모의 요트 근처에 닻을 내리도록 한다. 자신의 요트가 이미 정박해 있던 다른 요트와 충돌한다면 다른 지점으로 이동해야 할 책임이 있는 것을 명심한다.

④ 도착과 출발

바람과 조수의 가장 강한 힘으로 위치하여 수중앵커에 도착하고 떠날 때 설명한 기술은 수중앵커에 정확하게 정지할 필요가 없는 것은 제외하고 닻을 내려 정박할 때도 똑같이 적용된다. 여하튼 세일이 해저에 내려지기 전에 요트가 정지하였는지 확실히 하는 것이 중요하며, 그리고 나서 밖으로 내 놓은 닻줄이 길이가 완전히 내려졌을 때 천천히 뒤를 향해 이동한다. 이는 닻의 꼭대기에 닻줄이 뒤얽히는 것을 방지한다. 동력을 올리고 도착할 때 자신이 선택한 지점으로 속도를 늦추고 정지하는 것은 간단한 일이며, 그리고 나서 닻을 내릴 때 닻줄을 준비하도록 천천히 후진한다. 세일을 올리고 도착할 때 또한 가장 강한 힘으로 진입해야 하며, 메인세일이나 헤드세일만 올린다. 닻을 내릴 지역에 천천히 항해하려고 노력하고 닻을 내리기 전에 요트를 정지한다. 그리고 요트가 닻에서 멀리 뒤를 향해 표류하도록 세일을 내린다.

세일을 올리고 떠날 때 추진력은 요트가 닻에 의해 멈춰지도록 한다. 바람이 빔의 뒤에서 불면, 헤드세일을 올리기 전에 닻을 올리고, 닻과 닻줄을 치우는 동안 천천히 항해한다. 그리고 빔의 앞에서 바람이 불면, 닻과 닻줄을 치울 동안 메인세일을 올리고 천천히 멀리 항해한다.

⑤ 닻 내리기

선택한 지점으로 마지막 진입 전에 닻과 닻줄을 준비한다. 선수 롤러에 넣은 닻으로 매듭이나 고정 핀을 풀고 닻과 닻줄의 연결상태를 확인한다. 또한 준비하기 전에 닻을 떨어뜨릴 수 없음을 명심한다. 초음파 측심장치로 수심을 확인하고 필요한 닻줄의 수를 계산한다. 파손 없이 작동하도록 준비하기 위해 갑판에서 당겨져야 하며, 밧줄걸이에 고정한다. 닻줄은 미리 어림한 간격으로 페인트칠되어 있거나 닻줄 매듭을 유색으로 하여 어느 정도 배치되었는지 쉽게 볼 수 있도록 한다.

요트가 선택한 지점에 도착하고 정지했을 때, 또는 선미로 이동 중일 때 작동하라고 지시한다. 닻은 통제하에 수중으로 내려져야 하며, 닻줄은 닻이 해저에 닿을 때까지 떨어지도록 한다. 요트가 닻에서 멀리 떠밀릴 때, 닻줄의 나머지를 풀고 닻을 설치하기 위해 팽팽하게 한다.

닻을 설치하는 더 나은 방법은 닻줄을 안전하게 고정하고 후진 엔진 동력을 쓰는 것이다. 닻이 고정되거나, 끌리는지 보기 위해 요트를 옆으로 대고 닻줄, 해안, 바다를 지켜본다. 정확하게 설치된 닻은 대부분의 크루저요트에서 역추진을 견딜 수 있다.

또한 닻줄을 발이나 손으로 잡아 고정시키고 있는지 확인한다. 어떤 진동이나 덜컥임을 느낀다면 닻이 해저에 끌리고 있다고 생각한다.

닻이 설치되었을 때 요트가 끌리지 않는지 확인하기 위해 해안의 둘 이상의 지점에 베어링(bearing)을 택한다. 이러한 방위를 규칙적인 간격으로 재확인한다. 닻이 끌리면 닻줄을 더 늘리고 설치 과정을 반복한다. 그래도 효과가 없으면 닻의 무게를 늘리고, 다른 지점에서 시도한다.

(2) 닻의 무게

닻에 무게를 주는데 용이함은 닻과 닻줄의 무게, 수심, 바람과 바다 상태, 그리고 선원이나 닻 권양기의 힘에 따라 다르다. 첫 단계는 요트를 닻 위로 옮기는 것이다. 작은 요트나 좋은 상태인 경우 닻줄을 당겨 할 수 있지만, 큰 요트나 심한 상태인 경우 엔진이나 세일 도움이 필요할 것이다. 한명의 선원이 조종석에서 볼 수 없는 키잡이에게 닻줄의 방향을 알려줘야 한다. 요트가 닻의 위에 있을 때, 그 선원은 꺼낼 준비를 하기 위해 선장에게 알려야 한다. 닻 위에 요트를 정지하고 닻을 꺼낼 때까지 닻줄을 손이나 권양기로 올린다.

다른 방법은 닻줄을 걸고 닻을 꺼내기 위해 엔진을 사용하는 것이다. 닻을 꺼내면 선원이 닻과 닻줄을 치우는 앞 갑판까지 천천히 이동한다. 닻이 손이나 권양기로 꺼내질 수 없으면 가능한 팽팽하게 닻줄을 잡아당겨야 할지도 모른다. 그리고 나서 고정시키고, 닻을 꺼내기 위해 엔진이나 세일 힘을 사용한다. 최선의 방법은 서서히 선미로 가는 것이며, 닻을 꺼낼 때까지 동력을 증가시킨다.

선수나 선체에 손상을 입힐지도 모르므로 닻줄 또는 앞으로 이동하지 않으며, 당기는 방향은 닻채 쪽으로 향해질 것이다.

① 두 개의 닻 내리기

예보된 나쁜 날씨에 대비해 별도의 안전성을 높이도록 2개의 닻을 내린다. 1개 닻줄에 일렬로 내리거나 두 개의 닻줄에 서로 30~45도 각도로 내린다. 이러한 기술은 특히 거친 날씨가 예상되었을 때 유용하다. 조수가 바뀔 때 멀리 흔들리는 요트를 정지하고자 한다면 요트의 선수와 선미에 2개의 닻을 내린다. 이렇게 하기 위해 주요 닻을 내리고 필요한 만큼 두 번째 닻줄의 길이를 풀 동안 요트를 후진한다. 두 번째 닻을 선수에서 내리고, 두 개의 닻 중간에 요트가 위치하도록 작은 닻 닻줄을 늘리는 동안 주요 닻줄을 당긴다. 고리로 두 개의 닻줄을 연결하고 요트의 용골 아래에 그 연결부분이 내려지도록 두 개의 닻줄 모두 늘린다. 둘 다 고리에 고정시킨다.

주기적 방향으로 되돌아오는 조수가 있는 해협이나, 매우 제한된 정박위치에서 위치를 유지하고자 한다면 두 개의 닻을 내리거나, 선미에 작은 닻 닻줄을 끌리게 한다.

② 권양기(windlass) 사용

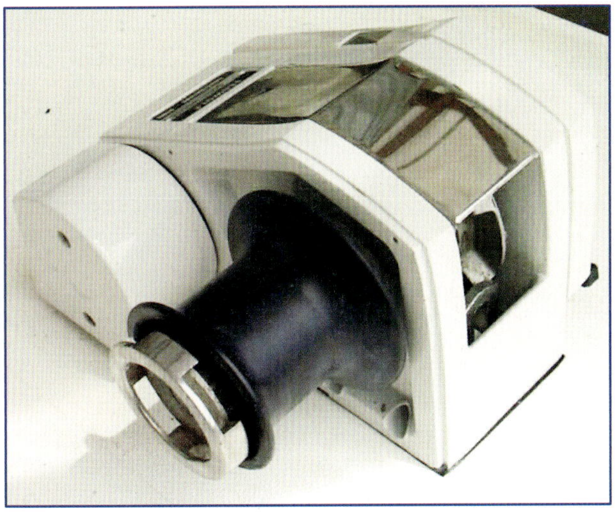
〈그림 6-7〉 권양기

권양기는 닻 체인을 잡기 위해 설계된 수평이나 수직의 원통으로 된 강한 윈치이다. 또한 일부 모델은 밧줄을 감아올리도록 매끄러운 원통으로 이루어져 있다. 권양기는 닻줄을 통제하에 당기거나 늘릴 수 있으며, 또한 자동으로 작동할 수도 있다. 닻의 체인은 선수 롤러에서부터 권양기까지 이어지며, 원통 위와 갑판을 지나 체인 로커를 통하는 체인파이프 아래까지 이어진다. 많은 권양기는 체인이나 밧줄, 닻

줄을 조종할 수 있지만, 체인만이 무게로 인해 로커에 자동으로 실어진다.

권양기는 수동과 전력이나 수력의 모델 모두에 이용할 수 있다. 전동식 버전은 정전인 경우 수동 설치를 갖추고 있다. 전력 권양기가 일반적이고 매우 유용하지만, 많은 배터리 동력을 필요로 한다. 권양기를 사용하기 전에 권양기가 사용될 때, 발전기에 배터리가 보충될 수 있도록 엔진을 시동한다.

닻을 내리는 장비로 작업할 때는 주의한다. 무겁기 때문에 장비를 주의해서 다루고, 좋은 갑판용 신발을 신고, 안전한 복장을 갖추고, 장치를 건드릴 수 있는 곳에 서 있지 않는다.

Chapter

7

요트항해의 고급기술

요트항해입문

요트항해의 고급기술 제7장

1. 세일의 균형

범선의 균형을 유지하는 것은 딩기(dinghy)에서와 마찬가지로 크루저요트(cruiser)에서도 중요하다. 딩기가 균형을 잃으면 요트는 기울고, 속도가 느려지며, 풍상이나 풍하로 향하려는 경향(weather or lee helm)이 더 나타나기 때문에 금방 알 수 있다. 크루저요트에서도 똑같이 발생하지민, 딩기보다 근 규모와 무게로 인해 상대적으로 반응이 느려서, 균형을 잘 이루지 못할 때를 분간하기 어려울지도 모른다. 모든 상황에 대한 최상의 세일의 균형상태를 이해하기 위해 자신의 요트에 대해 알아야 한다.

1) 요트 튜닝

많은 크루저요트 선원은 요트 튜닝이 레이싱 선원에게만 흥미로운 것이라고 생각한다. 그러나 튜닝이 잘된 크루저요트는 튜닝하지 않은 요트보다 더 빠르고, 덜 기울며, 항해장비와 세일이 조화롭게 작동하게 해주며 훨씬 더 적게 풍상으로 향하려는 경향(weather helm)을 나타낸다. 최대속력이 크루저요트 선원의 주목적이 아니라고 할지라도 이러한 기능의 향상은 크루저요트를 보다 빠르고, 편안하게 항해하도록 만들 것이다. 크루저요트의 항해장비와 세일은 딩기를 튜닝하는데 적용하는 것과 같은 원리로 튜닝된다. 자신의 요트를 튜닝하는데 어려움을 겪고 있다면, 세일제작자(sailmaker)에게 요청하여 돛대의 기울기(mast rake), 세일의 형태 등의 조정에 대한 조언을 구하는 것이 좋다.

2) 풍상과 풍하로 향하려는 힘

대부분의 요트는 어느 정도 풍상으로 향하려는 힘이 작용하지만, 코스를 유지하기 위해 키를 큰 각도로 변경하여서는 절대 안 된다. 마찬가지로, 풍하로 향하려는 힘(lee helm)도 코스를 유지하기가 아주 어렵기 때문에 허용되지 않는다. 요트가 풍하로 향하려는 경향이 있고, 핸들이나 키 손잡이가 어떤 이유로 풀어져, 요트가 진로를 바꾸어 항해하게 되면, 정면으로 향하여 제대로 정지하는 것보다 속력이 빨라진다. 이것은 사고의 원인이 될 수 있으며 피해야 한다.

풍력 3~4의 미풍에서 세일을 활짝 펴고 항해하는(close-hauled) 코스를 시도해라. 적당히 바람이 불어오는 쪽으로 항해하고, 풍상으로 향하려는 경향을 줄여야 한다. 너무 풍상으로 향하려 하거나, 풍하로 향하려고 한다면, 원하는 균형을 이루기 위해 요트를 튜닝해야 한다.

3) 회전력

크루저요트의 세일은 딩기에서와 마찬가지로 정확하게 같은 회전력을 일으키지만, 대부분의 크루저요트 선원은 그러한 회전력을 사용(또는 참작)하지 못한다. 오로지 요트를 회전하는데 키만 의지한다. 이는 강한 바람이 불 경우 통제력을 상실할 수 있으므로 코스를 변경할 때 도움이 되는 세일의 사용법을 항상 상기해야 한다. 특히 강한 바람 속에서 코스를 변경할 때 중요하다.

4) 해상정지

크루저요트에서 해상 정지하는 절차는 딩기요트와 비슷하다. 즉, 헤드세일 또는 헤드세일에 연결된 조종줄을 만지지 않고 메인세일을 조정한다. 마지막으로 키를 리웨이로 고정시키는 것이다. 이러한 배열은 세일과 키 활동의 균형을 유지하는 것이다. 전통적으로 롱 킬을 사용하는 요트는 선수의 45°와 60° 사이의 바람에서 히빙을 아주 잘 한다. 낮은 선체와 짧은 킬의 신식 크루저 요트는 항상 히빙을 하지 않지만 60°에서 순풍을 받아 히빙을 할 수 있어야 한다. 여러 종류의 메인세일과 키의 위치를 변경해 보며 경험해 본다. 일반적인 세일의 배치는 메인세일은 약간 느슨하게 풀고 키를 리웨이쪽으로 고정하고 지브를 역풍에 둔다. 만일 요트가 바람의 영향을 받지 못한다면 더 작은 세일을 사용한다.

〈그림 7-1〉 해상정지(Heaving-to)

해상정지는 크루저요트 항해에서 매우 유용한 기술이 될 수 있다. 안락한 상황에서 음식을 준비하고 먹기 위해서 요트를 정지시키거나 바람의 세기가 강해지면서 축범하고자 할 때 해상정지를 사용할 수 있다. 해상정지는 또한 악천후를 이겨낼 수 있는 방법이 되곤 한다.

2. 세일줄임

모든 범선에는 각각에 적정한 동력을 제공할 수 있는 요트의 일정한 바람의 세기가 있다. 적정 풍속을 초과하면, 요트는 과부하상태가 되어 지나치게 기울고, 느려지며, 조종하기 더 어렵게 된다. 이러한 과부하가 발생하는 풍속은 요트의 유형, 크기, 항해장비 그리고 킬의 형태 등에 따라 다르다. 또한 바다의 상태와 기온에 따라서도 다르다. 차가운 공기는 더 무겁고, 세일에 더 강한 힘을 가하며, 거친 물결은 요트의 방향을 돌리거나 조종하는 것을 더 어렵게 만든다.

1) 자신의 요트에 대해 이해해라

초보자는 기울어진 요트는 갑판에 물살이 많이 튀지만, 똑바로 선 요트보다 빠르게 항해한다고 생각한다. 사실, 대부분의 현대식 요트는 가급적 똑바로 서서 항해하더라도 빠르며, 너무 많이 기울어지면 느려진다. 지나친 기울기는 또한 조종하기 어렵게 만들며, 어떤 요트는 풍상으로 향하려는 경향이 증가하여 조종이 어려워지거나 코스를 유지하는 것이 불가능할 수도 있다.

요트가 많이 기울었을 때 대처할 수 있는 방법은 선체의 형태에 달려 있다. 상대적으로 폭이 좁고 긴 킬이 있는 무거운 요트는 어느 정도 기울어져 풍상으로 항해하며, 수평을 유지하는 것이 편안할 것이다. 한편, 최근 대량생산된 크루저요트의 대다수는 상대적으로 폭이 넓고 가볍게 설계되어 있어서, 훨씬 더 똑바로 항해할 수 있다. 이러한 요트는 기울기가 약 20° 이상이 되면 점점 불안해지게 되므로 전통적인 요트보다 더 일찍 세일을 줄이는 것이 중요하다. 요트가 어려움에 처하기 전에 미리 세일을 줄일 수 있도록 요트의 특성과 악천후에서 어떻게 작동하는지 사전에 익숙해지도록 연습하여야 한다.

2) 일찍 세일을 줄여라

메인세일(mainsail)을 줄이거나 더 작은 헤드세일(head sail)로 변경하기에 가장 좋은 시간은 자신의 정박위치를 떠나기 전이다. 어떠한 항해든 반드시 출발 전에 기상예보를 입수

해야 한다는 것을 기억하여야 한다. 요트의 세일을 줄여야 할지 결정하기 어려운 상황이라고 여겨지면, 바다에서 상황이 발생할 때까지 기다리는 것보다 항구를 떠나기 전에 세일을 줄이는 것이 좋은 요트조종술이다.

요트가 기울어지고 거친 바다에서 앞뒤로 흔들릴 때보다, 안전한 바다에 있을 때 세일을 줄이는 것이 훨씬 더 쉽다. 공해에 도착했을 때 상황이 생각했던 만큼 나쁘지 않으면, 항구를 떠나자마자 바람과 고투하면서 세일줄임을 실행하는 것이 더욱 쉬운 것이다.

항해중일 경우에 바람이 강해지기 시작했다면, 신속하게 세일을 줄이거나 작은 헤드세일을 변경한다. 시간을 지체하여 상황이 악화되기 전에 신속하게 판단하고 행동하는 것이 중요하다.

일찍 세일을 줄여야 하는 또다른 경우는 밤이 되고 상태가 나빠질 것이라고 의심될 때이다. 이 경우 어둠 속에서 작업이 용이하지 않으므로 낮에 세일을 줄여야 한다.

3) 균형유지

세일을 줄여야 할 필요가 있을 때 메인세일과 헤드세일(jib)의 균형을 유지하면서 작업하는 것이 중요하다.

대부분 범선의 중심점은 돛대 바로 뒤에 있으며 자신이 가늠하여 서로 비례하도록 돛대 앞과 뒤에서 세일을 줄여야 한다. 헤드세일이 메인세일에 비례하여 너무 많이 줄여졌다면 전체세일(sail plan)은 균형을 이루지 못하며, 요트가 풍상으로 향하려는 경향이 많이 나타나고 바람을 향해 회전하기 쉽다. 메인세일이 헤드세일에 비례하여 너무 많이 줄여졌다면, 반대로 요트가 풍하로 향하려는 경향이 나타나고, 바람에서 멀리 회전하려 한다.

대부분의 요트는 요트가 과도한 압력을 받고 있을 때 헤드세일을 첫 번째로 줄일 때 가장 잘 조종된다. 바람이 계속 증가한다면, 메인세일로 두 번째 세일줄임을 만드는 것이다. 두 세일을 필요한 만큼 계속 줄이고, 바람이 증가할 때마다 두 세일 사이의 균형을 계속 유지한다.

4) 태풍용 세일(storm sail)

크루저요트는 통상적인 세일로는 한계인 상황일 때 사용될 수 있도록 별도의 태풍용 세일이 탑재되어야 한다. 태풍용세일은 통상적인 세일보다 더 작고 단단하며, 보강재와 솔기박음질이 추가된 무거운 범포(높은 가시성을 위해 보통 오렌지색)로 제조된다.

트라이세일(try sail)이라 불리는 작은 악천후용 세일은 붐(boom)에 있는 메인세일의 자리에 설치한다. 트라이세일은 보통 각각 1/4 블록에 연결되는 2개의 조종줄(sheet)로 아래쪽에 헐겁게 설치한다. 작은 태풍용 세일은 앞쪽스테이(forestay) 또는 훨링기어가 있는 헤드세일이 있는 요트, 앞쪽스테이에 감긴 헤드세일의 바로 뒤 특별히 장치된 스테이(stay) 위에 설치한다. 모든 작업을 확인하기 위해 고요한 상황에서 트라이 세일과 태풍용 세일을 설치하고, 강풍-또는 폭풍-급의 바람에서 본격적으로 트라이세일과 태풍용 세일을 이용하기 전에 어떻게 효율적으로 설치하는지 이해해야 한다.

〈그림 7-2〉 태풍용 세일

5) 헤드세일의 세일줄임

헤드세일의 면적을 어느 정도 줄여야 하는지는 자신의 요트에 장치된 헤드세일 시스템의 유형에 달려 있다. 훨링기어를 이용한 헤드세일이면 조종줄을 넉넉하게 하고 감긴 밧줄을 당겨 세일을 약간 말면 된다. 충분하게 세일이 말아졌을 때, 감긴 밧줄은 밧줄걸이에 고정시키고 세일을 다시 편다. 이러한 시스템의 주요 문제는 한 번에 말아져서 잘 고정되기가 드물다는 것이다. 훨링기어를 이용한 헤드세일은 경사도(필요한 것의 반대인)를 높이는 자루모양의 형태를 띠며, 풍상으로 항해할 때에는 비능률적이다. 그럼에도 불구하고 많은 연안의 크루저요트 선원은 앞쪽스테이에서 세일을 줄이고 감을 수 있는 편리함 때문에 이러한 장비를 선택한다.

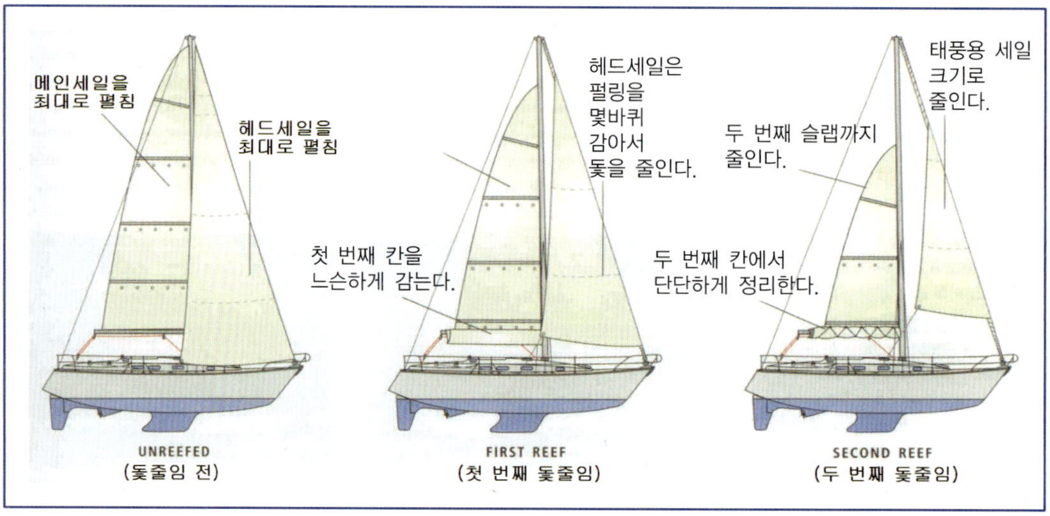

〈그림 7-3〉 세일의 축소

6) 헤드세일 변경하기

펄링기어를 이용한 세일 줄임 시스템의 대안은 상이한 바람의 세기에 적합한 다양한 크기의 헤드세일을 여럿 준비하는 것이다. 각각의 헤드세일은 사용할 때 앞쪽스테이에 설치한다. 멀리 항해할 계획이라면, 또는 정기적으로 악천후에 대처해야 한다고 예상되면, 이러한 시스템은 간편하고, 효율적이며, 기어고장이 덜한 이점을 제공한다. 펄링기어가 달린 헤드세일을 변경하기 위해 전에 설치한 세일은 내리고, 앞쪽 스테이에서 크리트를 푼다. 그리고 조종줄은 돛귀(clew)에서 제거한다. 예전 세일은 가방에 넣어 아래로 옮기고, 새 세일을 표준방법대로 붙이고 올린다.

클리트에 달린 헤드세일의 변경에는 최소한 한 명의 선원이 필요하다. 그러나 앞 갑판에서 작업하면, 물에 젖게 되고, 악천후에서는 꽤 세차게 움직이게 되므로, 두 명의 선원이 함께 작업하는 것이 보다 효율적이다. 한 명이 앞쪽스테이에서 작업할 동안 다른 한 명은 돛대에서 마룻줄(halyard)을 조종하고, 조종줄을 변경하는 작업을 한다.

헤드세일을 변경해야 할 필요가 있을 때 풍상으로 항해하고 있다면, 누군가를 앞으로 보내기 전에 그 작업을 쉽게 하기 위해 요트의 속력을 늦춰야 한다. 이것은 세일을 넉넉하게 하고, 끌어올리거나, 풍하로 코스를 변경함으로써 할 수 있으며, 요트를 똑바로 세우고 바람(apparent wind)의 세기를 줄인다. 앞으로 가는 선원은 항상 풍상쪽 옆 갑판을 따라 이동해야 하고 꽉 잡아야 한다. 세일가방은 들고 나르는 것보다 끌어서 나르고, 그 작업을 시작하기 전에 안전하게 준비를 단단히 해야 한다.

7) 메인세일의 슬랩(slab)세일 줄임

슬랩세일 줄임은 요트의 공통적인 시스템이다. 세일 줄임 기어가 적당하게 설치되어 있다면 세일 줄임은 빠르고 쉬워질 것이다. 많은 요트에서 세일 줄임은 조타석에서부터 실행될 수 있다. 이 경우, 각각의 세일 줄임에는 조타석 위치에 되돌아오게 끄는 세일의 앞부분 가장자리(luff)와 세일의 뒷부분 가장자리(leech) 세일 줄임 밧줄이 있다. 일부 시스템에서 하나의 밧줄 시스템은 첫 번째와 두 번째 세일 줄임에 사용된다. 이러한 시스템은 붐(boom) 내부 조절도구에 세일의 앞부분 가장자리와 세일의 뒷부분 가장자리 밧줄을 연결한다. 둘다 하나의 밧줄을 조절하여 꽉 죄어지거나 풀어진다.

(1) 우선, 메인세일에서 바람을 빼기 위해 메인세일 조종줄(mainsheet)을 헐겁게 한다. 그리고 붐 뱅(boom vang)을 느슨하게 한다. 붐을 안전하게 지탱할 고체의 뱅(vang)이 아니라면, 위쪽 리프트(lift)에 붐의 무게를 준다.

(2) 붐 정도로 첫 번째 세일 줄임을 내리기 위해 마룻줄을 넉넉하게 한다. 세일 줄임 밧줄을 이용하거나, 구즈넥(gooseneck)에서 수양의 뿔나팔 아래에 걸어 붐에 세일의 앞부분 가장자리 세일 줄임 밧줄구멍을 끌어 내리고, 마룻줄을 꽉 죄인다.

(3) 붐 끝부분 앞으로 세일의 뒷부분 가장자리 밧줄구멍을 당기기 위해 세일의 뒷부분 가장자리 세일 줄임 밧줄을 단단히 당긴다. 이 일을 하는 동안 세일에 바람이 없어야 하며, 뱅(vang)은 느슨해야 하나 세일이 찢어질 수 있다.

(4) 붐에 세일 줄임 밧줄구멍이 단단하게 당겨질 때까지 세일의 뒷부분 가장자리 세일 줄임 밧줄로 감아올린다. 꼭대기 리프트를 풀고, 메인세일 조종줄을 조절하며, 뱅(vang)을 묶는다. 마룻줄이 충분히 팽팽한지 확인한다.

(5) 이제 붐의 길이를 따라 치렁치렁한 세일의 주름이 남아 있다. 이것은 그냥 두거나, 단정하게 말아 정돈될 수 있고, 뒷부분 가장자리에서 앞부분 가장자리까지 세일 줄임 밧줄구멍을 지나 끈으로 묶어 고정시킬 수 있다.

〈그림 7-4〉 슬랩 세일 줄임

8) 메인세일의 세일 줄임

메인세일은 바람이 전혀 없을 때부터 강렬한 강풍에 이르기까지 광범위한 상황에서 보다 효율적으로 작업되어야 한다. 이는 바람의 세기가 증가할 때 세일 줄임을 함으로써 이루어진다. 슬랩 세일 줄임인 현대식 요트에서 가장 인기 있는 세일 줄임 시스템이 상당수 있다. 하나의 대안은 메인세일이 붐 둘레에 말려지거나, 세일이 품 안쪽 튜브 둘레에 말려지는 최신 버전의 롤러 세일 줄임 시스템이다. 또 다른 시스템은 세일이 돛대 안쪽 튜브 둘레에 말려지는 마스트 내부 롤러 세일 줄임이다. 이때 메인세일은 붐의 꼭대기에 붙여진 돛귀로 아래쪽이 헐겁게 된다. 메인세일은 누름대가 필요하지 않도록 오목한 세일의 뒷부분 가장자리로 줄여진다.

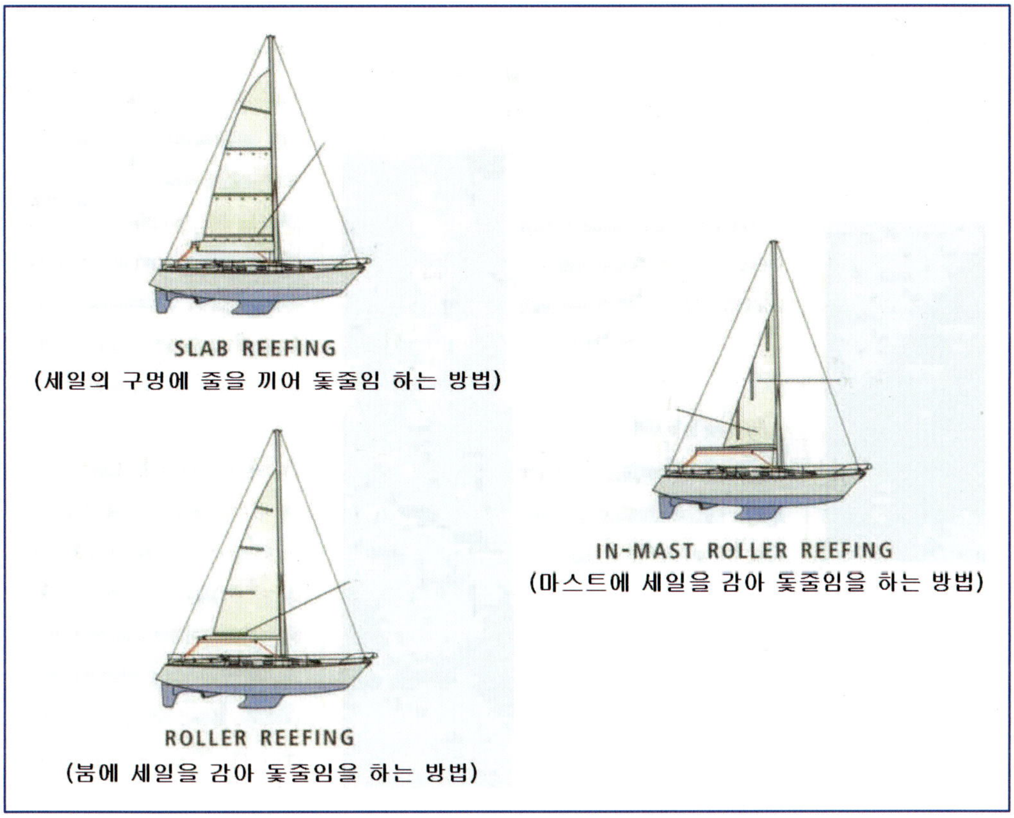

〈그림 7-5〉 세일줄임의 방법

3. 세일의 확장

현대식 버뮤단 슬루프(Bermudan sloop)는 풍상을 향한 가장 효율적인 항해장비지만, 가볍고 알맞은 미풍에서는 풍하로 힘이 밀리는 경향이 있다. 이러한 상황에서는 적당한 성능을 유지하도록 세일의 면적을 확대하는 것이 필요하다. 이것은 전통적인 스피네이커(spinnaker)나 아시메트릭 스피네이커, 그리고 제네이커(gennker)와 같이 특별한 풍하용 세일을 올려 항해할 수 있다.

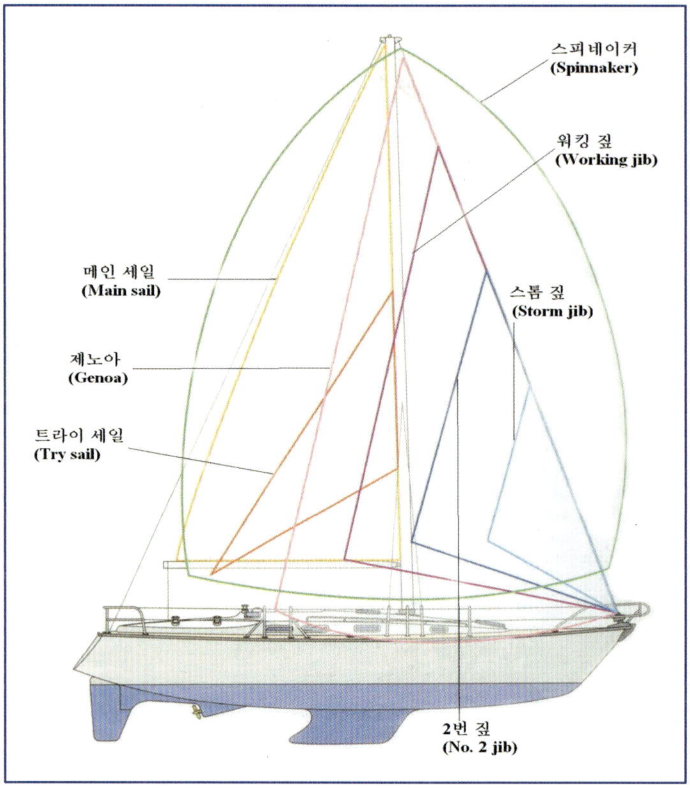

〈그림 7-6〉 세일의 종류

1) 풍하로의 항해

가볍고 적당한 미풍이 불 때 현대식 버뮤단 항해장비는 풍하로 향한 항해에는 효율적이지 않다. 사실, 가프형 범장의 크루저요트가 돛대의 높이에 비해 세일이 더 높이 올려지기 때문에 풍하로 향한 코스와 리칭(reaching) 코스에서도 보다 잘 작동한다. 버뮤단 항해장비가 풍상으로 향한 코스에는 가장 효율적이긴 하지만, 풍하에서도 성능을 향상시키기 위해 여러 가지 용도에 맞추어 다양한 세일을 사용한다.

(1) 스피네이커

스피네이커는 버뮤단식 범장의 경기용 요트와 많은 크루저요트에 사용되는 전통적인 실바람, 풍하에서 사용하는 세일이다. 본질적으로는 딩기나 작은 킬요트(keel boat)의 스피네이커와 같지만, 더 크고, 더 강하며, 무거운 범포로 제조되었다. 세일의 형태, 범포 무게,

경기용 또는 순항용 세일인지에 따른 요트 유형별로 다른 제조방법, 세일이 사용되어질 바람의 세기 등에 있어 변동이 있다. 많은 크루저요트는 하나의 다목적기능 스피네이커(보통 삼각 방사형 세일)를 준비하고, 한 침로로 항해할 때나 바람을 등지고 범주(running)할 때 이용된다. 가볍게 풍상으로 향하기 위해 몇몇 크루저요트는 더 가벼운 방사형 헤드세일을 준비한다. 크루저요트경기자는 다양한 바람의 세기에서 바람을 등지고 범주하거나 한 침로로 항해하기 위해 여러 가지 다른 스피네이커를 준비한다. 이러한 세일은 최대의 바람의 세기로 항해하기 위해 설치되며, 값비싼 수리를 피하기 위해 바람의 세기에 맞는 세일의 선택에 주의해야 한다.

(2) 아시메트릭 스피네이커

일부 현대식 빠른 크루저요트는 고성능 딩기와 작은 킬선의 본을 따서 스피네이커를 사용한다. 아시메트릭 스피네이커는 스피네이커 기둥을 사용하지 않지만, 선수 앞에 세일의 택을 유지하기 위해 선수활대(bowsprit)[4]가 필요하다.

선수활대는 보통 조종 밧줄에 의해 확장되고 수축된다. 기둥이 부족하면 전통적인 스피네이커보다 훨씬 이용하기 쉬운 아시메트릭 스피네이커를 만든다. 아시메트릭 스피네이커는 헤드세일처럼 두개의 조종줄을 이용하지만, 늘어진 조종줄은 스테이와 돛대 사이보다 앞쪽 스테이 주위에 끌린다.

아시메트릭 스피네이커는 바람을 옆으로 똑바로 받아 범주(beam reach)하거나 뒤로 비스듬하게 바람을 막아 범주(broad reach)할 때는 효율적이지만, 메인세일의 무풍지대 안으로

〈그림 7-7〉 아시메트릭

〈그림 7-8〉 선수활대의 모습

4) 가벼움을 위해 카본섬유로 제조

떨어지기 때문에 전력 질주시에는 비효율적이다. 아시메트릭 스피네이커를 사용하는 크루저요트경기자들에게 풍하로 향한 항해는 쉽지 않다. 가벼운 무게와 서핑 능력은 자이빙(gybing)시 스피네이커와 폴에서보다 훨씬 쉽기 때문에 뒤로 비스듬하게 바람을 막아 범주하는 연속시합에서 풍하로 향한 항해를 훨씬 더 효과적으로 만든다.

(3) 제네이커(gennaker)

제네이커는 스피네이커 폴을 사용하지 않으며, 헤드세일과 같은 방법으로 펼쳐진다. 보통 크거나 단단하지 않지만, 선수활대(bowsprit)보다 선수 장치 택에 붙여진다. 그러나 제네이커는 메인 세일 뒤에 가려 바람을 막게 되어 전력 질주시 비효율적이다. 이를 극복하려면 제네이커의 돛귀는 기둥과 함께 풍상을 향해 유지되어야 한다.

〈그림 7-9〉 제네이커

(4) 리처(reacher)

리처 세일은 크로스 리치와 브로드 리치 사이의 코스에서 이용되도록 가볍게 설계되었다. 헤드세일과 제노아(genoa)는 주로 풍하를 향한 코스에서 좋은 성능을 위해 설계되었고, 특히 가벼운 바람에서 항해하는 코스에는 비효율적이다. 비교해보면 리처 세일은 보통 매우 가벼운 범포로 제조되며, 바람을 가득 안은 형태이다. 보통 세일의 앞부분 가장자리는 헐겁고, 윗부분(마룻줄에)과 택(선수에)으로만 붙여지지만, 앞쪽 스테이에서 고리로 달리는 버전은 조종하기 더 쉬워질 수 있다. 전통적인 스피네이커는 한 침로로 항해하는 코스에 이용될 수 있지만 조종하기 어렵고, 바람을 옆으로 똑바로 받아 범주하는 것 이상으로 달릴 수 없으며, 단지 가벼운 바람에서만 사용할 수 있다. 아시메트릭 스피네이커는 한 침로 항해에서 더 쉽게 달릴 수 있으며, 대부분의 크루저요트를 만족시키지만, 전문적 리쳐 세일은 여전히 장거리 크루저요트를 위한 좋은 추가적인 세일이 될 수 있다.

(5) 기타 종류별 세일의 선택

비록 버뮤단 슬루프가 가장 일반적인 항해장비이지만, 다른 항해장비 또한 가벼운 바람에서 세일의 면적을 확대할 수 있다. 가프형 범장의 크루저요트는 종종 메인세일보다 위로 중간세일(topsail)을 올리고, 가벼운 무게의 리처를 올릴 수도 있다. 쌍돛대 범선(ketch), 욜

(yawl)과 스쿠너선(schooner)은 여러 가지의 세일을 올리기 위해 두 개의 돛대를 이용하고, 스피네이커, 아시메트릭 스피네이커, 또는 선수에 리처 세일을 추가하여 두 개의 돛대 사이에 세일을 장치한다.

2) 부수적인 장비

(1) 스피네이커 장비

전통적인 스피네이커는 돛대 위 받침대(bracker)의 스피네이커 폴에 설치한다. 폴의 바깥쪽 끝의 높이는 올림밧줄(uphaul)과 내림줄(downhaul) 또는 올림줄과 앞쪽 당김줄(foreguy)에 의해 조절된다.

스피네이커는 돛귀에 달린 조종줄과 택에 달린 당김줄(guy)에 의해 조절되고, 당김밧줄은 스피네이커 기둥의 끝을 지나서 끌리고, 얼마나 멀리 기둥 앞 또는 뒤에 설치하는지를 조절한다. 작은 크루저요트를 제외하고 한 쌍의 조종줄과 당김밧줄은 양쪽에서 한 쌍의 범장으로 이용된다. 풍상을 향한 당김밧줄은 택에서부터 기둥 끝과 조종석 앞쪽 블록을 지나 윈치(winch)까지 끈다. 풍하를 향한 조종줄은 돛귀에서부터 선미에 있는 블록을 지나고 윈치 위까지 끈다.

(2) 아시메트릭과 제네이커 장비

아시메트릭 스피네이커나 제네이커에 필요한 장비는 전통적인 스피네이커보다 훨씬 간단하다. 아시메트릭 스피네이커는 가장 간단한 시스템을 필요로 한다. 세일의 택은 헤드세일의 택 장치 또는 선수 장치 위의 닻 올림장치의 도르래줄에 의해 달려진다. 도르래줄의 한쪽 끝은 아시메트릭 스피네이커의 택에 묶이거나 이어질 수 있는 반면, 다른 한쪽은 신속히 풀리고 잠기는 고리에 묶이거나 이어진다. 아시메트릭 스피네이커 마룻줄은 윗부분에 달리고 두 개의 조종줄은 돛귀에 묶인다. 이 조종줄은 갑판 양쪽 선미 가까이 위치한 회전 블록 바깥쪽에 끌린다. 블록에서부터 조종줄은 조절을 위해 조종석 윈치 앞쪽으로 끈다. 아시메트릭 스피네이커의 조종줄은 돛대와 앞쪽 스테이(아래) 사이를 지난다.

제네이커는 택이 신축이 가능한 선수활대에 의해 요트의 앞에 유지된 것을 제외하고 아시메트릭 스피네이커와 비슷한 장치를 갖고 있다. 선수활대는 두 개의 조절 밧줄에 의해 당겨지고 택 밧줄은 기둥을 지나서 끌고 끝에서 빠진다. 제네이커는 택에 붙여지고 기둥의 끝에서 택을 당기는데 이용된다. 제네이커의 조종줄은 앞쪽 스테이 주위와 앞쪽 스테이와 돛대 사이가 아닌 곳을 지나야 할 때를 제외하고 아시메트릭 스피네이커처럼 끌린다.

(3) 스피네이커의 정리

문제없이 스피네이커를 올리기 위한 핵심은 세일을 잘 싸는 것이다. 포장하는 동안 어떠한 비틀림, 엉킴, 또는 돛귀, 택 윗부분을 잘 정리하지 않으면 세일을 올릴 때 문제가 된다.

세일을 삭에서 올리는 것이 아니라면 가방이나 스피네이커용 원통에 포장되어질 것이다. 가방에 스피네이커를 포장하는 가장 좋은 장소는 돌풍을 받지 않는 선창이다. 스피네이커는 요트에서 가장 큰 세일이기 때문에 접고 포장하기 위해 내부의 충분한 길이가 필요할 것이다.

세일의 윗부분을 구별하고 내부의 한쪽 끝을 당기고, 그것을 잡기 위해 어떤 편리한 장치에 임시로 묶는다. 윗부분에서부터 아래쪽 모서리 중 하나에 닿을 때까지 세일의 앞부분 가장자리 테이프를 내린다. 세일의 부피를 줄이기 위해 임시로 모서리를 묶는다. 이제 세 번째

선원이 부족한 크루저요트에서 세일을 다루는 가장 쉬운 방법은 삭(sock)을 사용하는 것이다. 삭은 종 모양으로 되어 있으며 두 개의 가벼운 조종선이 삭을 끌어올리고 내리게 한다. 삭은 일반적인 스피네이커, 아시메트릭 스피네이커, 또는 제네이커에 사용할 수 있다. 삭은 세일이 올라가거나 내려오는 동안 세일을 덮어주고 세일이 장착되었을 때 제거한다.

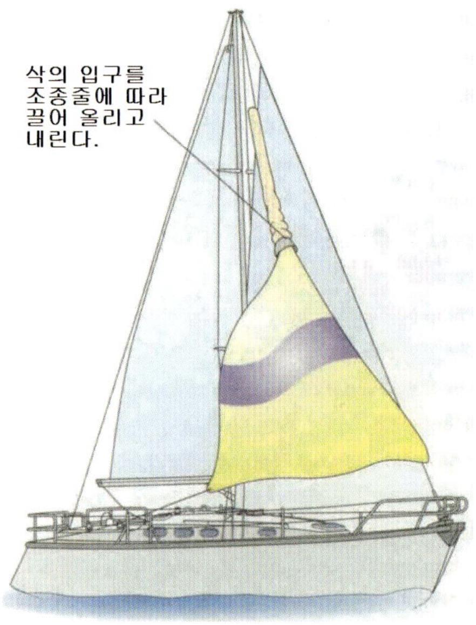

① 삭을 사용한 세일 올림
세일이 삭 안에 있을 때 삭의 최상단부는 할야드에 결부되어 있고 세일의 조종줄과 당김줄이 의장된다. 다음으로 삭의 머리 부분은 마스트헤드에 연결된다. 마룻줄이 고정되었을 때 세일 올림반줄을 사용하며 삭을 끌어올리고 일반적인 방법으로 세일을 장치한다.

② 삭을 사용한 세일 내림
세일을 내리기 위해서는 우선 보드 리치(board reach)를 조정하고 헤드세일을 올린다. 이는 메인세일이 세일을 펼친 방향과 반대 방향에서 바람을 받고 있을 때 스피네이커, 아시메트릭 또는 제네이커를 접기 위함이다. 세일을 내리기 위해서는 스피네이커의 당김줄이나 아시메트릭 스피네이커의 택 선, 제네이커의 조종줄을 느슨하게 해준다. 그 후 삭의 세일 내림밧줄을 사용하여 삭이 세일을 감쌀 때까지 삭을 내린다. 일단 모든 세일이 삭 안에 있게 되면 마룻줄을 낮추고 삭 튜브를 갑판 머리에 놓는다. 조종줄, 당김줄, 마룻줄을 제거하고 잘 보관해 둔다. 삭은 세일과 함께 항시 사용할 수 있도록 왼편에 놓아둔다.

〈그림 7-10〉 스피네이커 삭의 사용

모서리를 찾기 위해 아래쪽 테이프를 따라 이전의 모서리와 묶는다.

요트와 스피네이커가 작으면 가방에 포장될 수 있으며, 윗부분과 돛귀 사이 세일의 중간 부분의 부피에서 시작한다. 세 개의 모서리만 밖에 남겨질 때까지 세일을 가방에 넣는다. 모서리는 서로 정확히 놓인 상태로 유지하고 가방 안쪽에 테이프로 같이 묶고 가방을 묶는다.

요트가 약 10m(33ft)인 세일의 크기보다 크다면 세일의 비틀림 없이 이 방법으로 포장하는 것은 어렵다. 이 경우 세일은 윗부분에서부터 약 2m(6.5ft) 간격으로 모직 또는 고무밴드로 가장자리를 잘 묶는다. 이는 윗부분과 두 개의 돛귀 사이에 긴 소시지모양으로 모으기 위함이다. 모직을 사용하고 있다면, 윗부분에서 시작하여 아래쪽으로 작업하고, 규칙적인 간격으로 소시지 모양의 둘레에 모직을 묶는다. 보다 쉬운 방법은 밑 부분을 베어낸 물통을 사용하는 것이다. 고무밴드 몇 개를 물통 위에 끼우고 물통 사이로 세일을 당기며, 윗부분부터 시작한다. 규칙적인 간격으로 물통과 세일 둘레에 고무밴드를 미끄러지게 한다.

스피네이커는 가방에 긴 소시지 모양으로 모아지고, 윗부분과 두 개의 돛귀를 가방에 마지막으로 넣기 위해 소시지 모양의 중간에서 시작한다. 앞서 서로 정확하게 놓인 상태에서 세 개의 모서리를 묶었던 것처럼 테이프로 단단히 고정시킨다.

3) 올리기와 조정하기

풍하로 향한 세일을 올리기 전에 조종줄이 장치되어야 하고 다른 장비도 준비되어야 한다. 스피네이커의 경우, 기둥이 설치되어야 하고 조종줄과 당김줄은 각각의 회전 블록을 지나서 윈치까지 끌려야 한다. 선수활대가 제네이커와 이용되고 있다면 펼쳐져야 하고, 택의 밧줄과 조종줄은 세일에 붙여져야 한다.

(1) 스피네이커 폴의 설치

스피네이커 기둥은 세일을 올리기 전에 장비되어야 한다. 기둥의 안쪽 끝을 돛대 장치에 붙이고, 올림밧줄과 내림밧줄을 기둥의 바깥쪽 끝에 붙인다. 작업용 당김줄-메인 붐(main boom) 반대쪽에서 하나를 기둥의 바깥쪽 끝 장치 안에 놓고, 올림밧줄과 수평의 위치로 기둥을 올리며, 메인 붐의 반대쪽에서 설계한다.

(2) 스피네이커의 준비

스피네이커를 올릴 준비를 할 때, 스피네이커의 가방은 선수의 난간이나 풍하로 향한 계단의 난간에 고정시킨다. 가방의 윗부분을 풀고, 세일의 윗부분에 마룻줄을 붙인다.

한 쌍의 조종줄과 당김줄을 쓰고 있다면 각각의 돛귀에 당김줄을 묶고, 각각의 당김줄 고리(돛귀 아님)에 조종줄을 묶는다. 세일을 올렸을 때, 풍상쪽 조종줄과 풍하쪽 당김줄은 느슨해지거나 늘어진다. 반면 세일은 풍상쪽은 작업용 당김줄로, 풍하쪽은 작업용 조종줄로 조절된다. 한 개의 당김줄과 조종줄인 딩기용 시스템을 쓰고 있다면 각각 택과 돛귀에 붙인다.

세일이 삭(sock)에 적합하다면 세일과 함께 마룻줄, 조종줄 그리고 당김줄을 튜브에 붙인다.

⑶ 아시메트릭 스피네이커, 제네이커의 준비

세일이 가방에서 올려지는 것이라면, 가방을 선수의 난간에 묶는다. 가방 밖으로 택을 끌어당기고 선수 장치에서부터 택에 밧줄을 붙이거나(아시메트릭 스피네이커인 경우), 선수활대의 끝에서부터 택에 밧줄을 붙인다(아시메트릭 스피네이커인 경우). 신축 가능 소재의 선수활대을 쓰고 있다면 세일이 올려지기 전에 활대가 펼쳐져야 한다.

풍하쪽 조종줄을 붙여 세일을 올릴 때는 작업용 조종줄이 될 것이다. 그리고 선미 가까이 옆 갑판 위 회전 블록에서 바깥쪽으로 끌고 나서 윈치까지 끈다. 세일의 방향을 바꿀(gybe) 생각이 아니라면, 풍상쪽 늘어진 조종줄을 붙이는 것은 불필요하다. 후에 필요하다면 돛귀가 닿을 수 있고, 조종줄이 묶여질 때까지 풍하쪽 조종줄로 세일을 펴서 세일이 펴질 동안 붙일 수 있다. 늘어진 조종줄이 장치되었다면 전방과 앞쪽 스테이 앞쪽 주위에서 끌리고 나서 뒤에서 끌리고 회전 블록 바깥쪽 그리고 윈치에서 끌린다. 일부 요트에서는 늘어진 조종줄이 앞쪽 스테이만큼 세일의 앞부분 가장자리 주위에 끌어진다면 아시메트릭 스피네이커나 제네이커로 방향을 바꾸는 것이 더 쉬워진다.

⑷ 세일 올리기

모든 준비가 되었을 때 세일을 올릴 수 있다. 키잡이는 메인세일의 풍하쪽으로 항해를 계속하기 위해 세일을 올리는 동안 뒤로 비스듬하게 바람을 막아 항해해야 한다. 돛대 꼭대기까지 세일이 올라갔는지 빨리 가늠하고 마룻줄은 세일을 부풀리기 전에 밧줄걸이에 고정시킨다. 세일을 부풀리기 위해 조종줄을 조절하고 마룻줄 끄트머리를 정돈하여 헤드세일을 내리거나 감는다.

⑸ 스피네이커 올리기

헤드세일이 여전히 올려진 상태에서 뒤로 비스듬하게 바람을 막아 조종한다. 그리고 나서 세일을 올리고 마룻줄을 밧줄걸이에 고정시킨다. 기둥 끝까지 돛귀에 닿도록 당김줄을 당기지만, 조종줄의 느슨한 부분은 남긴다. 바람에서 정확한 각도로 기둥을 설치하도록 당김줄을 조절한다. 당김줄을 밧줄걸이에 고정시키고, 세일이 부풀어지도록 조종줄을 조절한다.

① 선수의 난간 혹은 풍하쪽 계단의 난간 중 더 편리한 곳에 스피네이커 가방을 둔다. 가죽끈으로 가방을 그 위치에 묶고 위쪽을 연다.
② 세일의 윗부분에 마룻줄을 붙이고 조종줄과 당김줄을 돛귀에 붙인다. 조종줄과 당김줄이 정확하게 끌리는지 그리고 아래의 다른 장치와 묶이지 않았는지 확인한다.
③ 기둥 끝을 지나서 끌리는 풍상쪽 당김줄로 스피네이커 기둥을 장치하고 마룻줄을 확인한다.
④ 가급적 빨리 돛대 꼭대기까지 세일을 올리기 위해 마룻줄을 당긴다. 기둥 끝에 돛귀를 단단하게 가져가도록 당김줄을 당긴다.
⑤ 한번 스피네이커가 올려지고 펴졌다면, 헤드세일을 감거나 내리고, 필요할 때 다시 올리도록 요트에 싣는다.

(6) 풍하에서의 세일의 조정(Trimming Downwind Sails)

① 마룻줄의 알맞은 각도

일반적인 스피네이커의 마룻줄을 세일의 각 측면에서의 떨림을 방지하기 위하여 가능한 높게 끌어올려야 한다. 하지만 아시메트릭 또는 제네이커의 마룻줄은 러프에서 적절한 모양의 세일로 조종하기 위하여 느슨하게 풀어주어야 한다. 필요하다면 다양한 바람의 세기에서 마룻줄을 시험해 보고 세일 제조업자에게 조언을 구해본다.

② 폴의 알맞은 각도

일반적인 스피네이커를 장치한 요트에서 폴은 선미의 앞당김 줄과 로프를 풀고 당기며 세일을 조절한다. 폴을 풍향(apparent wind)에 직각으로 장치하기 위해서 당김줄을 조절한다. 마스트 헤드에 있는 바람개비 또는 삼각 깃발을 보며 바람의 방향을 확인한다. 직각으로 설치된 폴에 당김줄을 고정시키고 앞당김 줄을 묶으며 조종줄을 사용하여 세일을 조절한다. 만일 풍향이 전후로 움직인다면 폴의 각도를 적절히 조절한다.

4) 방향 바꾸기와 내리기

방향을 바꿀 필요가 있을 때 풍하쪽 세일은 한쪽에서 다른 한쪽으로 변경되어야 한다. 사용되는 기술은 다양하며, 사용되는 풍하쪽 세일의 유형에 따라 다르다.

⑴ 제네이커 혹은 아시메트릭 스피네이커의 방향 바꾸기

아시메트릭 스피네이커나 제네이커의 방향 바꾸기는 헤드세일처럼 두 개의 조종줄에 의해 조절되므로 무척 쉽다. 아시메트릭 스피네이커의 늘어진 풍상쪽 조종줄은 세일의 뒤쪽 주위 앞으로 돛귀에서부터 세일의 앞부분 가장자리 주위, 앞쪽 스테이, 그리고 페어리더와 윈치까지 끌린다.

아시메트릭 스피네이커의 풍상쪽 조종줄은 같은 방법으로 장치될 수 있거나 바깥쪽보다 세일의 앞부분 가장자리 안쪽에서 방향을 바꿀 경우에는 세일의 앞부분 가장자리 안쪽에서 끌릴 수 있다(그러나 앞쪽 스테이 바깥쪽은 아니다). 다른 경우는 요트가 방향을 바꿀 때 이전의 조종줄을 넉넉하게 하여 세일이 방향을 바꾸게 되고 다음의 조종줄을 당긴다. 세일의 앞부분 가장자리와 앞쪽 스테이 사이를 통과하는 아시메트릭 스피네이커는 가급적 이전의 조종줄이 넉넉해지기 전에 다음의 조종줄이 당겨져야 한다.

⑵ 스피네이커의 방향바꾸기

스피네이커는 방향을 바꾸기가 매우 어렵다. 앞 갑판에서 작업해야 하므로 어려워지거나 위험해질 수도 있고, 회전하는 동안 스피네이커 기둥이 한쪽에서 다른 쪽으로 움직이기 때문이다.

작은 크루저요트는 방향을 바꾸는 방법으로 딩기에서 사용되는 양끝 고리(double-ended) 기둥 시스템을 갖추고 있을지도 모른다. 대개는 기둥의 바깥쪽 끝을 끄는 올림밧줄과 앞쪽 스테이의 한쪽 끝 고리(single-ended) 기둥 시스템을 갖추고 있다. 이러한 시스템은 방향 바꾸기가 더 복잡한 긴 폴(dip-pole) 방법을 필요로 한다.

⑶ 긴 폴(Dip-pole)스피네이커의 방향 바꾸기

방향을 조종하는 동안 스피네이커와 기둥을 완전히 통제하는 것은 중요하다. 긴 폴(dip-pole)로 방향을 바꾸는 동안 기둥의 안쪽 끝은 돛대에 붙여지는 반면, 바깥쪽 끝은 이전의 당김줄에서 풀어져 앞쪽 스테이 안쪽으로 내려지고, 다음의 당김줄에 붙여지기 위해 내려진다. 그리고 새로운 면에 수평의 위치에서 올려진다.

① 앞 갑판 선원은 위치고정(piston-release) 밧줄을 당겨 기둥 끝에서 이전의 당김줄을 풀어놓는다. 기둥의 안쪽 끝을 올리고 앞쪽 스테이 안쪽으로 기둥의 바깥쪽 끝을 떨어뜨리기 위해 올림밧줄을 넉넉하게 한다.

② 앞 갑판 선원은 앞으로 이전의 늘어진 당김줄을 잡고, 앞쪽스테이 안쪽에 기둥 끝을

넣는다. 기둥 끝 장치에 다음에 작업할 당김줄을 고정시킨다.

③ 기둥의 안쪽 끝은 표준 위치로 내려지고 바깥쪽 끝은 올림밧줄로 올려진다. 당김줄은 뒤쪽 기둥 끝을 당기기 위해 조정한다.

④ 스피네이커가 바람이 막는 것을 피하기 위해 방향을 바꾸는 동안 메인세일을 중심선 가까이 편다. 이제 메인세일의 방향을 바꾼다.

⑤ 새로운 코스에서 요트의 메인세일은 정확한 위치로 향하게 된다. 당김줄은 기둥의 각도를 설정하기 위하여 사용되고, 스피네이커는 조종줄로 조정된다.

(4) 내리기

풍하쪽 세일을 내릴 때, 가방이나 아래 갑판으로 옮길 때까지 완벽하게 통제되어야 한다. 메인세일의 뒤에서 바람이 약해진 상태로 내려질 수 있도록 세일을 내리기 전에 항상 바람을 등지고 항해할 때나, 바람을 막아 항해할 때 조종한다. 헤드세일은 종종 앞쪽 스테이 주변에서 감아지는 것을 방지하므로 풍하쪽 세일을 내리기 전에 올려지거나 말려지지 않는다. 세일을 내리는 두 가지 방법이 있다. 세일의 택을 조금 올리고 세일을 조종줄로 끌어당긴다. 또는 세일의 아랫부분을 붙잡고 조종줄, 마룻줄, 택 밧줄(or 당김줄)이 넉넉해질 때까지 당기면, 세일이 앞 갑판, 앞쪽 해치(hatch)아래 혹은 메인 붐 아래, 선실로 통하는 승강구 아래로 떨어지게 된다. 접을 수 있는 것보다 빨리 세일을 내리지 않는다.

4. 항해의 계획과 선상생활

1) 선장의 역할

모든 요트의 운항상태, 안전성 그리고 선원의 복지는 선장의 책임이다. 선장은 항해와 항해기술에 부족함이 없어야 하고 선원에게 신뢰감을 주며, 좋은 전달자가 되어야 한다. 선장은 모든 직무에 최선을 다 할 수 있어야 하고, 선원에게 일을 덜 부여하거나 과중한 임무를 부여하지 않도록 선원의 능력과 경험에 적합한 임무를 부여해야 한다. 무엇보다 선장은 서투른 선원에게 인내심이 있어야 하고, 존경과 권위를 유지하면서 손쉽게 요트를 작동할 수 있어야 한다.

2) 선원의 역할

좋은 선원은 자신의 능력만큼 가치를 지니고 있다. 가장 중요한 자질은 적극적인 태도,

유머감각, 그리고 크루저요트의 한정된 공간에서 다른 사람들과 잘 지낼 수 있는 능력이다. 또한 선원이 좋은 항해나 항해기술을 갖추고 있으면 선장은 행운이라 여길 수 있다. 선원은 요트관리와 항로계획에 관여하여야 하며, 선장은 선원의 의견을 항상 수렴해야 한다. 바다에서 범선은 민주적인 환경처럼 보일 수 있지만, 마지막 결정을 내리는 것은 선장의 권한임을 선원은 기억해야 한다.

선장들은 요트의 조종방법에 있어서 각기 다르다. 자신의 능력에 대한 불확실성으로 종종 큰 소리를 내고 긴장하는 반면 좋은 선장은 침착하게 전문가적 기질을 보여준다. 선원으로써 자신은 요트 관리의 여러 차이점과 대립할지도 모르며 선장의 특질을 어떻게 다뤄야 할지 검토할 필요가 있을 것이다. 두 명의 선장에게 요트를 조종하는 방법과 해야 할 일의 선택방법이 같을 수 없다. 자신이 선장 대행의 선원으로 고용되었다면 그들의 상반된 작업방법을 찾아야 할지도 모른다. 선장이 되고자 열망한다면, 자신과 함께 항해했던 최고의 선장으로부터 배운 것을 희망을 갖고 경험을 쌓아야 할 것이다.

3) 선장이 되기 위한 학습

선장에게 요구되는 전문적인 항해술과 항해기술을 정의하는 것은 아주 쉬우며, 항해학교에서 이러한 기술을 배울 수 있고 자격을 취득할 수 있다. 작은 요트에서 사람을 관리하는 능력과 선원의 팀웍을 발전시키는 것은 정의하는 것만큼 쉽지 않고, 취득하는 것보다 훨씬 어렵다. 자신이 경영관리 기술을 갖추고 있으면 도움이 되겠지만, 요트 작동이 이론과 같지 않을 때 접근방법을 변경해야 할 필요가 있다. 선원은 유급 직원이 아니며(직업 선장을 목표로 하지 않는다면) 경험과 즐거움을 위해 항해하므로, 존중과 이해로 대우해야 한다. 거의 그들은 가족이거나, 가까운 친구이고, 유대관계는 스트레스로 인해 해를 입을 수 있다.

자신이 그러한 감정을 보이면, 자신의 선원은 긴장을 풀고 더 자신만만하게 느낄 것이다. 그러므로 신경과민을 보이거나 자신의 행동에 영향을 미치지 않도록 노력한다. 무엇이 자신을 편안하게 하는지 찾아서 심한 스트레스의 상황을 피하도록 한다.

항해학교에서 배운 전문적인 항해술과 항해기술은 규칙적인 사용으로 향상될 수 있으므로 가급적 많은 경험을 쌓도록 한다. 각 항로에 대해 세심하게 미리 계획하고 확실치 않으면 자신의 계획을 점검하고, 바람과 조수에 대한 자신의 판단을 확인하기 위해 더 경험이 풍부한 선원에게 묻는다.

복잡한 공간에서 요트의 방향조정이 걱정되면 비슷한 요트나 비슷한 수중앵커 또는 비슷한 선착장 정박위치에서 다른 선장으로부터 조언을 구한다. 도움이 필요하면 능숙한 선장의 신호를 요청한다.

자신의 경험수준에 벅찬 항로는 떠맡지 않는다. 항해는 여행과 같고, 성공적인 당일 여행은 선장과 선원에게 자신감이 생기는 만큼 기쁨을 줄 것이다. 단기간의 여행은 또한 기술 향상을 위해 비좁은 장소에서의 요트 조종술을 필요로 한다.

궁극적인 책임은 선장에게 있지만, 일부 선원이 항해 계획의 경험이 있다면 선장의 일은 훨씬 수월해진다. 미숙한 선원의 항해 계획이나 임무를 위임할 수 있는 숙련된 선원이 없으면, 선장은 압박감을 느낄지도 모른다. 자신과 함께 항해할 숙련된 선원을 찾지 못했다면, 선원의 능력 수준에 적합하도록 계획을 조절한다.

〈그림 7-11〉 요트교육 모습

4) 좋은 선장되기

배에서 보내는 시간부터 배우도록 하고 천천히 바다, 기후, 그리고 자신의 요트에 대한 지식을 넓혀간다. 계획대로 잘 되지 않더라도 낙심하거나 자신을 잃지 마라. 긴 항해에 필요한 기술과 자신감이 놀랄 만큼 빠르게 향상될 것이다.

전문적인 기술 향상이 중요할지라도, 자신의 대인관계와 선원 관리기술을 향상시키는데 집중한다. 신출내기 선원은 항해에 앞서 석성할 수 있는 반면, 다른 선원은 자만심을 가질 수 있다. 능숙한 선장은 선상에서 모두에게 관심을 갖고, 신출내기나 긴장한 선원에게 특히 주의를 기울인다. 선장의 자질이 향상되었을 때, 모두가 선상에서 안전하고 유쾌한 경험을 쌓도록 집중한다.

5) 항해계획

항해계획은 출발일 전부터 시작한다. 선장이나 항해사가 한 명이라면 항해계획을 세부적으로 준비한다. 이로부터 출발시간, 야간 항해가 포함될지 어떨지 모르는 항해시간이나 기간을 어림할 수 있다. 기후나 다른 요인으로 계획 변경이 필요한 경우 대안이 준비되어야 함을 기억한다. 또한 순항 중에 특히 배에 아이들이 있다면, 휴일과 레크리에이션을 계획한다.

〈그림 7-12〉 출항 전 회의

항해계획으로 연료, 식품 그리고 물 등의 필수품을 예상할 수 있으며, 필요하면 공급품을 보충하기 위해 정박할 수 있다. 항해에 적용되는 요트의 보험항목을 체크하고, 외국으로 가는 것이라면 모든 선원의 여권과 필요할지도 모르는 비자가 준비되었는지 확인한다.

외국에서 항해할 예정이면(항구에 입항할 계획이 아니더라도) 요트 등록증명서가 있는지 확인한다. 또한 유럽과 같이 VAT를 지불해야 하거나 다른 세금이 필요한 지역에서 항해한다면 세금 상황을 확인하는 업무를 수행하여야 한다. 세금 확인을 하지 않으면 과태료를 물거나 심지어 요트를 압수당할 수도 있다.

복사된 선원명단을 몇 장 지참하는 것이 편리하다. 명단에는 누가 배에 있는지, 가장 가까운 친척, 여권번호, 그리고 연고 등 세부사항으로 근거를 작성한다. 여러 국가는 현재 자격증을 갖춘 선장을 필요로 한다.

(1) 해안경비대 서비스

해안선 지역의 대부분 국가에서 해안경비대 서비스는 바다에서의 구조사업에 대한 책임이 있으며, 그들 자신의 자원 또는 해군이나 공군의 자원, 구명보트 서비스, 주변에 있는 선박을 사용한다.

대부분 해안경비대는 요트가 항해할 항해계획, 목적지, 그리고 도착 예정 날짜와 시간을 해안경비대에 알릴 수 있는 시스템으로 운영된다. 목적지에 도착했을 때, 선장은 해안경비대에 무사 도착을 알린다. 이러한 시스템으로 해안 경비대는 요트가 연착하면 수색 구조작업을 시작한다.

또한 요트의 세부사항을 해안경비대에 미리 등록할 수 있다. 그래서 비상사태의 연락이 올 경우, 해안경비대가 자신의 요트의 유형, 독특한 특징, 안전장치 그리고 다른 세부사항을 즉시 알 수 있다. 이는 신속히 수색 구조를 하도록 도울 것이다. 해안경비대가 자신이 있는 지역에서 이와 같은 서비스를 제공한다면, 해안경비대의 편의를 이용하는 것이 현명하다. 해안경비대에 도착을 알려야 함을 항상 기억하고, 또는 계획이 변경되었으면, 다른 항구로 전환한다.

(2) 당직 시스템

항해를 계획할 때, 선장을 포함한 모든 선원이 최적의 상태에서 수행하도록 충분한 휴식을 취하는 것이 필요하다. 근해 항해는 특히 거친 바다일 때 정신적·육체적으로 피곤할 수 있다.

모두가 항해를 즐기고 요트의 항해에 공헌한다면, 항해할 동안 선원이 방심하지 않는지, 잘 먹고 잘 쉬는지 확실하게 할 필요가 있다. 몇 시간 이상의 항해를 출발할 때 모든 선원이 휴식과 수면을 위한 시간을 갖도록 당직시스템을 운영해야 한다. 당직 시스템은 선원을 2시간 또는 그 이상으로 나누어 한 명이 요트의 항해에 대한 책임을 맡을 동안 다른 한 명은 쉬거나 음식을 준비하도록 한다. 큰 경기용 또는 크루저요트의 선원들은 보통 3개조로 나누어 각 당직 주임의 지휘를 따른다. 첫 번째 조가 당직 근무할 동안 두 번째 조는 쉬고 세 번째 조는 당직 선원을 돕고 가사 일을 하면서 대기한다. 선원이 많으면 선장, 항해사, 그리고 가끔 요리사는 당직에서 제외된다.

전통적인 2개조 당직 시스템은 4시간 동안 당직 근무를 하고 4시간 동안 쉰다. 매일 같은 당직 기간이 되지 않도록 당직 순번은 늦은 오후, 초저녁, 모두가 깨어있는 동안 매 2시간의 2개조의 반 당직으로 교체된다.

(3) 개별 시스템

전통적인 시스템을 사용할 필요가 없다. 대부분의 숙련된 선장은 항해의 기간과 선원의 규모와 개개의 욕구에 적합하도록 그들 자신의 시스템을 고안한다. 모두가 충분한 휴식을 취하고 중요한 것이 무엇인지 그리고 비당직 선원이 잠을 잘 때는 빛과 소음은 최소한으로 제한한다.

자신이 택한 시스템이 무엇이든 어떻게 운영할 것인지에 대해 모두가 완전히 이해했는지 확인한다. 격벽에 해도를 두고 당직 명단과 시간을 지도판에 둔다.

(4) 시간기록

모두가 당직 시간의 중요성을 이해했는지 확인한다. 요트의 좁은 공간에서 사람들이 항해에 피곤을 느낄 때, 새로운 당직 선원이 늦잠을 자서 정시에 교체되지 않으면 갈등이 일어나기 쉽다. 당직 조는 동료가 경계태세를 갖출 시간을 주기 위해 당직시간 약 30분 전에 그들을 깨워야 한다. 방수복, 구명조끼 그리고 한정된 이동 공간에서의 안전장치를 준비하는데 필요할 수 있으므로 약간의 시간을 준다.

새로운 당직 선원에게 따뜻한 음료를 준비해 주는 것이 예의이다. 이는 또한 새로운 당직 선원에게 알리기 위한 시간으로 당직 규정과 항해에 대한 지시를 전달한다. 교대하는 동안 서로의 안전에 대해 주의한다. 교대하는 당직 선원이 고정장치 없이 야간에 갑판으로 오게 해서는 안 되며, 교대하는 키잡이는 조종하는 코스에 대하여 문제가 없는지, 그 밖에 항해상의 문제점에 대해 확인한다.

선원이 충분할 때 선장은 당직 시스템에 포함되지 않을 수도 있지만 모든 시간에 대기해야 한다. 이런 경우 선장은 깨어 있어야 할 시간에 대해 당직 지시를 내릴 것이다. 이유는 바람의 세기가 강해지고, 다른 범선의 접근, 육지나 항해 표지의 관찰, 혹은 선원이 무엇이든 확인하지 않았을 때가 포함될 것이다. 선장을 깨워 곤란하게 할지도 모르지만, 미루지 않는다.

최상의 계획에도 불구하고 선원은 과로하게 될지도 모른다. 이러한 일이 발생하면 당직 시스템에서 제외해야 한다. 선장은 그들이 다시 당직 근무를 할 수 있을 때까지 대리를 명할 필요가 있다.

6) 선상생활

당직 시스템을 운영할 때 중요한 두 가지 요인은 비당직 선원이 깊은 잠을 이루도록 서로에 대한 배려와 규율이다.

요트와 선원의 안전성은 경계태세와 유능한 선원의 보유 여부에 따라 다르며, 충분한 수면을 취하지 못했다면 장시간 항해가 불가능하다. 가능한 한 비당직 선원은 사교실, 조종실, 주방과 먼 숙소에서 잠을 자야 한다. 앞쪽과 뒤쪽 선실은 프라이버시를 제공하고, 비교적 조용하다. 또한 주방과 조종실의 조명은 수면 중인 선원을 방해하지 않도록 관리한다.

유감스럽게도, 요트의 끝에 있는 선실과 숙소는 수면을 취하는데 있어 파도에 흔들려 덜 편안할 수 있다.

(1) 소음 줄이기

소음은 종종 잠을 청하는 선원에게 문제가 되므로 당직 선원은 소음을 최소화하도록 노력해야 한다. 소음은 여러 원인에서 발생할 수 있다. 해치와 사물함을 쾅하고 닫거나, 조종실에서의 수다, VHP 라디오, 알람 도구, 윈치 회전 소리, 심지어 선체를 지나는 물소리 등. 소음을 없애는 것은 불가능하지만, 잠을 청하는 선원에게 방해가 되지 않도록 주의한다. 당직 시스템에서 모두가 깨어있을 때에는 서로 대화를 나누고, 식사를 같이 하고, 오락을 즐길 시간을 허용한다. 이러한 시간에 선원은 활기를 되찾는다.

(2) 가사업무

요트에서 청결과 위생을 유지하는 것이 중요하다. 바다에서 작은 요트는 선원의 사기와 건강 유지에 아주 나쁜 불쾌한 환경으로 매우 쉽게 변질될 수 있다.

주방, 뱃머리, 주요 편의 구역은 항상 선원과 요트의 규모와 날씨 상태에 따라 철저히 청결이 유지되어야 한다. 항균성 크리닝 약품은 조리대와 다른 표면의 청결을 유지하는데 유용하다. 청소작업은 당직 시스템 일과에 포함하고, 각각의 일은 한명 혹은 그 이상의 선원에게 애매하지 않게 배분한다.

(3) 물 아껴 쓰기

요트에서 신선한 물은 단기간에 공급이 가능하나 근해 항해중일 때 매일 혹은 자주 샤워하기에는 충분하지 않다. 따뜻한 기후인 경우 해수로 조종실에서 씻고 갑판 샤워기를 이용해 신선한 물로 헹구는 것이 가능할 수도 있지만, 오래 할 수 있는 쾌적한 샤워는 다음 항구에 도착될 때까지 기다려야 할 것이다.

수영으로 해수를 퍼 올릴 계획이면, 엄격한 안전 지침을 따라야 한다. 항상 요트를 세우고 필요하면, 수영하는 선원이 잡을 수 있도록 안전장치로써 붙여진 펜다와 떠 있는 긴 밧줄이나 딩기를 끌며 간다. 대안으로 수영하는 사람에게 요트에 밧줄이 붙여진 안전 장비를 입히도록 한다. 수영중인 선원을 위해 그들을 지키기 위한 동료가 선내에 있는지 그리고 배를 조종하는 유능한 누군가가 있는지 확실하게 한다. 의심스러운 상황이면, 그 누구도 수영하지 못하도록 한다. 대신 해수를 퍼 올리기 위해 밧줄에 연결하여 물통을 사용한다. 가득 채워진 물통은 쉽게 손이 찢어지게 할 수 있으며, 요트가 이동할 때 채우려고 한다면 물속으로 떨어질 수 있음을 유념한다. 물통을 매는 밧줄을 밧줄걸이에 묶고 물통을 채울 때 자신의 손 주변에 감싸지 않는다.

(4) 요트 정돈 유지

선원에게 그들 자신의 소지품은 깔끔하게 관리하도록 한다.

옷과 다른 품목은 요트가 기울거나 태킹할 때 흐트러지기 쉽다. 이런 일이 발생하면 실내는 당직을 마치고 선실로 내려가는 선원을 방해하는 불쾌한 공간으로 악화될 것이다.

〈그림 7-13〉 제프와 식사모습

젖은 장치는 마른 옷과 멀리 두도록 한다. 충분한 공간이 있으면 방수복 전용의 옷장을 두는 것이 최선이다. 대신에 젖은 장치를 말릴 수 있는 오수통이 있으므로 뱃머리의 칸막이 객실을 사용한다.

가사 일을 나누기 위해 당번을 정하고, 식사 후 즉시 설거지할 선원을 정한다.

(5) 요 리

바다에서의 음식과 식사시간의 중요성은 높다. 식사는 형편에 맞게 가급적 선원이 잘 먹는 것으로 정확한 시간에 준비하는 것이 필수적이다.

요리사가 없으면 좋은 요리사가 누구인지 고려할 것이며, 그 결과 일부 선원은 주방을 피할지도 모른다. 그러나 요리사에게 설거지나 청소와 같은 귀찮은 일의 일부가 덜어지지 않으면, 식사준비의 대부분을 해야 하므로 혹사된다는 느낌을 받지 않도록 하는 것이 중요하다. 요트청소, 식사준비는 당직 임무의 한 부분으로 포함되어야 한다.

식사준비는 요트에 냉장고나 냉동고 설비가 갖추어져 있으면 보다 쉽게 할 수 있다. 며칠 또는 그 이하의 항해 동안에 식사는 집에서 준비하여 냉동할 수 있다. 그리고 나서 간단히 데우기만 하면 된다.

이것이 불가능하면 바다에서 준비하기에 어렵지 않은 간단하면서 맛있는 조리법을 선택한다. 질 좋은 재료를 구입하고 유통기간을 확인한다. 신선한 과일과 야채는 서늘하고 그늘진, 가급적 통풍이 잘 되는 곳에서 보관한다. 항해 일정과 만일의 경우를 대비해 충분한 메뉴를 준비한다. 알레르기나 선원의 기호음식 등 요구사항을 확인한다. 그들이 선호하는 음식을 먹으면 확실히 사기에 도움이 된다. 기후의 변화를 수반하는 장기간의 항해라면 음식의 요구사항 변경을 알아야 함을 유념한다.

항상 강한 날씨의 경우 준비가 빠르고 쉬운 조리 가공된 식품을 준비하고 당직 선원을 위해 초콜릿, 비스킷, 건포도 그리고 기타 먹기 쉬운 스낵을 마련한다. 필요한 것이 무엇인지 정확히 알기 위해 식단표에서부터 쇼핑리스트까지 작성한다. 장기간 항해에 대비해 쇼핑중이라면 예산초과를 피하기 위해 슈퍼마켓에서 계산표를 받는다.

식사시간은 당직선원과 선장 모두 함께 시간을 보내는 공동의 시간이어야 한다. 한 명이 갑판에서 경계를 지키고, 자주 교대한다. 식사시간은 항해에 대해 상의하기에 좋은 시간이며, 다음 계획을 확인하고 정보교환, 질문과 답변, 그리고 당직 규정의 설정 등 토론의 장을 제공한다.

Yacht Sailing

Chapter
8

기상과 항법

요트항해입문

기상과 항법 제8장

1. 기 상

1) 구름형성

(1) 안개, 이슬과 구름형성

응결은 수증기가 물방울로 변하는 것으로 이슬과 안개, 구름이 만들어질 때 일어난다. 이 세 가지 현상은 다르지만 공기가 포화되어야 나타난다. 포화가 일어나기 위해서는 수증기가 공기에 공급되거나 공기가 이슬점온도 아래로 냉각되어야 한다. 저녁이 되면 지표는 열을 방출하여 지면과 부근의 공기가 급속히 냉각되는데 이를 '복사냉각'이라고 하며, 이슬과 안개를 발생시키는 원인이다. 그러나 구름은 고도가 높은 곳에서 차가운 저녁이나 밤이 아닌 낮 동안에 발생하므로 다른 메카니즘에 의해 발생한다는 것을 알 수 있다.

(2) 단열온도변화

대부분의 구름을 형성하는 과정은 자전거바퀴에 공기를 넣을 때 펌프의 몸통이 따뜻해지는 원리와 같다. 펌프에 생긴 열은 공기가 압축되면서 기체의 분자운동이 증가하여 온도가 올라가서 생긴 것이다. 반대로 자전거 바퀴의 공기를 새어나오게 하면 새어나온 공기는 팽창하여 냉각이 일어난다. 즉, 팽창된 공기는 주변의 공기를 미는 일을 하게 되므로 그 일에 해당하는 에너지만큼 온도가 떨어지게 된다.

헤어스프레이나 스프레이 향수를 사용할 때에도 고압가스가 팽창하면서 냉각되는 효과를 경험할 수 있다. 이러한 온도의 하강은 열의 출입이 없어도 발생한다. 이러한 변화를 단열온도변화(adiabatic temperature changes)라고 한다. 요약하면 공기가 팽창하면 냉각되고, 압축되면 따뜻해진다.

(3) 단열냉각과 응결

얇고 신축성 있는 풍선에 공기가 들어 있다고 하자. 이러한 가상의 공기를 공기덩이(parcel)라고 한다. 일반적으로 공기덩이는 부피가 수백 m³이고 주변 공기에 독립적으로 행동하고 공기덩이 안으로 열이 공급되거나 방출되지 않는다고 가정한다. 이러한 이상적인 공기덩이는 짧은 시간 동안에는 실제 공기와 유사하게 행동한다.

2) 공기의 상승과정

공기가 상승하면 팽창하여 단열적으로 냉각되고 이슬점온도에 도달하면 응결이 일어나서 구름이 발생하기 시작한다. 그러면 어떤 경우에 공기가 상승하게 되는 것일까?

일반적으로 공기는 제자리에 머물려는 성질이 있다. 따라서 지표부근의 공기는 지표에 머물려고 하고, 상층공기는 상층에 그대로 있으려고 한다. 그러나 공기에 충분한 부력을 주면 주변의 도움 없이 공기는 상승하게 된다. 공기를 상승시키는 원인은 다음과 같이 몇 가지들이 있다.

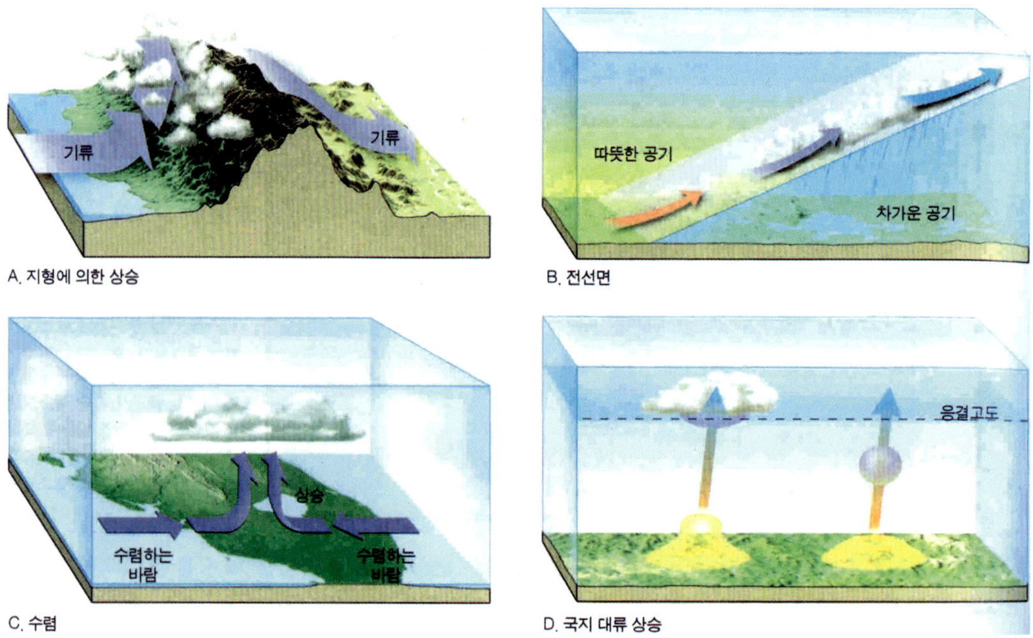

〈그림 8-1〉 공기가 상승하는 과정

- 지형적 상승 – 산의 경사면을 따라 공기가 상승한다.

- 전선에 의한 상승 – 따뜻한 공기가 차가운 공기를 타고 위로 올라간다.
- 공기의 수렴에 의한 상승 – 지표면 근처에 공기가 모이면 공기가 상승한다.
- 대류에 의한 상승 – 국지적으로 불균등 가열되면 부력이 생겨서 공기가 상승한다.

(1) 지형적 상승

지형적 상승(orographic lifting)은 산과 같은 높은 지형에 의해 공기흐름이 막혀서 일어난다. 공기가 산의 경사면을 따라 올라가면 단열팽창 냉각되어 응결고도에 이르게 되어 구름을 형성하고 비를 뿌리게 된다. 실제로 비가 가장 많이 내리는 지역은 산의 풍상측(windward side)에 위치한다.

공기가 정상을 지나 풍하측(leeward side)에 도달하면 공기에는 수분이 거의 없는 상태이다. 공기가 하강하면 단열적으로 가열되므로 응결이 일어나거나 강수가 내리지 않게 되어 비 그늘 사막(rain shadow desert)을 형성한다.

(2) 전선에 의한 상승

지형에 의해서만 공기가 상승한다면 평지는 사막으로 변할 것이다. 그러나 따뜻한 공기와 차가운 공기가 만나게 되면 전선(front)을 형성하고 차가운 공기는 장벽과 같은 역할을 하여 따뜻한 공기가 그 위로 상승하게 된다. 이러한 과정을 전선에 의한 상승이라고 한다.

또한 전선은 중위도 저기압(middle-latitude cyclone)과 관련이 있으며 이 저기압은 중위도에서 내리는 강수의 대부분을 차지하고 있다.

(3) 수 렴

수렴은 장애물을 만나서 공기의 흐름이 느려지거나 차단될 때에도 생긴다. 그 결과 공기는 쌓이게 되고, 공기분자를 압박하게 되어 상승기류를 형성한다.

미국의 플로리다 반도지역이 수렴에 의해 구름이 형성되고 강수가 내리는 좋은 예가 된다. 따뜻한 날에 양쪽 해안에서는 바다에서 육지로 바람이 불게 되고 해안을 따라 공기가 쌓이게 되어 반도를 따라 수렴이 일어난다. 이러한 공기의 수렴과 상승기류는 강렬한 태양이 육지를 가열하면서 더욱 강화된다. 따라서 미국의 플로리다 반도에서는 오후에 자주 폭풍이 생긴다.

수렴에 의한 상승은 중위도 저기압이나 태풍과 관련된 날씨에도 큰 기여를 한다. 이런 시스템과 연관된 하층공기는 중심쪽으로 이동하고 중심부근에서는 상승하게 된다.

(4) 국지 대류 상승

따뜻한 여름에는 지표면이 불균등하게 가열되어 주변지역의 공기보다 온도가 높게 된다. 예를 들어, 주차장은 나무가 많은 주변의 공원지역보다 빠르게 가열된다. 따라서 주차장의 공기덩이는 주변보다 따뜻하고 가벼우므로 위로 부력을 받게 된다. 이렇게 상승하는 따뜻한 공기덩이를 열기포(thermal)라고 한다. 독수리 같은 새는 이러한 열기포를 이용해 높이 상승하여 먹이를 사냥하기도 하고, 사람들은 상승하는 공기덩이를 이용하여 글라이더를 타고 하늘을 날 수 있는 방법을 터득하였다.

상승하는 열기포에 의한 현상을 국지 대류 상승(localized convective lifting)이라 한다. 따뜻한 공기덩이가 응결고도를 지나게 되면 구름이 생기고 때로는 오후에 소나기가 내리기도 한다. 이러한 비는 잠깐 동안 국지적으로 내리게 된다.

국지 대류 상승현상이 강수형성의 주요 요인은 아니지만 다른 메커니즘에 의한 상승에 중요한 역할을 한다. 또한 다른 메커니즘에 의해 상승한 공기는 주변의 공기보다 따뜻하므로 대류에 의한 상승이 일어나게 된다.

3) 응결과 구름 형성

대기 중의 수증기가 물방울로 변할 때에 응결이 일어나고 이런 과정에 의해 이슬, 안개, 구름이 생긴다. 여러 형태의 응결이 일어나기 위한 조건 중에 하나는 공기가 포화되어야 한다는 것이다. 포화는 주로 공기가 이슬점온도 아래로 냉각되거나 수증기가 공기 중에 추가되었을 때에 발생하기도 한다.

또한 수증기가 응결하기 위해서는 표면이 있어야 한다. 이슬이 생길 때는 잔디나 자동차의 유리창과 같은 지면 부근의 물체가 이러한 역할을 한다. 그러나 상공에서 응결이 일어날 때에는 응결핵이라 불리는 아주 작은 입자 물질이 응결하는데 필요한 표면이 된다. 핵이 없으면 상대습도가 100%를 초과해야 구름이 형성되므로 이 응결핵은 매우 중요하다.

응결핵은 아주 미세한 먼지, 연기, 소금입자로 주로 하층대기에서 온 것으로 상대습도가 101%를 넘는 일은 드물다. 소금입자와 같이 물을 흡수하는 응결핵을 흡습성(hygroscopic, 吸濕性)핵이라고 한다.

응결이 일어나는 초기에는 구름입자의 성장이 매우 빠르다. 그러나 수많은 입자들이 다투어 수증기를 빠르게 흡수하므로 구름입자의 성장속도는 급격히 둔화된다. 결과적으로 구름은 너무 작아서 대기 중에 떠 있는 수많은 물방울로 이루어지게 된다.

어는점 이하에서 구름이 생기면 작은 얼음입자로도 이루어질 수 있다.

(1) 구름분류

예로부터 인간은 하늘에 떠 있는 구름의 형태나 움직임을 보고 날씨의 변화를 알고 예측하였다. 구름은 물방울과 작은 얼음 입자로 이루어진 응결의 한 형태이지만, 대기에서 일어나고 있는 일을 알려주는 역할을 하므로 항상 관심의 대상이었다. 구름의 형태를 구분해 본 사람이라면 구름의 형태와 모양이 매우 복잡하다는 것을 알게 될 것이지만 구름을 분류하는 몇 가지 기준을 알게 되면 이러한 혼란은 사라지게 된다.

구름은 형태와 높이에 따라 분류되며, 세 가지의 기본적인 형태가 있다.

① 권운(cirrus)은 높고, 하얗고, 얇다. 작은 조각들로 이루어지거나 털과 같은 모양을 하거나 베일 같은 얇은 천과 같은 모양을 띤다.

〈그림 8-2〉 권운

② 적운(cumulus)은 공 모양을 띤 몇 개의 구름으로 이루어져 있으며, 연직으로 부풀어 올라 둥근 언덕이나 탑과 같은 형태를 띠고 있다. 운저는 약간 어둡고 거의 수평이다.

〈그림 8-3〉 적운

③ 층운(stratus)은 하늘 전체를 뒤덮는 판이나 층과 같다. 몇 개의 선이 있기는 하지만 개개의 구름으로 분리할 수는 없다.

모든 구름들은 위의 기본적인 모양을 띠거나 조합하거나 일부 변형되어 나타난다.

구름은 높이에 따라 상층운, 중층운, 하층운으로 나뉜다. 상층운은 운저가 6000m 이상, 중층운은 2000m에서 6000m 사이에, 하층운은 2000m 이하에 있다. 구름에 대한 각 고도는 고정된 것이 아니고, 위도나 계절에 따라 달라진다. 예를 들어, 고위도에서나 중위도의 추운 겨울에는 상층운이 낮은 고도에서 생기기도 한다.

〈그림 8-4〉 층운

(2) 상층운

상층운은 권운(cirrus), 권층운(cirrostratus), 권적운(cirrocumulus)으로 이루어져 있다. 권운은 얇고 엷다. 때로는 갈고리 모양의 섬유조직과 같이 생겨서 말꼬리 구름(mares' tail)이라고 불리기도 한다. 이름과 같이 권적운은 솜털 같은 조각들로 이루어져 있으나 권층운은 평평한 층과 같다. 상층은 온도가 낮고 수증기량이 적어서 모든 상층운은 얇고 하얀 색이며, 얼음입자로 이루어져 있다. 이런 구름은 강수를 내리지 않지만 권운이 권적운에 앞서 나타나 하늘을 뒤덮을 때는 폭풍이 다가오는 전조일 수도 있다.

〈그림 8-5〉 권적운

(3) 중층운

고도 2000m에서 6000m 사이에 나타나는 구름은 이름 앞에 고(alto)라는 말을 붙인다. 고적운(altocumulus)은 층적운보다는 크고, 짙은 공모양의 구름으로 이루어져 있다. 고층운(altostratus)은 회색이나 연한 암회색의 차일과 같이 하늘을 덮고 있어 태양이나 달이 젖빛유리를 통해 보듯이 희미하며, 약한 눈이나 비가 내리기도 한다.

〈그림 8-6〉 고적운

〈그림 8-7〉 고층운

(4) 하층운

하층운은 층운(stratus), 층적운(stratocumulus), 난층운(nimbostratus)으로 이루어져 있다. 층운은 균일하게 하늘을 뒤덮는 안개층과 같은 구름으로 안개비, 가는 얼음, 가루눈이 내리는 경우가 있다. 층운이 발달하여 큼직한 구름덩이가 열을 지어 나타나기도 하고 둘둘 말린 형태로 물결모양으로 나타나기도 하는데 이를 층적운이라고 한다.

〈그림 8-8〉 난층운

난층운(nimbostratus)의 영문이름 앞에 있는 라틴어인 nimbus는 '비구름'을 의미하며, stratus는 '뒤덮다'라는 뜻이다. 이름이 의미하듯이 난층운은 비나 눈을 동반하지만 안정한 조건에서 형성된다. 이런 형태의 구름은 산맥을 타고 넘거나 전선, 저기압 중심의 상승기류 등에 의해 강제 상승될 때 발달한다. 이러한 안정한 대기에서의 강제 상승은 넓게 발달한 층상의 구름층을 형성한다.

(5) 수직운

수직운은 보통 하층운의 고도에서 상층운의 고도까지 수직으로 발달하는 구름이며, 불안정한 공기와 아주 밀접하게 관련되어 있다. 적운(cumulus)은 종종 맑은 날에 생기지만 적절한 조건이 되면 급격하게 발달한다. 일단 연직운동이 일어나면 가속되어 구름은 수직으로 높이 발달한다. 이 결과로 연직방향으로 크게 뻗친 구름을 적란운(cumulonimbus)이라고 하며 소나기나 폭풍과 같은 기상의 악화가 나타난다.

〈그림 8-9〉 적란운

(제공 : Ward's Natural Science Establishment, Inc., Rochester, N.Y.)

〈그림 8-10〉 구름은 높이와 형태에 따라 분류한다.

(6) 안 개

안개가 옅게 끼면 시정이 2~3km로 감소한다. 그러나 짙은 안개가 낀 날이면 몇 십미터

앞도 보이지 않을 만큼 시정이 1km 이하일 때를 안개라고 한다.

안개(fog)는 운저가 지면에 접해있는 구름으로 정의된다. 구름과 안개는 모양이나 구조가 같으므로 물리적으로는 차이가 없으나, 형성되는 방법과 장소는 다르다. 구름은 공기가 상승하여 단열 냉각되어 생기는 반면에 활승안개를 제외한 대부분의 안개는 복사냉각이나 공기의 이동에 의해 생기거나, 충분한 수증기가 대기 중에 공급되어 포화가 일어나서 생기기도 한다.

① 냉각에 의해 형성된 안개

- 이류안개

온난다습한 공기가 찬 지면 위로 이류하여 발달한 안개를 이류안개(advection fog)라고 한다. 해상에서 형성된 안개는 대부분 이류안개이며 이를 해무라고 부른다.

- 복사안개

복사안개(radiation fog)는 용어가 의미하는 바와 같이 차갑고 맑은 날 밤에 지면이 복사에 의해 급속하게 냉각되어 생긴다. 야간에는 지면과 접해 있는 공기층이 이슬점온도 아래로 냉각되면 공기가 무거워져서 고도가 낮은 지역으로 흘러 안개지대를 형성한다. 종종 계곡에서 이런 두꺼운 안개지대가 형성된다.

- 활승안개

활승안개(upslope fog)는 습윤한 공기가 완만한 산의 경사면을 따라 올라갈 때 단열팽창 냉각되어 이슬점에 도달하면 광대한 안개층이 형성된다. 이 안개는 평지 가까이에서 형성되는 일은 흔하지 않으며 산에 걸려 있을 때가 많아 평지에서는 층운으로 관측된다. 산에서 발생하는 대부분의 안개는 활승안개이며, 바람이 강해도 형성된다.

② 증발에 의해 형성된 안개

수증기 유입에 의해 대기가 포화되어 일어나는 안개를 증발안개(evaporation fog)라고 한다. 증발안개는 증기안개와 전선안개가 있다.

- 증기안개

찬 공기가 따뜻한 수면 위로 이류할 때 수면에서 증발이 일어나 수증기가 찬 공기에 공급되어 포화가 일어난다. 증발된 수증기는 차가운 공기를 만나 곧바로 응결되고 하층에서 가열된 공기와 같이 상승하여 증기와 같은 모습을 띠므로 증기안개(steam fog)라고 한다. 가을이나 이른 겨울에 물은 여전히 따뜻하고 공기는 차가울 때 강이나 호수에서 잘 발생한다. 증기가 상승하여 불안정한 대기에서 재증발이 일어나므로 증기안개는 대체로 두께가 매우 얇다.

〈그림 8-11〉 증기안개

- 전선안개

전선에서 따뜻한 공기가 차가운 공기를 따라 상승하면서 구름이 형성된다. 이 구름은 비를 내리고 이 비는 차가운 하층의 공기를 통과하게 된다. 하층공기의 온도가 이슬점온도와 거의 비슷하면 비가 증발하여 안개가 발생하는데 이를 전선안개(frontal fog) 또는 강수안개(precipitation fog)라고 한다. 전선안개는 지면에서 구름층까지 발달한다.

요약하면 증기안개와 전선안개는 모두 수증기 공급에 의해 생긴다. 공기의 온도가 낮을 때는 수증기를 포함할 수 있는 용량이 작으므로 아주 작은 양의 증발이라도 포화상태에 도달하여 안개를 만들 수 있다.

(7) 강 수

모든 구름은 물을 포함하고 있다. 그러나 모든 구름에서 비를 내리는 것은 아니다. 우선 구름입자는 매우 작아서(평균직경이 10㎛ 이하이다. 이에 비해 사람의 머리카락의 직경은 75㎛이다) 매우 천천히 낙하한다. 게다가 구름은 수십억 개의 입자들로 이루어져 있으므로 응결에 의한 성장이 매우 느리다. 그러면 강수는 어떻게 생기는 것일까?

① 강수의 발달

증발이 없는 경우에 강수입자가 지면에 도달하려면 구름입자의 백만 배에 해당하는 물방울이 되어야 한다. 따라서 강수가 내리려면 수백만 개의 구름입자들이 병합하여 지면에 도달할 수 있는 큰 물방울이 만들어져야 한다. 현재 널리 알려진 강수형성 과정에는 빙정과정과 충돌·병합과정이 있다.

- 빙정과정

중위도나 고위도에서 대부분의 강수는 온도가 0℃ 이하인 구름에서 형성된다. 대부분의 구름입자가 0℃ 이하에서는 얼음상태라고 생각하지만, 실제로 빙정책(ice nuclei)이라고 불리는 고체입자와 충돌한 입자들만이 얼어 있고 나머지 물방울은 빙점 아래에서도 여전히 액체상태로 존재하여 과냉각(supercooled)되어 있다.

구름 속에서 빙정과 과냉각수적이 공존할 때 수증기는 물방울보다는 빙정에 빨리 침적되므로 수적은 점점 작아지고 빙정은 점점 커지게 되어, 결국 빙정이 낙하할 수 있을 정도로 성장하여 눈송이가 된다. 빙정이 하강하는 동안에는 과냉각수적과 충돌하여 더욱 빨리 성장하게 되고, 지면의 온도가 4℃ 이상이면 눈송이는 지면에 도달하기 전에 녹아서 비로 내리게 된다.

- 충돌 / 병합과정

강수는 소금입자와 같은 커다란 흡습성 응결핵을 가지고 있는 구름에서도 형성된다. 응결핵에 비교적 큰 수적이 생기면 이 물방울은 빠르게 낙하하면서 보다 작은 물방울과 충돌하여 결합한다. 그리고 충돌이 많이 일어나면 그 물방울은 지면까지 낙하하여 비가 된다.

② 강수 형태

대기의 상태는 계절이나 지역에 따라 다르기 때문에 강수의 형태는 다양하게 나타난다. 비와 눈이 가장 일반적이지만 다른 형태의 강수도 역시 중요하다.

- 비와 이슬비

비는 우리에게 매우 친숙한 현상이다. 비(rain)는 최소한 직경이 0.5mm 이상이고 구름에서 낙하한 액체상태의 물을 말한다. 대부분의 비는 난층운이나 수직으로 발달하여 갑작스러운 호우를 내리기도 하는 적란운에서 생긴다. 구름입자가 5mm 이상이 되는 경우는 없는데 이렇게 큰 물방울은 마찰항력이 표면장력보다 크기 때문에 깨져서 여러 개의 작은 물방울이 된다.

직경이 0.5mm 이하의 작고 균일한 물방울들을 이슬비(drizzle)라고 한다. 이슬비는 매우 작아서 공기 중에 떠 있는 것처럼 보인다. 이슬비나 작은 빗방울은 일반적으로 층운이나 난층운에서 생기며 지속적으로 몇 시간 또는 하루 종일 내리기도 한다.

- 눈

눈(snow)은 빙정형태로 눈송이의 크기, 모양, 밀도 등은 형성될 때의 온도에 의해 결정된다. 온도가 낮을 때는 수증기량이 매우 적으므로 육면체의 얼음입자로 이루어진 가볍고 솜털 같은 눈송이가 형성된다. 이와는 반대로 -5℃ 이상으로 따뜻할 때는 빙정이 엉

겨 붙어 덩어리가 된다. 이런 눈은 무겁고 습기도 많아서 눈싸움할 때 아주 잘 뭉쳐진다.

- 진눈깨비와 어는 비

진눈깨비(sleet)는 겨울철에 투명하거나 반투명한 작은 얼음입자가 내리는 현상이다. 겨울철에 지표부근은 영하지만 역전층이 있는 경우에 역전층의 상부는 영상일 때가 있다. 이런 경우 찬 구름에서 눈의 형태로 내리던 강수입자는 낙하도중에 역전층 상부에서 눈이 녹아 비로 되었다가 지표부근에서 다시 얼어 진눈깨비가 된다.

때로는 기온의 역전분포가 진눈깨비가 생길 때와 비슷한 조건에서는 어는 비(glaze, freezing, rain)가 생기기도 한다. 지면부근의 영하의 차가운 공기가 얇아서 비가 얼지는 않으나 과냉각상태로 있게 되면 물체에 달라붙어 얼음이 된다. 비얼음은 반짝이는 얼음으로 물체를 둘러싸서 아름다운 장관을 연출하기도 한다. 그러나 고속도로는 스케이트장으로 변하고, 나뭇가지, 전선, 전화선이 파손되기도 한다.

- 우 박

우박(hail)은 크기가 다양한 투명, 또는 불투명한 얼음조각을 말한다. 어떤 것은 원형이고 어떤 것은 불규칙한 모양이다. 커다란 우박은 밀도와 투명도가 다른 몇 개의 층으로 이루어진 것도 있다. 대부분의 우박은 직경이 1cm의 땅콩 크기부터 골프공만한 것까지 있지만, 어떤 것은 오렌지보다 큰 것도 있다. 때로는 무게가 0.5kg 이상인 우박이 관측되기도 한다.

우박은 상승속도가 시속 160km에 달하고 과냉각수적의 공급이 충분한 거대한 적란운에서만 생긴다. 우박은 초기에는 매우 작은 얼음입자지만 과냉각수적이 결착하면서 성장하여 구름 내에서 낙하하게 된다. 강한 상승기류를 만나면 상승했다가 다시 하강한다. 구름 속을 상승 하강하면서 새로운 얼음 층이 생기게 된다. 물론 한 번의 하강에 의해 우박이 낙하하기도 하지만 대개, 얼음입자가 커지면서 상승기류에 떠 있기에는 너무 크고 무거워졌을 때 떨어진다.

2. 항 법

1) 해 도

해도는 도로지도에서 강과 인접한 육지를 보는 조감도와 다르지 않다. 하지만 도로(세부적이지는 않지만) 대신에 해수의 깊이, 해안의 높이, 암석의 위치, 부표와 등대 같은 항해

보조도구, 북극이 표시된 컴퍼스 로즈 등의 다른 특징을 발견할 것이다. 컴퍼스 로즈(Compass Rose)는 해도상의 현재 위치를 결정하는데 필수적이다.

해도에는 위도와 경도가 그려져 있고, 자오선은 북극으로부터 남극까지 이어지는 선을 말한다. 수세기까지 지도 제작자는 본초 자오선이 천문대가 있는 영국 그리니치를 통과하도록 했다. 자오선은 그리니치로부터 동서로 지구 반대편까지 번호를 매기고 동서의 경도는 다시 180°에서 만난다.

지도 제작자는 다음 자오선을 가로지르는 선을 가정하였다. 이것이 위도이며, 0°의 적도로부터 북쪽과 남쪽으로 각도가 증가한다. 위도의 각 선은 서로 평행하기 때문에 위도의 선을 평행선이라고도 한다. 지구상의 어떤 지점도 위도와 경도로 표현할 수 있다. 예를 들면, 45°N, 115°W는 라스베이거스 네바다 주의 부근이다. 또한 라스베이거스의 어떤 결혼식 예배당의 더 정확한 위치는 분과 초단위로 세분화함으로써 가능하다. 도는 60으로, 분은 60초로 구성된다.

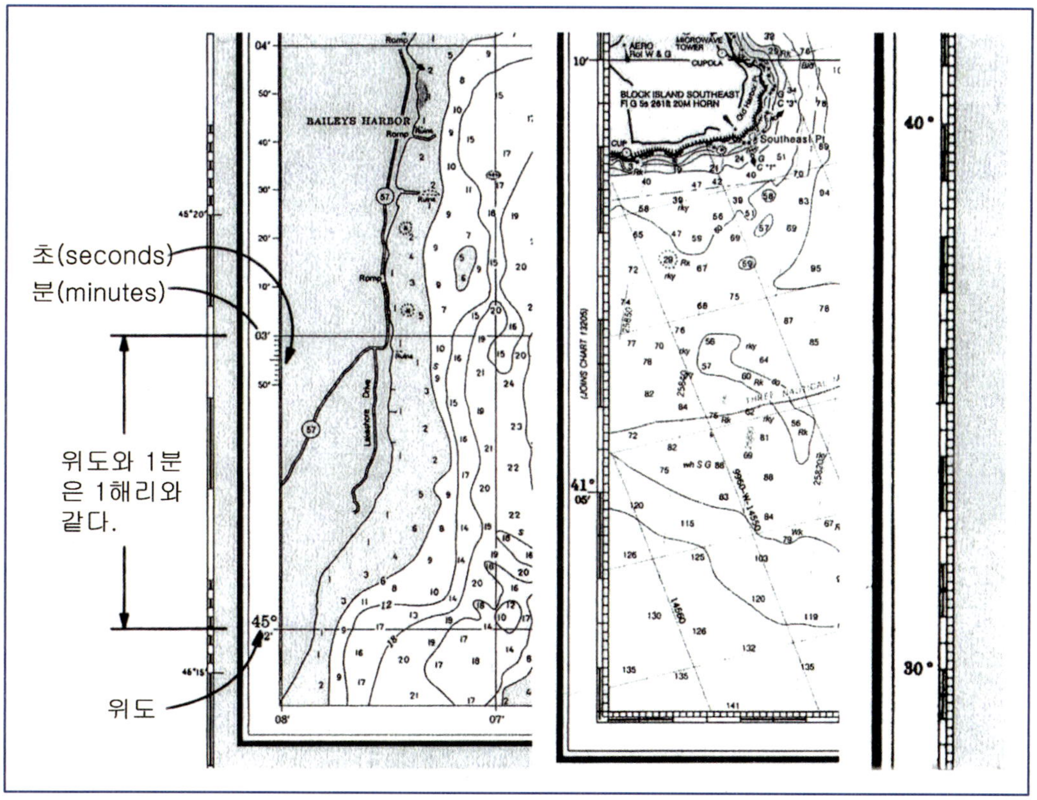

〈그림 8-12〉 해도의 단위

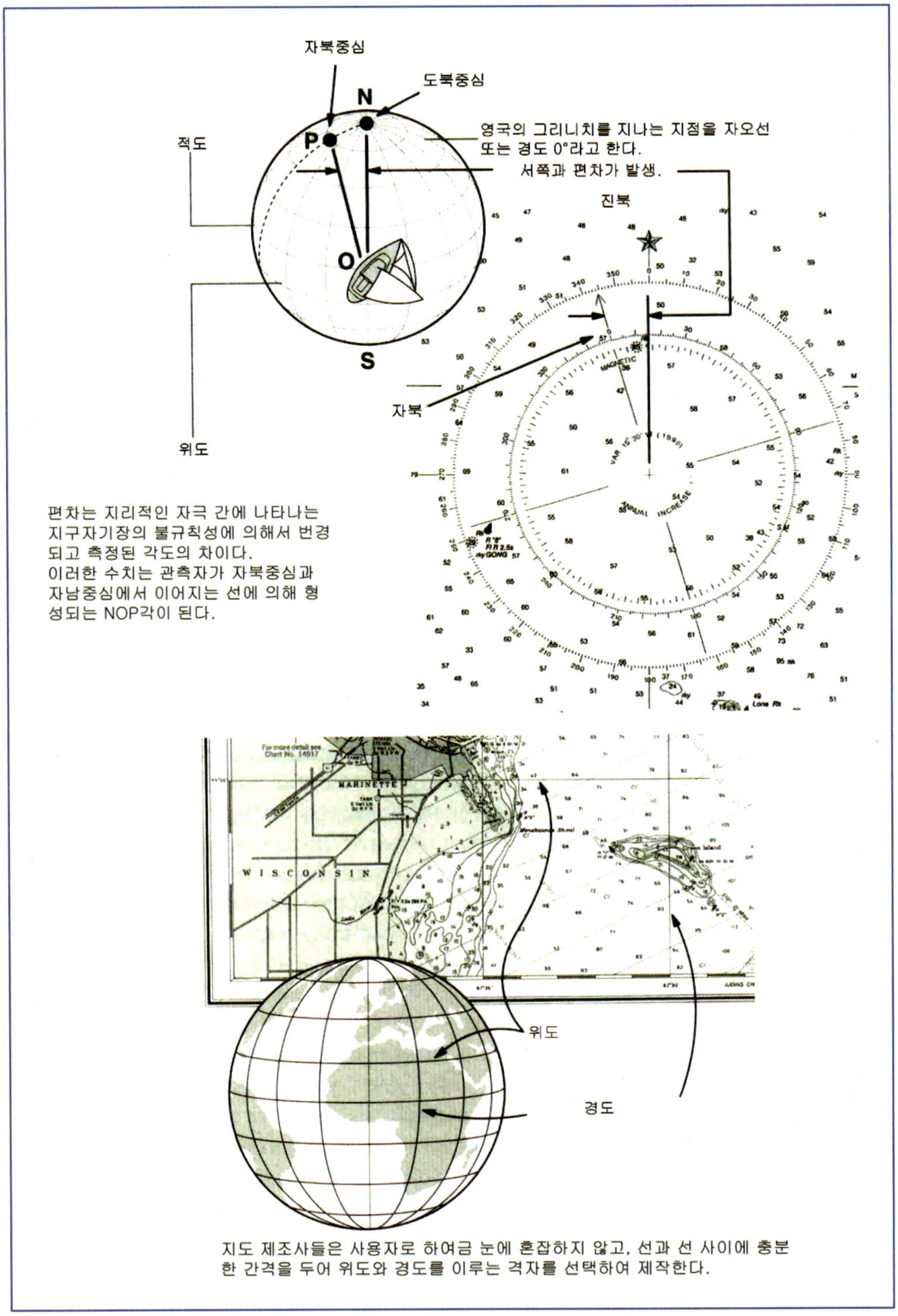
자북중심
도북중심
N
P
O
S
적도
영국의 그리니치를 지나는 지점을 자오선
또는 경도 0°라고 한다.
서쪽과 편차가 발생.
진북
자북
위도
편차는 지리적인 자극 간에 나타나는 지구자기장의 불규칙성에 의해서 번경되고 측정된 각도의 차이다.
이러한 수치는 관측자가 자북중심과 자남중심에서 이어지는 선에 의해 형성되는 NOP각이 된다.
MARINETTE
WISCONSIN
위도
경도
지도 제조사들은 사용자로 하여금 눈에 혼잡하지 않고, 선과 선 사이에 충분한 간격을 두어 위도와 경도를 이루는 격자를 선택하여 제작한다.

〈그림 8-13〉 위도와 경도

2) 나침반

지리적으로 진북(眞北)은 경도상의 북극 방향에 있다. 그러나 대부분의 사람들이 알듯이 나침반은 진북을 가리키지 않고 지구의 자기 북극을 가리킨다. 자기 북극은 캐나다 북극 어딘가에서 수십 년 동안 떠돌아다닌다. 자기적 북극은 사람의 위치에 따라 진북의 동쪽 또는 서쪽이 될 것이다. 이 차이를 편차라 하고 대부분 20°를 초과한다. 몇몇 항해자는 진방향과 자기방향 사이의 앞뒤를 전환하는 난해함에서 즐거움을 얻지만, 보다 용이한 것은 모든 관찰을 자기에 한정하는 것이다.

도해의 컴퍼스 로즈를 확인하라. 외원은 진북 위치, 내원은 자기적 위치로 구별된다. 각 원의 북쪽은 0°와 180°이며, 동쪽은 90°, 남쪽은 180°, 서쪽은 270°이다. 외원의 북은 지리적인 북쪽이므로 논리적으로 수직이다. 내원의 자기 북은 편차에 해당하는 크기만큼 진북과 떨어져 있다.

모는 배에는 나침반이 있어야 한다. 만약 낭신의 나침반이 고정 설지되시 않는나면, 주머니에 넣어라. 그러나 조종에 유용하기 위해서 나침반은 배의 중앙선에 정렬하여야 하며, 손에 들고 쓰는 나침반은 다음 섹션에서 알게 되는 해도에서 발견된 특징으로 위치를 파악하는 데 유용하다.

3) 위치측정

해도상에 위치를 결정하는 방법은 몇 가지가 있다. 가장 쉬운 방법은 가장 나중에 고려할 GPS와 같은 전자장치의 정보를 이용하는 것이다. 우선 고전방식을 알아보자

해도와 더불어 연필, 앞에서 얘기한 휴대용 나침반, 평행자 세트가 필요하다. 평행자는 축이 되는 부분에 의해 연결된 나무 또는 플라스틱의 두 부분으로 이루어진다. 따라서 양 끝은 항상 평행하다. 한쪽 자를 고정함으로써 다른쪽 자를 다음의 예시와 도해의 급수탑과 같은 참조하고자 하는 지점을 이등분할 때까지 이동시킬 수 있다.

해안선을 따라 육지의 목표물을 볼 수 있다고 가정하면, 이러한 육지의 목표는 휴대용 나침반으로 좌표를 정할 수 있다. 당신의 위치는 삼각측량으로 불리는 절차에 의해 만들어진 세 개의 선에 의해 생성된 삼각형 안의 어딘가에 있을 것이다.

(1) 나침반을 첫 번째 육지의 목표(급수탑)로 향하게 하고, 나침반의 각도 305°를 읽는다. 이 숫자를 기억하라.

(2) 나침반을 두 개 이상의 육지의 목표로 향하게 한다. 즉 절벽과 다리(해도에 잘 나타난 것이면 가능). 이것들의 각도를 써 놓도록 한다. 당신은 세 개의 위치를 획득하였다.

(3) 평행자를 이용하여 한쪽 끝은 컴퍼스 로즈에 놓고 컴퍼스 로즈의 중앙과 내원의 305 숫자에 정치시킨다. 그리고 자를 다른 쪽 끝이 급수탑에 정치할 때까지 이동시킨다.

(4) 직선자라 불리는 이 끝을 이용하여 급수탑에서부터 당신이 가정한 위치방향으로 무한의 선을 그린다(이 선을 위치선, LOP라 함).

(5) 절벽과 다리에 대해서도 같은 방법으로 진행한다.

(6) 당신은 세 개의 선이 교차하는 삼각형 내 어딘가에 있다. 당신이 좀 더 주의를 기울여 세 개의 육표 사이의 각을 더 크게 하면, 결과로 나온 삼각형은 더 작아지고 당신의 위치가 더 정확해진다.

6분원을 이용하는 천측 항법은 같은 방법의 일종이지만 더욱 복잡하고 이 책의 범위를 벗어난다. 수학적인 재미가 있기는 하지만 대부분 전자 위성 항법시스템에 의해 대체되었다. 위성 항법과 GPS 위성의 출현 전에는 무선 방향 탐지기(RDF)가 삼각 측량에 이용되었다. 차이점은 단지 육지의 참조물로 어떤 보이는 육표가 아닌 무선탑을 이용하는 것이다. RDF의 큰 장점은 밤에도 활용 가능하다는 것이다. 하지만 이것은 위성 기반의 새로운 방식(물론 밤에도 사용 가능)에 비해 그다지 정확하지는 않다.

마지막으로 위치 찾기의 가장 원시적인 형태는 추측항법 또는 DR이라고 불린다. 이것은 추정된 속도, 시간, 거리의 기록으로 구성된다. [속도 × 시간 = 거리]라는 것을 기억하고, 항해 방향에 대한 계획이 있다면 위치를 추정할 수 있다.

당신이 항구를 8AM에 떠났고 약 5knot로 2시간을 항해했다고 가정하자, 10AM에는 당신은 약 10마일의 거리를 항해하게 된다. 이제 당신의 항로가 정동(90°)이라는 것을 나침반을 통해 안다면 평행자를 활용하여 항구에서부터 자북의 90° 방향으로 선을 그릴 수 있다. 그리고 나서 디바이더 및 해도에 인쇄된 마일 범례와 위도 좌우경계의 해시 마크를 이용하여 10마일을 측정한다. (위도의 1분은 항상 1 마일과 일치하지만 경도의 1분은 극점까지 0으로 감소하기에 적도에서만 1마일과 일치함을 주목하라)

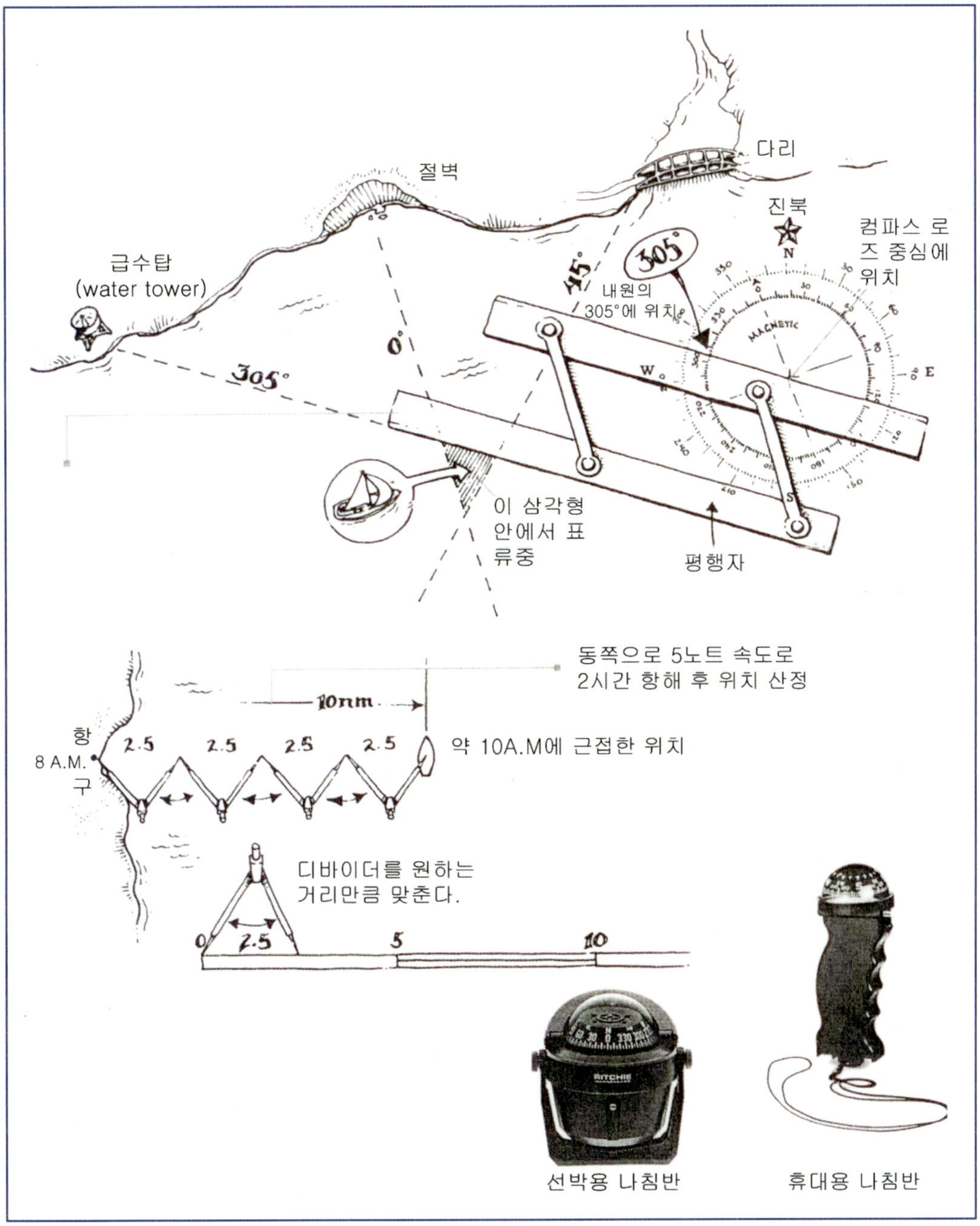

〈그림 8-14〉 위치측정 방법

3. 항로의 판단

우선, 당신의 위치와 가고자 하는 곳, 평행자 세트 사이의 모든 것을 보여주는 해도, 항구 A와 섬 B 사이의 항로 또는 항구 A에서 섬 B로 도달할 수 있는 다른 지역까지의 중간 경로를 표시하기 위한 연필이 필요할 것이다. 초심자로 A에서 B까지 어떤 방해물이 없는 직접적인 경로를 설정할 수 있다고 가정하자.

180° 반대로 되돌아온다는 것에 대해 말한다면 그것은 다시 어디에 있는지 확인하기 위해 뒤로 날아 어디로 가는지 알 수 있는 기술을 상기시킨다. 항해술에 관해 배워야 할 첫 번째 것 중 하나는 역방향의 항로이다. 위의 예시에서 당신이 조종하는 항로는 45°이다. 따라서 되돌아오는 항로는 180° 반대방향 즉 225°가 되어야 한다. 역방향의 항로는 되돌아오는 단계에 대하여 유용하다. 당신은 항구 A를 떠나 섬 B에서 점심을 먹고자 한다. 항구 A로 돌아오는 시간이 되었을 때 간단히 역방향의 항로를 계산하면 된다. 안개가 자욱하고 항구 A의 입구를 더 이상 볼 수 없는 경우 더 유용하다.

이제 보다 현실적으로 정박지로부터 섬 B까지 직선 항로가 섬을 통하여 항구 입구로 데려다 줄 거라고 가정하자. 당신은 섬의 안전한 정박을 위해 항구로부터 나아가고, 편의를 위해 해안 경비대에 의해 놓여진 항구 입구 부표로 옆걸음질하게 된다. 부표는 항해 가능한 수면에 둘러싸여 있다. 따라서 이것은 출발 또는 도착의 중요한 지점이 된다. 부표로부터 당신은 다른 부표(확실히 그리워하기를 원하는 바위를 표시한)로의 항로를 정한다. 당신은 마름모형 부표에서 항구로 떠나는 것이 배를 안전하게 지켜준다는 것은 해도로부터 알 수 있다. 그리고 나서 당신은 마름모형 부표로부터 섬 B까지의 다른 항로를 정한다. 우리가 Piloting이라 부르는 절차대로 A에서 B까지 필요한 만큼 반복하는 것을 통하여 계속 진행한다.

나침반에 의해 조종하기 전에 언급할 것이 있다. 당신은 지금까지 나침반이 지구의 자기장에 반응하여 자북의 정도를 읽을 수 있다고 알고 있지만 이것은 해도의 컴퍼스 로즈로부터 자북의 정도를 읽을 수 있고 자기장의 세계를 통해 배의 항로를 조종할 수 있기 때문에 실질적인 문제가 아니다. 하지만 나침반은 보다 지역적인 자기의 영향에 반응한다. 이것을 편차라고 한다. 당신 배의 나침반이 조정 가능한 내부자기를 지니고 있고 이것들이 조정되어질 때(전문적인 나침반 조정자가 있음) 편차를 무시할 수 있어야 한다. 하지만 나침반 옆에 강철 권양기 손잡이를 두거나, 전자제품(조정석 음악 스피커 등)에 전원을 공급하여 전선에 흐르게 하면 나침반을 작동하게 하는 국부적인 자기장을 방해하게 된다. 그러면 결과는 거짓이 될 것이다.

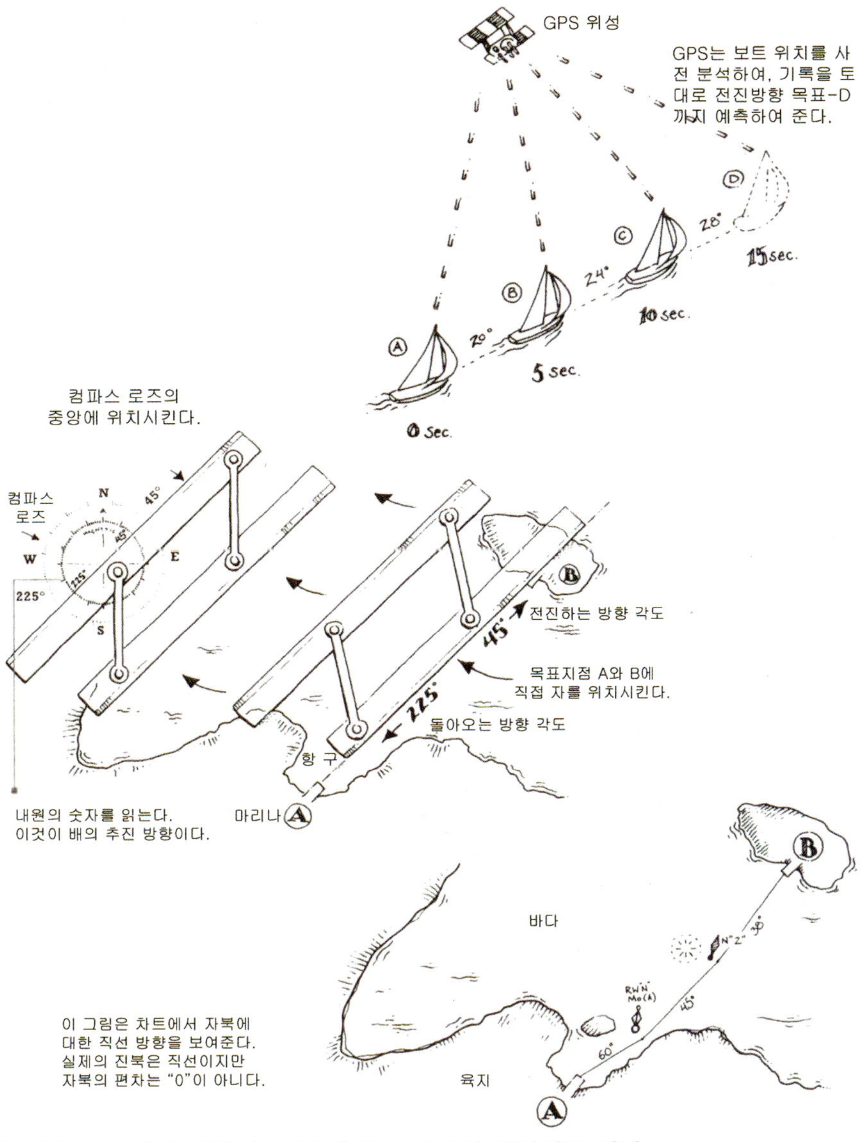

1. 시작지점을 해도상에 정하라. 이를테면 항구 A의 정박지로 하자.
2. 다음은 목적지를 정하라. 이를테면 섬 B라고 하자.
3. 평행자의 한쪽 끝을 양 지점으로 가로질러 놓아라.
4. 이제 평행자의 한쪽 끝이 컴퍼스 로즈의 중앙을 이등분할 때까지 자를 이동시켜라.
5. 자가 컴퍼스 로즈의 내원을 교차하는 지점의 숫자를 읽어라. 예시에서는 45°이다. 당신이 정확한 방향으로 간다고 가정하면 이것이 배의 나침반상의 조종을 위한 항로이다. 어떤 항해자는 180° 반대로 읽을 수도 있다.

〈그림 8-15〉 방향 측정법

어떻게 확신할 수 있는가? 맑고 조용한 날에 해도상의 알려진 지점(아마도 항구 입구 부표 또는 정박지) 옆에 정박하고 주위의 해도 상에서 읽을 수 있는 여러 육표에 화살표를 가리켜라. 만일 해도가 당신의 위치로부터 만을 가로지르는 등대가 170°이고, 휴대용 나침반도 같은 것을 알려준다면 화살표가 거기를 가리킬 때 조종용 나침반이 170°를 읽을 것인가? 테스트하고, 또다른 육표로 재 테스트를 하여, 모두 정상인지 확인해본다면 나침반 편차에 대하여 걱정할 필요가 없을 것 같다.

한편, 어떤 방향으로 나침반이 일관성이 없다면 배의 엔진 또는 이외 다른 것들이 방해하는 것일 것이다. 나침반의 이러한 오류를 주의하고, 그러한 방향으로 갈 때마다 항로 계산상의 편차를 적용하라.

4. GPS를 이용한 항로 정하기

GPS는 지구 주위의 궤도를 그리며 도는 위성으로부터 신호를 수신하며, 이동을 나타내는 데이터로부터 유용한 모든 종류의 정보 즉 위치, 속도, 방향 등을 계산한다. 하지만 GPS는 마지막 3초, 10초, 1분(어떤 것은 평균시간을 프로그램 하지만 다른 것은 고정됨)의 위치 정보를 기초로 한다. 당신이 이러한 시간에 (A), (B), (C)에 있었다면 10초 이후에는 (D)에 위치할 것이라고 추측할 수 있다. 그리고 C와 D 사이의 항로는 이러이러한 정도이다. 속도와 방향의 조그마한 변화가 컴퓨터의 예상을 변경한다.

그러한 예상은 GPS가 위치와 무엇이 중요한지를 알고 있기 때문에 가능하다. 버튼을 눌러라. 그리고 그것이 좌표를 정하는 해도를 가지고 있지 않다면 크게 의미가 없는 위도와 경도로 당신의 위치를 보여준다. 따라서 당신은 해도의 위도와 경도로부터 당신의 위치를 외삽하기 위한 평행자와 디바이더를 꺼내야 한다. 나는 해도에 인쇄된 선 사이 어딘가에 실제 위치가 있을 것이기에 외삽이라고 하였다.

GPS로 항로를 정하는 것은 해도로부터 디바이더를 시용함으로써 볼 수 있는 목적지의 좌표 입력을 요구한다. 이러한 위도와 경도 좌표가 지점(Waypoint)을 정의한다. 그것은 중간 지점(앞서 예시의 마름모형 부표에 해당) 또는 목적 지점(섬 B)이 되기도 한다. 단지 GPS에 순서대로 각 웨이포인트의 좌표를 부여하라. GPS가 당신이 어디에 있는지, 어디로 가고자 하는지 안 뒤에 둘 사이의 방향을 계산하고 조정할 항로(CTS)를 보여준다. 여기와 거기 사이에 장해물이 없도록 하는 것이 당신의 역할이다.

〈그림 8-16〉 GPS

5. 요트의 속도

1) 배수 선박

요트의 스피드는 요트의 종류와 크기에 따라 다르다. 대형 요트는 선체의 유휴공간에 채워지는 물의 무게에 의하여 측정되어진다. 이러한 단위는 파운드나 혹은 롱 톤수로 표현한다(1 long ton=2,240 파운드, 혹은 35 평방피트). 배수량이라고 하는 것은 물이 채워지는 것을 말한다. 그러므로 배수량은 이동할 목적으로 물을 밀어 내는 것이다.

배수요트의 최대 선체 속도는 흘수선의 1.34배이다. 예를 들어, 30 피트 흘수선은 5.47×1.34 = 7.3노트의 선체 최대 속도를 가지게 된다. 속도에 대한 저항요소들로는 선체에 의해서 발생되는 파도 즉 요트가 더욱 빨리 가면 갈수록 선수와 선미의 파도가 생기고, 그 발생하는 파도의 길이는 선체 길이와 동등하게 된다. 이점에서 요트는 생성되는 파도에 웅크리게 되고, 파도의 소용돌이에 더욱 빨리 운항할 수가 없다.

왜 흘수 길이의 1.34배가 나타나는가? 이것은 깊은 해수의 바닥에서부터의 파도가 파도와 파도사이의 길이에 의하여 측정되는 길이의 1.34번을 흐르기 때문이다. 다른 말로 하면 요트는 파도를 앞질러 갈 수가 없다. 물론 큰 엔진을 이용할 경우는 조금 더 운항할 수가 있다.

$$D/L = \frac{\text{배수량(long tons)}}{(\text{길이(ft)} \times 0.01)^3}$$

D/L 비율에 따른 요트의 주요성능

100 : 레이스용 및 본격적인 원양항해
200 : 레이스 겸 가벼운 항해에 적합
250 : 다목적용이며 복원성이 좋다.
300 : 장거리 항해용이며 엔진 항해시 복원력이 양호
400 : 엔진항해가 적합하며 복원력이 약함
500 : 세일 항해는 불리하나 안전성 및 고출력엔진 운항시 유리

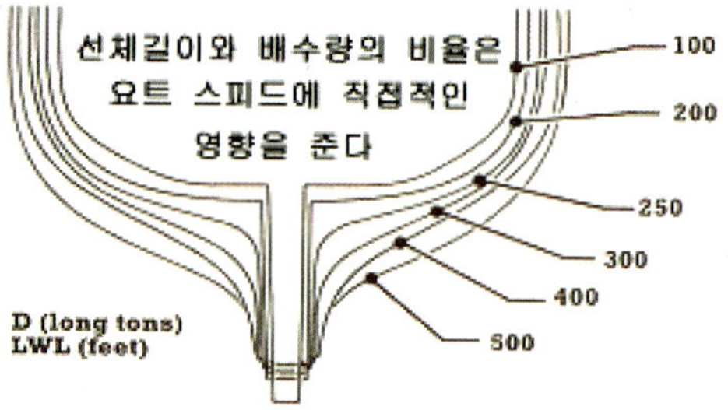

〈그림 8-17〉 배수비율과 속도

2) 비 배수선박

연안 항해나 현대적인 초경량 배수선박은 바닥이 평평하다. 하이드로 포일과 같은 선체재료는 스피드를 빠르게 증가시켜 줄 수가 있다.

파도타기는 중요하지만 파도의 표면에 미끄러질 때만 가능하다. 선박은 파도 표면을 항해하기에는 너무 중량이 무거워서 바람의 힘보다 더 큰 중력을 받게 된다. 날거나 파도타기를 하는 동안의 요트의 속도는 선체 저항과 선체 길이, 돛의 면적에 의한 영향을 받게 된다. 세일에 의한 세계의 최고속도의 기록은 수면 위로 선체가 들 수 있는 하이드로 포일을 이용한 길고 얇은 다중선체 선박에 의하여 기록된 50노트 정도의 속도였다.

3) 전형적인 항해속도

대부분의 요트는 3에서 8노트의 속도로 항해를 한다. 바람의 속도에 따라 부침이 있지만 40피트 이하의 요트는 5노트 정도의 속도를 유지한다. 이러한 속도는 작은 주간항해용 요트에게는 비교적 빠른 속도이다.

아래의 표는 6가지 형태의 요트의 예를 보여주고 있다. 각각의 요트는 배수량 / 길이와 세일면적 / 배수량의 비율을 보여주고 있다.

바람과 파도의 증가에 따른 각 요트의 속도를 실험해 보기로 한다. 16피트 9인치의 오데이 데이 세일러(O"Day Day Sailer)는 가벼운 바람에 순조롭게 항해할 수가 있다. 이때의 속도는 선원의 무게와 세일의 위치에 따라 속도가 달라지며, 선체는 물 표면으로 들려질 것이다. 바람이 증가하면 할수록 메인세일을 줄이는 것이 좋을 것이다.

불행하게도 많은 작은 요트들은 돛 줄임의 장치를 가지고 있지 않다. 다른 제한조건은 메인세일을 내리고 지브세일로 항해하는 것이다. 파도가 높고, 바람이 초속 20 이상으로 증가하면, 데이 세일러는 침몰하게 된다. 이러한 조건에서 요트는 도크를 떠나 트레일러에 올려지는 것이 바람직하다.

로데스 22(Rhodes 22)트레일러 요트는 최상의 D/L과 SA/D를 가지고 있다. 그래서 규칙적인 바람에 낮은 속도로 항해할 수 있다. 이러한 요트의 경우 6노트가 최고의 속도이고 이것은 바람의 속도가 두 자리 숫자일 때 가능하다. 데이 세일러는 수면 위를 날 수가 없기 때문에 12~14노트에서는 빠르게 갈수는 없다. 바람의 속도가 점점 증가할 때 로데스 22는 선체의 제한 이상으로 더 빠를 수는 없다. 사실상, 파도가 높아지면 로데스 22는 속도가 느려지고, 바람의 세기가 25노트이면 과속이 되어 세일을 줄이지 않으면 힐링이 된다.

J/30은 매끄러운 경기용 요트이고, 경량의 바람에 좋은 상태를 유지한다. 이 요트는 작은 로데스 22보다는 빠르고, 데이 세일러와는 유사하다. 이 요트는 긴 흘수선을 가지고 있기 때문에 바람이 10노트 이상이거나 20노트 이하일 때 최고 7노트의 속도를 낼 수가 있으나 힐링을 위해서 사람에 의한 균형을 위해서 사이드에 선원이 앉는 것이 필요하다. 많은 현대적인 경기용 요트는 악천후에도 견딜 수 있도록 설계되어 있으나 많은 경험이 필요하다.

타탄 37(Tartan 37)은 성능위주의 크루저용 요트이다. 최상의 조건에서 바람의 속도와 비례하여 빠르게 달린다. 25노트의 바람에서 축범을 하면 속도는 줄지만, 보다 효과적인 항해를 할 수 있다.

밸리언트 40(Valiant 40)은 1970년대에 소개된 성능중심의 크루저 요트이다. D/L 비율이 타탄 37보다 낮지만 SA/D 로 인하여 속도를 유지할 수 있다. 10~12노트의 바람의 속도에서 밸리언트 40은 5노트 정도의 속도를 내지만, 바람이 강해질수록 속도는 더욱 증가할 수 있다. 바람의 속도가 25~35노트가 되면 밸리언트 40만이 다른 요트와 달리 항해가 가능하다.

F-27 트리마란은 모든 조건에서 빠른 속도를 낼 수 있다. 동일한 바람의 속도에서도 두 자리 수 이상의 속도를 낼 수 있다. 그러나 파도의 물마루에 올라서면 특별한 주의가 요구된다. 축범을 하고 적절한 조종을 하면 악조건에서도 생존할 수가 있다. 그러나 간혹 전복될 수도 있다.

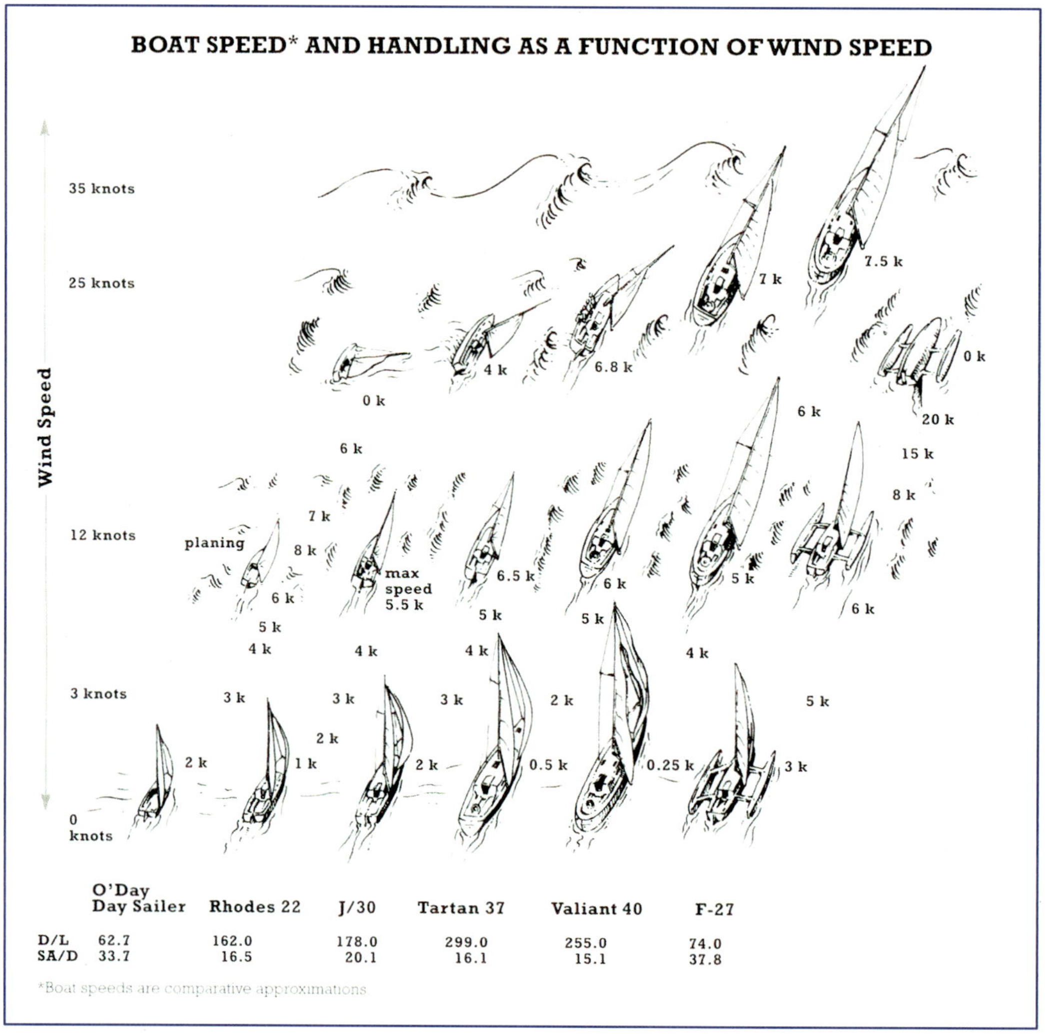

〈그림 8-18〉 바람의 세기와 요트의 속도

Chapter
9

요트인의 필수정보

요트항해입문

요트인의 필수정보 제9장

1. 속도관련 정보

1) 속도의 필요성

① 속도를 위한 청사진

요트경기자들은 그들 요트 밑바닥의 맨 끝 6피트 부분을 줄질과 사포질함으로써 청사진을 세운다. 선체를 향하여 직선자를 놓고 선체에 존재하는 저항 물체를 보기 위해 그것을 따라 전등을 비춰라. 다른 방법은 물의 방향을 따라 원을 그리면서 정밀한 작업을 위하여 정밀한 습식사포를 이용하는 것이다.

〈그림 9-1〉 요트경기 모습

② 공기저항 감소

30 mph 이상의 속도에서 공기역학의 저항은 감속에 있어서 더욱더 중대한 요인이 된다. 물과 함께 공기도 마찬가지로 장애가 되지 않게 흐르는 것을 좋아한다. 빠르게 운항할 때 닫혀진 앞면유리, 토너커버(tonneau cover)로 뱃머리 조종실을 덮고, 완충장치를 싣고, 바람으로부터 벗어나 선원을 지키기 위해 낮은 좌석을 유지해라.

③ 보다 높은 아웃보드, 보다 높은 속도

요트 선미에 아웃보드를 올리는 것은 물에 끌리는 기어상자의 저항을 감소시킨다. 머큐리사(Mecury)에 따르면 엔진의 고물보 받침대에 낮은 구멍을 이용하여 모터를 리볼팅하는 것은 회전력 조종을 줄이고 안정성을 강화시킨다.

④ 높은 RPM을 위한 합성방법

기계의 마찰을 감소시키는 합성 엔진오일과 기어 윤활유 사용을 고려하고 싶을지도 모른다.

⑤ 냉각과 최대 동력

엔진은 최대 동력을 일으키기 위해 냉각된 고밀도 공기의 끊임없는 공급이 필요하다. 모터실에 여분의 배출구를 준비해라. Sea Land에서 구할 수 있는 모든 탄소섬유 리드벨브(reed valve)와 속도계 뿐만 아니라 아웃보드 카울(outboard's cowl)에 지붕창(louver)을 설치해라.

⑥ 불필요한 것은 갖고 가지 마라

최고 속도를 위해 흠뻑 젖은 실내용품, 여분의 도구, 사용하지 않는 주방용품, 임시의 배터리 그리고 냉각용 용기와 같은 초과 바닥짐은 버려라. 물탱크를 배수하고 단지 왕복으로 모두 안전하게 가기 위해 필요로 하는 연료만으로 운항하라.

2. 응급조치 정보

1) 독충의 처리

① 모기가 좋아하는 냄새를 최소화하라

모기를 요트에서 떨어져 있게 하려면 레몬비누나 물과 레몬주스의 혼합물로 갑판 부분을 씻어라. 그 냄새는 모기가 멀리 가도록 하는데 큰 효과가 있을 것이다.

모기가 물 기회를 줄이기 위해 좋은 냄새가 나는 선탠 로션, 방취비누, 좋은 냄새가 나는 방취제, 헤어스프레이 그리고 화장수는 쓰지 마라. 이런 것들은 모기에게 당신의 위치를 노출시키게 된다.

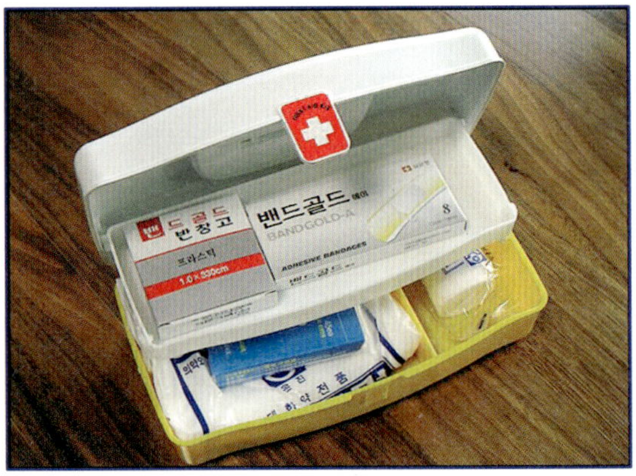

〈그림 9-2〉 구급상자

② 물리지 않으려면 물리지 않도록 하는 음식을 섭취하라

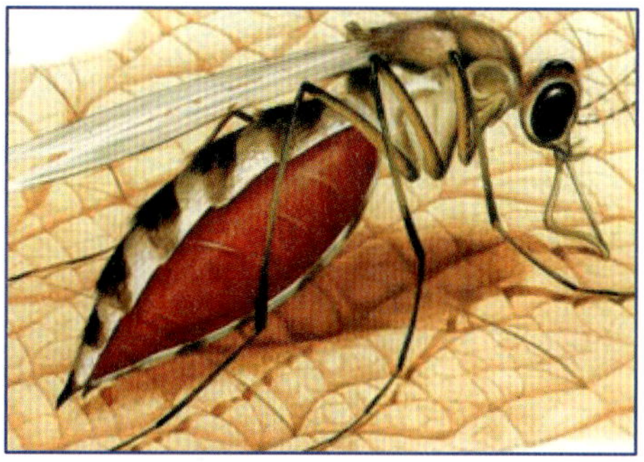

〈그림 9-3〉 모기

더욱 물리는 횟수를 줄이고 싶다면 음식물에 설탕의 양을 줄여라(농담이 아니다!). 달콤한 냄새가 나는 피부는 모기를 유인한다.

약간의 마늘이나 가공하지 않은 소량의 양파를 먹는 것도 효과적이다.

맥주효모, 전곡류, 간 그리고 다른 내장육류에서 찾을 수 있는 비타민 B_1(티아민)은 충분한 양을 섭취했을 때 곤충이 가까이 오지 못하도록 몸의 체취를 개선하지만 사람의 후각으로는 감지할 수 없다.

몇몇 사람은 아연을 섭취하므로 특히 말벌과 같은 곤충이 다가오지 않도록 체취를 개선한다고 단언하며, 날마다 60mg 이상이 끈질기게 권유되어 왔다.

- 주의 : 이것을 시도하기 전에 의사와 확인해라.

③ 모기의 활동시간

모기는 새벽 후 오전중반 동안과 일몰 후 한두 시간에 무는 것을 좋아한다. 이 시간 동안은 방충복을 입거나 갑판아래 있어라. 혹은 모기들이 냄새를 알아내기 힘든 바람이 잘 통하는 장소를 찾아라.

④ 당신이 볼 수 없는 무언가는 당신을 물 수 있다.

바닐라 추출물 한 병을 갖고 가라. 화학적인 부작용 없이 대부분 바르는 살충제 같은 역할을 한다.

⑤ 만약 물렸다면

가려움을 멈추기 위해 암모니아나 식초 소량을 모기에 물린 상처에 문질러주어라.

정체불명의 곤충이 물었다면 물린 상처를 비누와 찬 물로 헹구어준다. 심하게 부풀어 오른 것처럼 보인다면 그 부위를 올리거나 찬 습포를 대라. 칼라민 로션은 아픈 가려움을 보호한다. 그리고 감염이 될 수 있는 상처를 긁지 마라.

또 다른 방법 중의 하나는 곤충에 물린 상처에 진흙을 바르는 것이다. 그것이 쏘인 아픔을 줄인다는 과학적 근거는 없지만 효과가 있다. 보다 곤충 독소로 인한 자극을 중화하기 위해 그 부위에 젖은 아스피린을 문질러주어라.

- 주의 : 아스피린 알레르기가 있으면 시도하지 마라. 그리고 소금과 물의 반죽 또한 효과

적이라고 알려졌으며, 베이킹소다와 물의 용해제에 담군 헝겊도 효과적이다. 이러한 것들을 20분 동안 습포처럼 물린 상처에 올려둬라.

⑥ 벌의 독침에 의한 부풀어 오름

벌에 대한 알레르기가 없는 사람조차도 불결한 독침에 의해 그 부위가 가렵거나 부풀어 오를 수 있다. 치료를 위해 얼음으로 부은 것을 가라앉히고 가려움을 줄이기 위해 베이킹소다와 물의 반죽을 그 부위에 15~20분 가량 올려둬라.

⑦ 항히스타민제

항히스타민제는 성인의 곤충에 물린 붓기와 고통을 완화시키는데 도움이 된다.

- 주의 : 항히스타민제는 알레르기 반응을 일으킬 수 있다. 만약 전에 항히스타민제를 사용한 적이 없다면 우선 의사와 상담해라.

⑧ 쏘임을 멈춤

쏘인 부위를 진정시키는 것은 연육소와 물을 반죽하여 아주 많이 바르는 것이다. 필요시 한 시간마다 교체하여 준다. 연육소는 곤충의 독소를 제거하고 해독하는 파파인을 함유하고 있다.

⑨ 해파리 쏘임의 중화

만약 바다근처에서 연육소를 찾았다면 가까운 곳에 두어라. 해파리에게 쏘였을 때 연육소 1/4 테이블스푼과 물 2 티스푼을 혼합하여 쏘인 부위에 바른다. 필요시 한 시간마다 교체하여 준다.

- 주의 : 만약 이러한 생물들의 독침에 알레르기가 있다면 즉시 의료도움을 받아야 한다.

2) 화상 방지

① 의복을 통한 화상

의류를 통해서도 화상을 입을 수 있다는 것을 알고 있었는가? 당신의 복장이 햇볕에 얼마나 안전한지는 옷을 빛에 들어 올려보는 간단한 테스트를 통해 알 수 있다. 얇은 소재와 같은 느슨하게 짜여진 옷감은 최소도로 보호되고, 데님과 캔버스같은 촘촘하게 짜여진 옷은 화상방지에 우수하다.

② 시력에 미치는 햇볕의 영향력

물에서 하루를 보낸 후 보호받지 않은 눈은 야간 시력의 50% 이상을 잃을 수 있다는 것을 들어본 적 있는가? 햇볕에 노출된 2주간의 휴가로부터 시력을 회복하기 위해서는 일주일이 걸릴지도 모른다. 선글라스를 구입했을 때 그것이 "SPF-15"인지 또는 "A-80.s"로 고안된 것인지 확인해야 한다. 전문가들은 물에서 태양 반사광에 대한 추가적인 보호를 받기 위해서는 양쪽 불투명체의 선글라스를 구입하라고 말한다.

③ 10시와 2시 사이를 피하라

태양광선은 햇볕이 직접적으로 머리 위에 있을 때 가장 강하다. 이른 아침과 늦은 오후가 가장 해롭지 않다. "오전 10시와 오후 2시 사이를 피하라"는 표현을 들어봤을 것이다. 특히 이 시간동안 노출을 피하려고 항상 노력해야 한다. 그것이 효과 있는 일광절약시간을 조절하는 것이라는 것을 기억해라.

④ 화상 심화 약품

테트라시클린과 다른 항생제들, 신경안정제 그리고 이뇨제와 같은 약물을 복용함으로써 화상이 더욱 심화될 수 있다는 것은 있음직한 일이다. 만약 수술자국, 사고경험, 여드름자국이 있다면 최소 SPF-15 로션 또는 산화아연을 상처에 발라 주어야 한다. 반면에 그 상처 조직은 햇볕에 노출된 후 영원히 검게 변할지도 모르며, 전보다 나쁘게 보일 것이고 피부암의 위험도 증가할 것이다.

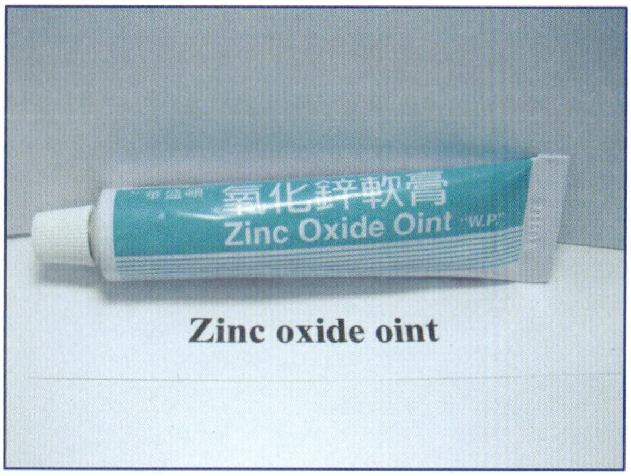

〈그림 9-4〉 산화아연

⑤ 향수와 갈색 반점

반영구적인 갈색 반점이 생길 가능성은 화장수, 향수를 뿌림으로써 그리고 햇볕에 노출되는 동안 또는 그 전에 피부에 면도용 로션을 바름으로써 증가하게 된다. 만약 햇볕에 노출되는 곳을 간다는 것을 안다면 결코 향수를 뿌려서는 안 된다. 그러나 좋은 향기를 취하고 싶다면 바셀린을 얇게 바른 후 그 위에 화장수를 발라 피부를 보호하여 가능한 피해를 최소화할 수 있다. 그리고 나서 향수를 뿌려라.

⑥ 방취제 딜레마

헥사클로로펜을 함유한 방취제나 방취 비누는 태양광선에 노출되었을 때 피부병의 원인이 될 수 있다. 이것은 민감한 피부에 가려움증이나 붉은 발진의 원인이 될 수도 있다.

⑦ 감광성 약품과 음식물

어느 정도의 항히스타민제, 항생제 또는 피임약들은 햇볕에 노출된 후 갈색 반점을 띠거나 얼룩 형태로 감염되기 쉬운 피부병의 원인이 될 수 있으며, 임신은 피임약과 같은 반응의 원인이 될 수 있다. 대부분의 의사들은 출산할 때까지 햇볕을 피하라고 충고한다. 감광성 음식물은 — 감귤류의 과일, 셀러리, 무화과, 방풍나물(parsnip) 그리고 바닐라 — 햇볕에 나가기 전에 먹어서는 안 된다.

⑧ 백내장

인간의 눈은 태양에 극도로 상처받기 쉽다. 미국에서 매년 백만명의 백내장을 가진 사람의 대략 10% 정도가 태양과 관련이 있다는 연구가 있어왔다. 눈꺼풀의 얇은 피부는 피부암의 대상이다. 선글라스는 절대적으로 필요하나 금속의 테는 매우 뜨거울 수 있다. 극도의 무더위 동안에는 그것을 집에 두어라. 플라스틱 테가 이 기간 동안에는 적격이다.

⑨ 눈 밑의 검은 얼룩

태양에 오랜 시간 노출 후 눈 밑이 검고 건조해 보이게 되어 기름기 없는 상태로 변하는 것을 이미 알고 있었을 것이다. 햇볕에 노출되기 전에 아이크림이나 바셀린을 바르는 것은 검은 얼룩이 생길 위험을 상당히 줄여준다.

⑩ 코의 손상

장기간 태양의 자외선에 노출되는 것은 코의 연골에 해를 입힐 수 있으며 심각한 경우 코끝이 주저앉는다는 연구가 있어왔다. 산화아연을 추천하며 챙이 있는 모자를 쓰는 것 또한 바람직하다.

⑪ 부적절한 플라스틱 테니스 모자

플라스틱 테니스 모자가 코를 가릴 수는 있으나 플라스틱은 바람이 통하지 않는다. 테니스 모자는 바다에서는 부적당하여 이마를 뜨겁게 하는 불편함이 있다. 추가로 그것은 두피를 보호하지 않는다.

⑫ 입술 보호

바셀린 또는 꿀은 입술을 촉촉하게 유지하는데 도움이 된다. 몇몇 SPF-15 색깔 없는 립 글로즈는 눈을 보호하는 만큼의 두 배의 역할을 한다. 대다수에게 매끄러운 스틱형은 눈에 가까이 바를 때 눈 속에 들어가게 되는 로션보다 훨씬 바르기 쉽다.

⑬ 두피 방지

상처입기 쉬운 두피에 화상 입는 것을 피하기 위해 모발에 자외선차단제를 바르는 것을 잊지 말고 모자를 쓰는 것도 도움이 된다. 모발에 컨디셔너를 사용하는 것 또한 건조하고 탈색된 모발로부터 햇볕을 차단하며 특히 화학제품을 사용했던 모발에 필요하다.

⑭ 하루 종일 지속되지 않는 자외선차단제

땀을 흘리거나 수영하는 동안 자외선차단 로션은 지워지고 효능이 떨어진다. 공식적 조언은 밖으로 나가기 15분 전에 자외선차단 로션을 바르고 햇볕에 노출되는 동안 자주 덧바르라고 한다. 이러한 지속적인 보호는 새로운 콜라겐 조직, 엘라스틴 섬유 그리고 결합조직을 생성함으로써 자외선 피해로부터 피부를 개선한다.

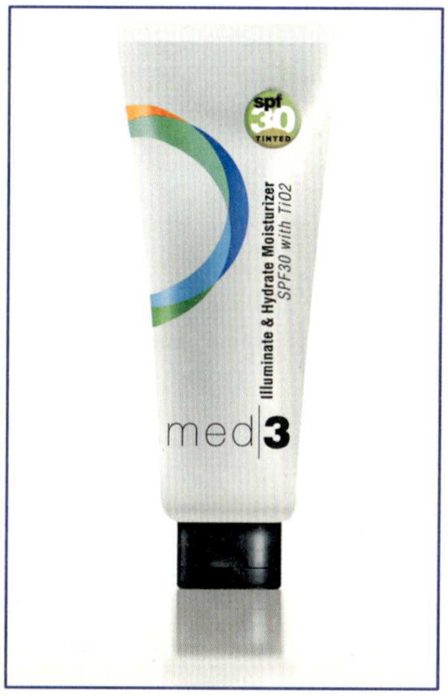

〈그림 9-5〉 자외선 차단제

⑮ 피부 함수화합물

수영, 스노클링 혹은 스쿠버다이빙을 하던지, 만약 오랜 시간 바닷물에 들어가 있다면 대부분의 방수용 선탠 로션은 씻겨질 뿐만 아니라 피부 또한 심하게 건조해질지도 모른다. 얼굴, 목 그리고 다른 노출된 신체부위를 좋게 수화하려면 우선 병에 든 물로 피부를 축인다. 절대 소금물이나 염소 처리된 물은 사용하지 마라. 그런 후 용해된 바셀린 반과 코코아버터 용해된 것 반의 혼합물을 부드럽게 하여 습하게 봉한다. 그 기름진 결합은 바닷물에 의한 과도한 수분 손실의 보호방책이 된다(이러한 보호책은 염소처리된 그리고 염소처리되지 않은(nonchlorinated) 풀과 호수에서도 똑같은 역할을 한다).

⑯ 수영 후 빨리 씻기

수영 후 몸을 빨리 씻는 동안 물과 당신이 선호하는 샴푸를 6:1의 비율로 혼합한다. 비누 거품을 내고 스펀지로 샤워하라. 다 씻은 후에는 가급적 빨리 타월로 닦아라. 습한 상태에서 피부세포는 평평해져서 뜨거운 태양광선이 조직의 상당 부분을 침범하게 한다.

⑰ 피부를 부드럽게 하는 알로에 베라

알로에 베라 젤을 바른 후 바셀린을 발라주어 선탠의 효과를 높일 수 있다. 이 두 가지는 선탠을 지속하게 하고 만족시키며 피부를 달래준다.

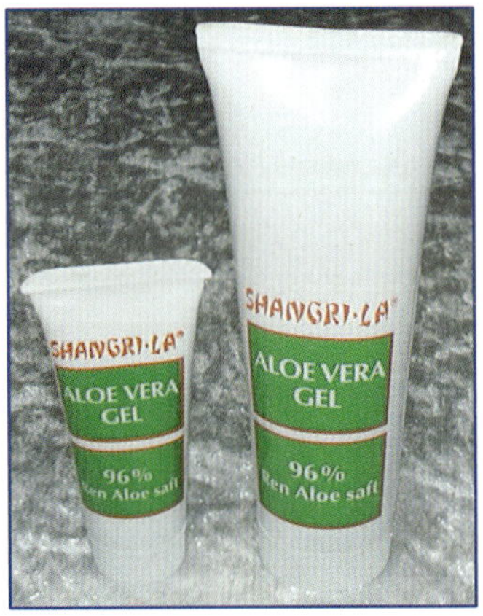

〈그림 9-6〉 알로에 베라

3) 심한 화상의 응급치료

① 저렴한 화상 응급치료

화상의 응급치료는 비싸지 않아도 된다. 튜브식 알로에 베라 젤(99센트), 꿀단지(1.59달러) 또는 바셀린 작은 통(1.29달러)이 화상의 통증과 치료에 사용할 수가 있다. 이밖에 비싸지 않은 대체용으로 소독용 알코올, 우유 그리고 베이킹소다가 있다. 이러한 것들을 이미 갖고 있을지도 모르며 가게에서 쉽게 구할 수 있고, 항해중에 쉽게 치료할 수 있다.

② 무료의 화상 진통제

심지어 무료 화상 치료도 있다. 동네 식당에서 생선이나 샌드위치를 먹을 때 주는 일인용 마요네즈팩은 화상 진통제로써 두 가지 역할을 한다. 화상을 입은 피부는 산소와 결합시 고통을 느낀다. 마요네즈로 피부에 살짝 발라주면 원상태로 회복시켜주며 그을린 피부에 공기가 들어오지 못하도록 보호하며 통증을 줄여준다.

③ 아스피린과의 관계

만약 햇볕에서 너무 많은 시간을 보냈다면 붉어지기 전에 아스피린 두 알을 먹어라. 아스피린은 피부의 염증을 일으키는 조직을 가라앉혀 피해를 막는데 도움이 된다. 그것은 또한 진통제로도 잘 알려져 있다. 그러나 만약 탈수상태라면 아스피린 대신 찬물을 충분히 마시고 다음 정보에 약술된 치료단계를 시작해라. 또한 빈 필름통은 아스피린이나 다른 처방제를 위한 좋은 알약용기가 된다. 그것은 방수가 되며 휴대하기도 좋다.

④ 첫 번째 단계 : 화상 입은 피부를 식혀라

화상을 입은후 첫 번째 치료법은 열이 나는 피부를 식히는 것이다. 다음 액체 중 어느 것이든 튀겨주고, 매끄럽게 하거나 혹은 뿌려준다: 3테이블 스푼의 베이킹소다를 1쿼트의 물에 혼합한 것 혹은 1테이블스푼의 소독용알코올을 2컵의 찬물에 섞은 것. 또한 이러한 혼합물에 수건을 흠뻑 적셔서 화상 부위에 대어주어 습포로써 쓸 수 있다.

찬 우유를 적신 수건 또한 피부의 화상을 회복시켜주며, 피부를 진정시키는 습포 역할을 한다. 적신 수건은 화상부위에 직접 대어주어야 한다. 또다른 효율적인 습포로 진한 냉차 용액에 적신 수건이 있다. 처음의 식히는 과정을 끝낸 후 화상을 입은 부위는 피부로부터 산소를 유지시킬 막이 필요하다. 이때 산소와 피부의 접촉은 타는 듯한 느낌을 준다.

⑤ 모성본능의 화상치료제

알로에 베라 젤은 진통적인 화상 치료제이다. 그것의 성분중의 하나는 사연스럽게 고통을 없애주는 아스피린과 관련이 있다. 알로에 베라는 차갑게 식히고 진정시킬 뿐만 아니라 치료과정에서도 도움이 된다.

⑥ 알로에 대체약품들

꿀은 여러 종류의 가장 좋은 화상연고 중 하나로 오랫동안 인정되어왔다.

바셀린은 용기에서 직접 피부로 바를 수 있다. 만약 피부가 화상뿐만 아니라 건조해졌다면 바셀린을 바른 몇 겹의 거즈를 붙이고 효과를 높이기 위해 가장 낮은 온도로 설정된 가열패드로 덮어준다. 가열패드는 10분 이상 덮어주어서는 안 된다.

베이킹소다는 물이나 우유와 혼합하여 화상 입은 피부를 덮는 보호 연고로 만들 수 있다. 최소 1시간 동안 이 혼합물을 떼어내지 마라. 이 혼합물은 공기가 통하는 벽을 만들면서 손상된 피부를 진정시키며 고통을 없애준다.

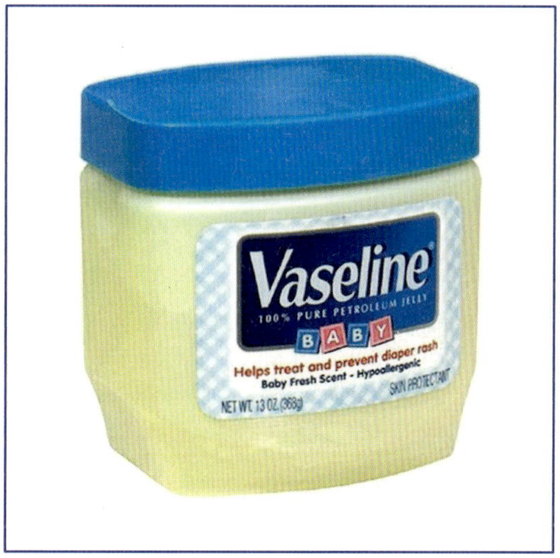

〈그림 9-7〉 꿀과 바세린

⑦ 감염된 물집을 그냥 두지 마라

만약 손상된 피부에 물집이 생겼다면 감염을 예방하기 위해 우선 물집이 생긴 부위를 부드러운 비누와 물로 청결하게 한다. 진무른 피부를 말린다. 피부를 더 자극할 수도 있고 물집이 터질지도 모르므로 수건으로 문지르지 마라. 마지막으로 물집을 일부러 터트리려 하지 마라.

⑧ 치료의 시작

다음과 같은 물질들의 보호막은 치료과정를 진전시킬 것이다. 알로에 베라 젤, 바셀린, 꿀 또는 비타민 E, 비타민 E 캡슐을 자르고 젤 몇 방울을 피부에 직접 짤 수 있다.

⑨ 입술치료제

햇볕에 노출되어 건조해지고 트고 갈라진 입술을 위해 다음과 같은 치료제를 얇게 발라주면 더 많은 손상으로부터 입술을 보호하고 무른 조직을 다시 습하게 할 것이다. 꿀, 바셀린 또는 A&D 연고는 입술치료제로 유용하다.

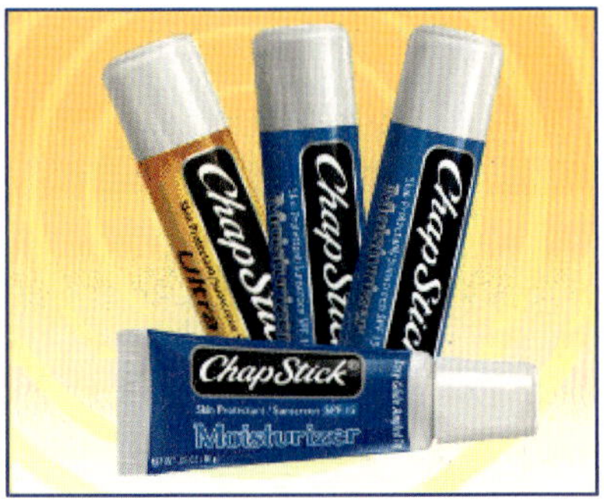

〈그림 9-8〉 chap stick

⑩ 탈수 음료

탈수(아마도 뜨거운 태양아래 갑판 위에서 너무 오래 앉아 있음으로 인한)로 인해 잃은 수분을 보충하기 위하여 필요한 몸의 염분을 복원해주는 미네랄 음료를 만들기 위해 1쿼트의 물을 끓이고 보통의 1티스푼 소금, 1티스푼의 베이킹소다와 4티스푼의 설탕을 넣는다. 모든 것이 완전히 녹을 때까지 저어준 후 만약 선상에 분말로 된 과일음료가 있다면 적당량 섞어준다. 탈수상태인 사람에게 한번에 4~8온스 정도 천천히 마시게 준다.

⑪ 열사병

열사병, 또다른 햇볕과 관련된 질병은 두 가지 주요 증상이 있다. 현기증 또는 과도한 땀 배출로 인해 수분을 잃게 되어 생긴 구토증이다. 빠르게 원기를 회복할 수 있는 무설탕음료는 8온스 컵의 물 또는 레몬에이드에 1/8티스푼의 소금과 1/4티스푼의 베이킹소다를 추가하여 만들 수 있다. 환자에게 천천히 반만 마시게 준다. 소금과 소다는 땀을 통해 잃은 생명유지에 필요한 미네랄의 대부분을 빠르게 회복시킨다. 만약 그 환자가 계속해서 아프다면 남은 4온스를 마시게 한다.

열사병 회복을 돕기 위해서는 그 환자를 배에서 가장 그늘지고 시원한 곳으로 옮긴다. 가능하면 환자를 눕혀라. 옷은 느슨하게 한다. 그 환자의 이마와 몸에 시원하고 젖은 옷들을 놓아라. 만약 증상이 심각하고 악화되거나 1시간 이상 지속될시 전문의의 주의를 받아라.

3. 항해 중 정보

1) 선박조종술

① 바람 부는 날의 해도 판단

선상에 3M(쓰리 엠사)의 테이프 두 개를 준비해라 - 하나는 조종실에, 다른 하나는 키에 둔다. 바람 부는 날 이 테이프는 해도를 제자리에 고정시킬 수 있다. 이 코발트 청테이프는 어디라도 붙일 수 있다. 메모를 계기판 또는 방풍유리에 붙인다. 어떠한 끈끈한 잔여물 없이 일주일 후에 제거할 수 있다.

② 빈병의 활용

늦은밤 닻을 내릴 때 심지어 체인의 길이가 15피트일지라도 닻줄은 물아래 물체들에 의해 쓸려 벗겨질 수 있다. 이것이 느슨해지고 물밑에 쓸려 위험하게 벗겨지는 것을 막기 위해 체인의 끝에서부터 5~10피트 정도에 빈 소다병(단단히 닫힌)이나 다른 뜨는 것을 완충장치로 묶는다.

③ 정원 도구를 이용하여 닻줄 감기

닻줄을 당기는 것이 체육관에서 100파운드를 들어 올리는 것과 같다면 평범한 정원에서 호스 감는 기계로 닻줄을 감아주어 그 과정을 쉽게 한다. 이제 해야 할 것은 크랭크를 돌리는 것이다. 릴(reel)은 큰 요트에서는 닻의 승강구에 붙어있고 작은 배에서는 뱃머리의 레일에 붙여진 나무로 된 판자에 붙여질 수 있다.

④ 노아의 수심 측정기

어려운 해협에서 운항하는 동안 수심측정기가 오작동한 적이 있는가? 당신 앞의 해협에 궤도를 맞추기 위해서는 낚싯줄에 커다란 찌를 매달고 그 밑에 찌를 충분히 당길 만한 추를 달아준다. 당신 요트의 설계도에 적합하도록 추 위에 찌의 높이를 맞추고 다른 아래쪽에도 해라. 그리고 나서 직접 뱃머리 밖으로 던진다. 만약 찌가 아래로 당겨졌으면 당신의 방향은 해협 궤도에 맞춰질 것이다. 만약 찌가 표면위로 떠오르면 추가 밑을 치면서 당신의 요트는 계속해서 같은 방향으로 갈 것이다.

⑤ 나침반 항로이탈 오류

나침반 항로이탈 오류를 체크하는 입증된 방법은 요트를 알려진 길에서 조종하는 것과, 나침반이 가리키는 것과 기준 사이의 차이점을 메모하는 것으로 구성된다. 또는 이러한 방법의 간단한 변화를 이용해라. 고요한 날을 선택해라. 최소 반마일 동안 180도를 가리키는 나침반 방향에서 고정된 주간용 항로표지(혹은 부표) 저편으로 조종해라. 선미위에서 작은 표시를 떨어뜨려라. 그 표시를 향하여 돌고 되돌아오면 그 표시는 주간용 항로표지와 일렬로 정렬되어 새로운 코스가 만들어진다. 나침반에 의해 조종하지 마라. 왜냐하면 당신은 지금 상호적인 코스에 있고 나침반은 0도를 가리켜야 한다. 만약 그렇지 않다면 그 차이는 당신의 실수이다. 이런 차이의 반은 교정해라. 가능하면 많은 에러가 없어질 때까지 주간용 항로표지로부터 180도까지의 운항을 표시하고 상호적 방향에서 돌고, 조절하는 과정을 반복해라. 그것은 북/남 방위를 교정할 수 있다. 이제 동/서(90/270도)에도 똑같이 해라.

⑥ 메아리 소리

만약 완두콩 수프를 먹는 동안 레이더에 다른 방향임이 포착된다면 해안으로 돌아가기 위해 이 기술을 시도해라. 기적소리와 같은 소리신호를 이용하여 메아리치는 시기를 잡는 것이다. 만약 메아리가 돌아오는데 5초가 걸린다면 육지로부터 거의 1/2마일 정도 떨어진 것이다. 10초는 거의 1마일과 같다. 절벽이나 숲이 우거진 해안가에서 가장 잘 적용된다. 평평한 모래 해변에서는 소리가 잘 반향되지 않을 것이다.

⑦ 날씨의 단서로써의 바람

날씨를 예측하길 원하는가? 전통적으로 북풍, 북서풍 그리고 남서풍은 상쾌한 날씨를 수반한다. 그리고 남풍, 동풍, 북동풍은 비와 눈을 수반한다. 습한 남풍은 저기압 끝에 따른 폭풍이 다가옴을 예고한다. 차갑고 끈적한 동풍은 기압계를 떨어뜨릴 조짐을 보이고 폭풍이 직면했음을 나타낸다. 따뜻한 날씨에서 이런 경고들은 대개 비를 의미하고 겨울에는 눈을 의미한다. 구름낀 하늘과 함께 북서쪽에서 북동쪽으로 부는 이동성바람이나 마찬가지로 남서쪽에서 남동쪽으로 부는 바람은 좋지 않은 날씨를 미리 예보한다. 보기 화창한 날에 남서쪽에서 남동쪽으로 부는 이동성 바람은 대개 비를 수반한다.

⑧ 구름과의 관계

일단 바람의 방향을 숙지했으며 위를 쳐다보고 구름에 대해 메모를 해라. 맑은 하늘일 때 거의 매일 우리가 보는 솜털 같은 하얀 구름은 새털구름이라 부르고 그것은 온화한 날씨의 신호이다. 만약 그것이 합쳐지기 시작하고 뭉쳐진다면 곧 폭풍우 구름이 올 것이다. 그 구름 덩어리는 규칙적인 모루 형태로 평평해질 것이며, 비가 내리기 전에 어둡게 변할 것이다. 하늘 높이 떠 있고 조랑말 꼬리처럼 분무된 형태를 나타내는 길고 가는 구름(권운)은 안전하며 늘어나거나 합쳐지지 않는다. 그럼에도 불구하고 그들이 합쳐진다면 눈을 떼지 말고 보아라. 거친 폭풍우를 가져올 수 있다.

낮은 구름들은 명확한 형태가 없고 비가 올지 안 올지 모르는 태양이 감추어진 회색빛 하늘과 종종 혼동된다. 만약 바람이 북동쪽에서 남쪽으로 분다면 강우가 쌓일 수 있다. 어두운 청색 또는 회색부분이 있는 회색하늘처럼 보이는 낮은 구름은 또한 비가 온다는 신호이다. 네 가지의 기본 구름형태들은 종종 대부분이 어둡거나 밑부분이 어두운 형태의 폭풍우 구름을 형성하려고 함께 뭉친다. 추가로 북동쪽에서 남쪽으로 또는 동쪽에서 남쪽으로 부는 바람은 곧 폭풍이 온다는 것을 알려준다.

⑨ 기압계 수치

만약 기압계를 가져오는 선견지명이 있다면 그것을 이용해라. 기압계가 떨어지는 것은 폭풍이 다가오는 것을 나타내고 올라가는 것은 이미 맑은 날씨가 계속되거나 다가온다는 것을 의미한다. U.S Coast Guord Boating Guide 라는 참고서적에는 바람 방향과 현재 기압계 수치의 결합을 이용하여 날씨를 예측하는 폭풍우 예상표를 포함하고 있다. 복사본을 얻기 위해 지역 Coast Guard 지점에 연락해라.

⑩ 번개의 가르침

만약 당신이 번개를 동반한 폭풍우가 다가왔을 때 자신의 상황을 알려면 번개가 번쩍이고 천둥이 따르는 사이가 몇초인지 세어라. 당신과 폭풍 사이의 거리는 매5초당 1마일로 계산할 수 있다.

⑪ 비가 언제 그칠 것인가?

비가 언제쯤 그칠 것인지 당신은 어떻게 아는가? 북동쪽에서 남쪽으로 부는 바람이 서쪽으로 이동한다면 보통 폭풍우의 휴지기를 의미한다.

〈그림 9-9〉 번개

⑫ 해답은 하늘에 있다

항상 아침과 초저녁 하늘을 주시해라. "아침의 붉은 하늘은 선원에게 경고한다. 밤의 붉은 하늘은 선원의 기쁨이다." 라는 것은 당신이 생각하는 것처럼 그렇게 어리석은 것이 아니다. 붉거나 짙은 오렌지색의 일출은 대개 앞으로 24시간 안에 비가 올 날씨임을 예보한다. 구름낀 아침은 폭풍우와 더욱 가까워진다. 그러나 붉거나 짙은 오랜지색의 일몰은 종종 다음날 좋은 날씨임을 예보한다. 가장자리에 약간의 풀빛을 띠는 금빛 일몰은 다음날 바람이 거셀 것을 경고한다. 회색빛 일몰은 곧 비가 올 것을 의미한다.

⑬ 무지개의 해석

무지개 또한 앞으로의 날씨에 단서를 제공한다. 오전의 무지개는 다가올 또는 형성중인 폭풍우를 의미한다. 정오의 무지개는 불안정한 날씨의 조짐이 된다. 저녁의 무지개는 폭풍이 끝났음을 의미한다. 해무리(무지개 모양의 벨트가 태양을 둘러쌓는 것)를 보았다면 추운 날씨가 올 것을 예고한다.

⑭ 당신의 코가 혹사된 적이 있는가?

청각과 후각은 폭풍우가 접근함에 따라 더욱 민감하게 반응한다. 저기압 전선이 소리와 냄새를 확대시키기 때문이다. 저기압 전선은 또한 아픔과 고통을 증가시키며 특히 전에 골절상이나 근육통 경험이 있었던 것과 관련이 있다. 잠시 멈추고 오늘의 기분이 어떤지 체크해봐라.

⑮ 당신이 본 것과 그것이 의미하는 것

만약 당신이 바닷물 위에 또는 가까이 있다면 눈에 보이는 것을 확인해라. 매우 맑게 보이는 것은 보통 소금기 있는 안개가 변하는 공기흐름에 의해 흩어지는 것을 의미한다.

육지 가까운 지역에서 불을 피워 생기는 연기와 같은 것을 주시해라. 바로 위쪽으로 날리는 연기와 갑자기 사라지는 연기는 온화한 날을 의미한다. 반면에 약하게 뜨는 두꺼운 연기는 층이 없어지고 수평적으로 가볍게 날리며 폭풍우가 올 것을 의미한다.

2) 허리케인과 폭풍우 관련정보

① 최상의 피난소를 찾아라

만약 배를 물 밖으로 이동할 수 없다면 육지쪽으로 이동하고 되도록이면 배를 은신처에 보관하고, 태풍의 눈이 가까이 이동하여 올 때는 가지가 무성한 가장 가까운 나무에 줄을 묶어라. 가지가 무성한 나무는 가지가 가늘거나 어린 나무보다 폭풍우에 견딜 수 있는 넓게 퍼진 뿌리를 가지고 있다는 것을 의미한다.

〈그림 9-10〉 폭풍전야

② 한 줄보다 두 줄이 더 좋다

두 줄로 된 예인줄과 계류줄은 폭풍우에서 좋은 선박 조종술이다. 선거에 여분의 밧줄걸이를 설치하는 것은 더욱 바람직하다. 그리고 두 줄로 설치할 때 같은 밧줄걸이에 달지 마라. 대신 우현과 좌현의 줄을 빠르게 우현 밧줄걸이에 달고 각각의 줄을 좌현 밧줄걸이에 달아라. 이 방법은 만약 밧줄걸이가 빠졌을 때 여전히 묶여있게 할 것이다.

바람이 부는 동안 묶는 또다른 요령은 배의 뒷부분을 앞바다 방향으로 해서 바우라인(Bowline)으로 끌어 선거에 넣는 것이다. 이 방법은 뱃머리의 밧줄걸이보다 선체가 더욱 팽팽하게 잡아당겨진다. 양쪽 부분이 쓸려 벗겨지는 것을 막기 위해 선미를 가로지르는 줄 주위를 낡은 티셔츠로 감싸야 한다.

③ 불리한 조건 파악

폭풍이 오는 동안 당신의 요트가 요트항에 있다면 계약서를 주의 깊게 읽어라. 당신이 계약서에 서명했을 때 심지어 요트항의 천장이 무너져 요트가 절단 날지라도 소송할 권리가 없는데 서명을 할지도 모른다.

만약 폭풍으로 인해 엄마의 밍크코트가 요트항의 지붕위로 떨어진다면 어떻게 되는가? 많은 요트항들은 책임을 선주에게 돌린다. 당신은 당신배의 장비들과 어떠한 손해에도 책임져야 할지 모른다. 서명하기 전에 확인해라.

내가 남쪽으로 순항할 때 보험을 들 수 있는가? 많은 보험업자들은 허리케인 시즌동안

22번째 위도선의 남쪽으로 운항되는 배의 보상에 대한 제안을 거절하므로 순항하는 중간에 갑자기 당신의 보상범위가 일시적으로 내려가더라도 놀라지 마라.

허리케인과 폭풍우에 대한 배타적 조항들을 조회할 때 보험회사에 의한 "신의 행동" 또는 "폭풍이라고 이름 지어진"것의 과실로 보상범위에 포함시키는 교묘한 수단의 표현이 사용된다.

④ 만약 보험회사가 돈이 없으면 지급할 수 없다

전형적인 허리케인이나 큰 폭풍우 다음 뒤따르는 큰 범위의 청구를 지급할 자산이 있는지를 확인하기 위해 보험회사의 지급능력을 확인해라. 큰 기업의 지방 자회사들은 아마도 지급할 능력이 없을지 모른다. 만약 의혹이 있다면 주 보험이사회에 문의해라.

⑤ 트레일러 요트를 땅에 안전하게 하는 것

폭풍이 오기 전에 트레일러 요트를 안전하게 하기 위해 가정용품가게에 있는 결박재를 이용해라. 요트를 트레일러에 단단히 묶고 나서 트레일러를 결박재에 묶는다.

추가로 결박재를 쓸 수 없을 때에는 보다 안정되고 구르는 것을 줄이기 위해 트레일러 바퀴의 공기를 반정도 뺀다.

마지막으로 트레일러 요트의 빌지(Bilge)에 물을 담아라. 그 보충된 무게는 제자리에 고정되도록 도움을 준다.

4. 요트의 관리와 정비 관련 정보

1) 요트 관리 정보

① 슈퍼맨일지라도 "No"라고 말할 때를 안다

곤경에 빠진 요트를 예인하는 것이 영웅적 행위일지 몰라도 만약 원하는 방향으로 대상을 옮기기에 힘이 부족하다면 그것은 어리석은 일에 불과할지도 모른다. 만약 충분한 엔진의 힘을 가졌더라도 적절하게 예인하는 방법을 모른다면 모든 선원들은 말할 것도 없고 당신의 요트

〈그림 9-11〉 요트 정비 모습

와 당신이 예인하는 요트에 결국 피해를 주는 격이 될 수 있다. 종종 당신이 제공할 수 있는 최상의 지원과 당신 요트에 요구되는 많은 정비를 방지해 주는 것은 초단파(VHF)를 이용하여 다른 배에 해상견인(Sea Tow)을 요청하는 것이다.

② 꼬아진 줄이 가장 좋다

만약 곤경에 빠진 배를 예인할 충분한 능력이 있다고 느꼈다면 나일론으로 꼬아진 줄이 가장 좋다라는 것을 기억해라. 나일론줄은 늘어나며 그리고 그것은 두 배 사이에서 충격흡수기같은 역할을 할 것이다. 당신이 사용하는 줄은 당신이 예인하려는 배에 묶기 전에 닳지 않은 상태인지, 목적물에 다가가는데 무게를 충분히 견딜 수 있는지를 확인해라. 세 가닥의 나일론줄은 예인하는 것의 무거운 하중을 견딜 수 없기 때문에 꼬아진 나일론줄이 더 좋다. 줄이 끊어졌을 때 그것은 거대한 힘으로 끊어진 위치에 따라 한쪽 혹은 양쪽 요트 모두에 다시 튕겨져 날아올 수 있다. 선원들은 쉽게 튕겨들어오는 줄에 의해 심각하게 다칠 수 있다.

③ 손상이 없는 예인

예인하는 동안에 필요치 않은 선원과 승객 모두 피해를 입을 수 있는 거리밖에 있는 것이 최선이다. 당신은 각 요트에서 예인하는 과정을 지켜볼 한 사람을 원할지도 모른다. 특히, 예인하는 요트에서 줄이 느슨해지지 않았는지 그리고 버팀목에 얽히지 않았는지 지켜볼 누군가가 필요할 것이다. 다시 말해서 뱃전(gunwale) 가까이에서 자세를 낮추고 줄이 끊어질 가능성을 확인하는 감시자를 배치해라.

④ 균형은 필수이다

절대로 예인하는 요트의 고물보의 단지 한쪽에만 예인줄을 묶지마라. 이것은 그 요트를 조종하는 능력에 심각하게 해를 끼친다. 그것은 심지어 예인하는 배에 위험할 만한 힘을 가할지도 모른다. 이러한 상황을 피하기 위해 예인줄은 항상 추진기 앞의 끝쪽에 묶어라. 이것은 아웃보드 혹은 스턴드라이브에서는 상당히 하기 쉽지만 인보드에서 행해야 함을 특히 명심해야 한다.

⑤ 물림쇠 예인 : Part 1

예인줄을 예인하는 요트에 알맞게 묶는 가장 좋은 방법은 그것을 물림쇠에 묶는 것이다. 물림쇠는 예인하는 요트의 밧줄걸이 뒤쪽과 옆쪽에 부착된 무거운 나일론줄에서 분리된 조각이다. 게다가 가능한한 추진기 앞쪽의 밧줄걸이를 선택해라. 충분히 느슨해져서 예인하는 줄이 물림쇠의 중앙에 묶여졌을 때 물림쇠는 반-V형태가 된다. 만약 물림쇠를 만들 여분의

줄이 없다면 선수줄을 사용해라. 선미줄은 실제의 예인줄이 된다. 만약 선수줄이 선미줄보다 길다면 그 대상이 안전한 거리에서 예인된 요트를 유지할 수 있게 절차를 바꿔라.

⑥ 물림쇠 예인 : Part 2

만약 당신이 물림쇠 방법을 사용한다면 당신의 예인줄은 항상 예인요트가 방향을 바꿀 수 있도록 물림쇠에 움직일 수 있는 고리와 함께 예인줄을 묶어라. 잡아당기는 힘이 증가되어 끊어질 수 있는 가능성의 증가와 위험하게 닳을 수 있는 줄로써 어떠한 날카로운 물체 또는 모서리에 의해 꼬일 수 있는 물림쇠와 예인줄이 꼬여서는 안 된다. 당신이 고른 밧줄걸이는 팽팽할 수 있도록 만들어라. 만약 밧줄걸이를 믿지 못한다면 물림쇠를 고물보 위에 있는 U-bolt에 걸 수 있다. 이것은 만약 당신의 배가 배뒤쪽의 버팀목을 잡는 거치대에 설치된 아웃보드를 가지고 있을 때 가장 잘 작동한다. 만약 당신의 배가 인보드이거나 스턴드라이브 또는 기동성을 위한 고물보 가까이에 추진기가 있는 아웃보드라면 차선책으로 뱃머리에 U-bolt쪽으로 물림쇠를 달거나 당신의 배의 양쪽 방향을 따라 선미에 그것을 잘 움직일 수 있게 하는 것이다.

- **경고** : 이런 옵션은 25피트 이하의 요트만 해당된다.

⑦ 물림쇠 예인 : Part 3

물림쇠를 뱃전의 U-bolt에 다는 것은 말처럼 쉽지 않다. 이 방법을 선택한다면 당신은 예인하는 동안 갑판 주위에 위험하게 끊어질 수 있는 가능성과 줄이 말려 올라가지 못하도록 더욱 안전하게 할 필요가 있을 것이다. 이것은 배의 중앙부에 있는 예인줄의 한쪽에 추가적인 줄을 묶어서 수행되어질 수 있다. 추가 밧줄을 가지고 당신의 배밑으로 잠수한 다음 예인줄 반대편에 그 추가밧줄을 묶기 위해 예인선의 다른 한쪽으로 올라와라. 그리고 배의 중앙부분에서 되풀이 해라. 일단 이것이 수행되었다면 그 밧줄들은 예인배의 크기에 따라 고물보 뒤의 약 10~15피트를 함께 묶어야 한다. 이때 예인줄은 고리와 함께 묶여야 한다.

⑧ 예인선 준비하기

일단 당신이 예인줄을 예인선에 안전하게 묶었다면 예인줄의 반대편은 배 앞의 밧줄걸이 또는 예인되는 배의 밧줄걸이 앞에 묶어야 한다. 그 줄이 움직이게 해서 배의 앞쪽에 직접적으로 닿지 않도록 할 것을 기억해라. 배에 승선한 선원 그리고 어떤 다른 무거운 물품들은 가능하면 뱃전을 가볍게 유지하기 위해 방향을 바꾸어야 한다.

〈그림 9-12〉 예인하는 모습

⑨ 떠날 때 닻을 준비하라

예인되는 배의 닻은 곧 쓸 수 있도록 편리한 위치에 배치해야 한다. 만약 예인줄이 끊어진다면 닻은 예인배가 통제 불능이 되는 것을 막기 위해 배 밖으로 던저져야 한다.

⑩ 거친 바다에서의 예인

만약 당신이 평온한 상태에서 높은 파도가 치는 쪽으로 예인한다면 예인 배가 또다른 파도정상에 있음으로써 예인되는 배는 예인배쪽으로 파도가 돌진하여 오지 않게 당신은 예인줄의 길이를 조설할 필요가 있을 것이다. 예인되는 배가 또다른 파도를 넘는 동안 예인하는 배는 파도를 넘을지 모르는 거친 바다에서 만약 예인줄을 적당하게 간격을 두지 않았다면 또다른 문제가 발생할 가능성이 있다. 이것은 예인줄이 지나치게 종종 위기로 모는 또는 많은 무게를 짊어지게 될 상황에 놓인 것이다.

⑪ 거친 물살에서의 예인

거친 물살에서 예인배는 또한 예인되는 배의 앞머리를 우선 파도쪽으로 향하게 매달아야 한다. 이것은 예인되는 배가 높은 파도에 의해 불필요하게 튀거나 뱃전이 돌아갈 가능성을 막아줄 것이다.

⑫ 선거 근처

당신은 아직 선거에서 조금 떨어져 있지만 가까이에 있는 것을 예인할 때 그것이 완전히 멈출 때까지 예인을 천천히 시작해야 한다. 이때 예인되는 배는 예인배쪽으로 당겨져야 한다. 선거 측면에서 떨어진 요트를 서로 옆으로 대어 함께 예인줄로 배들을 당겨야 한다. 이 두 배들은 함께 안전하게 묶은 후 천천히 시동을 켜고 조심스럽게 선거쪽으로 운전해야 한다.

⑬ 야간예인

야간에 예인할 때 만약 당신의 배에 전등이 있다면 예인되는 배에 비추어서 근접해 있는 다른 배들이 당신의 상황을 알 수 있도록 하고 예인되는 배가 떨어져 있는 상태임을 알려야 한다.

⑭ 제한된 시야에서의 예인

만약 폭풍이나 안개로 인해 시야가 심각하게 제한된 상태라면 예인배는 그 상황을 경적으로 한번 길게 울리고 거의 매 2분마다 짧게 두 번씩 울려야 한다. 가능하다면 예인되는 배는 예인배의 신호가 끝난후 직접 한번 길게 그리고 3번 짧게 울려야 한다.

⑮ 좌초되는 배 : Part 1

먼저 당신이 좌초된 배를 돕기 전에 그 과정에서 우선 그 쪽으로 가서는 안된다는 것을 확실히 해라. 만약 당신이 그 쪽으로 줄을 던질 수 있을 만큼 또는 줄을 받을 만큼 충분히 다가갈 수 없다면 그리고 예인배가 좌초된 배로부터 아래로 흐른다면 예인줄은 그것의 아래쪽으로 띄워질 수 있다. 반대상황에서도 매우 같다. 만약 좌초된 배가 아래로 흐른다면 예인배는 예인줄을 빗겨 던질 수 있다. 만약 어떠한 이유로 운반할 수 없거나 물이 매우 차갑다면 그 줄은 두 배 사이에서 미끄러질 수 있다. 헤엄치는 사람은 자신의 수영실력이 어떻든간에 구명조끼를 입어야 한다. 이것은 어떤 시합에서 솜씨를 발휘하는 때가 아니다.

⑯ 좌초된 배들 : Part 2

일단 그 줄이 좌초된 배에 던져졌다면 줄의 두 양쪽 끝을 두 배의 가장 단단한 부분에 묶어야 한다. 이것은 확실히 쉽게 풀릴 부분이 아니다. 왜냐하면 많은 밧줄걸이는 좌초된 배가 떨어져 나가기 위해 당겨지지 않기 때문이다. 만약 물결이 예인배의 뱃전을 마주보고 흐른다면 예인줄은 안전하게 흐르는 쪽 위의 배 중간에 묶어야 한다. 만약 물결이 다른 방향으로 흐른다면 예인줄은 배 끝쪽에 묶어야 한다. 만약 물결이 널리 퍼진다면 그것은 너무 강해서 예인배 또한 좌초될 수 있으므로 좌초된 배를 풀려하지 마라. 그러한 경우에서 예인배는 더 나아질 때까지 기다리거나 더 강하고 더 전문적인 예인요트를 무선 요청해야 한다.

⑰ 좌초된 배들 : Part 3

일단 예인줄이 두 좌초된 배들 사이를 확실히 묶여졌다면 예인배의 작은 닻과 여분의 줄을 잡아 예인배가 나아가는 닻줄의 팽창을 유지시키는 임무를 했던 선원들을 철수시켜야 한다. 만약 정확히 끝냈다면 예인배의 이와 같은 보증은 구출하는 동안 좌초선을 없애지 않을 것이고 구출된 배는 다시 좌초되지 않을 것이다. 만약 당신에게 승선한 필수요원이 있다면 각각의 배에 한 사람은 좌초되는 동안 예인줄을 주시해야 한다. 이것은 작은 닻줄을 잡는 것을 담당하는 사람과 같은 사람이어서는 안 된다.

〈그림 9-13〉 좌초된 배

⑱ 좌초된 배들 : Part 4

예인하는 동안 천천히 일시적으로 전진하는 움직임은 좌초된 배가 풀려질 때까지 예인선에 의해 유지되어져야 한다. 갑자기 엔진을 고속회전시킴으로써 어떤 다른 행동들은 줄을 끊는 위험성을 높이고 심각한 피해의 원인이 된다.

2) 정비 관련 정보

요트 정비공장을 선택하는 것은 당신이 해야 할 가장 중요한 항해상의 결정 중 하나이다. 다음의 지침이 도울 것이다.

① 배에 대한 전문가인지 확인해라

우선 당신 요트의 크기와 종류를 전문적으로 하는 정비공장을 찾는다. 모터요트를 전문적으로 하는 규모가 큰 정비공장은 아웃보드의 15피트 요트로 무엇을 하는지 모를 수도 있다는 것을 기억해라.

② 전문가를 찾아라

지역 편의시설의 리스트 작성후(아마도 지역의 직업별전화번호부와 약간의 전화통화로부터 간편하게 뽑았을 것이다) 당신이 원하는 유형의 정비를 전문으로 하는 사람에 대한 선택의 폭을 좁힌다. 예를 들어 유능한 엔진 정비사라도 유리섬유 정비에 대해 문외한일지도 모른다.

③ 철두철미하게 정비공장을 점검해라

다음으로 정비공장이 얼마나 오랫동안 영업해왔는지 알아야 한다. 철처한 조사는 훈련되지 않은 정비공장 직원의 과실로 인한 방치된 요트에서 기인하는 많은 피해로부터 면할 수 있게 한다.

④ 정비사의 경력은 어떤가?

정비사의 양성과정에 대해 질문해라. 무슨 스쿨을 다녔는가? 정비시설에서 직원을 정기적인 세미나에 보내는가? 바로 전의 세미나는 언제였는가? 무슨 주제였는가? 정비공장 벽에 자격증이 있는지 확인해라. 대부분의 자격이 주어진 정비사들은 그들의 전문지식을 자랑스럽게 여긴다.

⑤ 정비공장의 사무절차는 규칙대로 이루어지는가?

정비공장은 공식적으로 인가되었는가? 보험에 가입되었는가? 그리고 공채로 보증되어 있는가? 그렇지 않다면 결함이 있는 정비공장과 청구도 할 수 없다는 것을 알게 될지도 모른다. 결국 거금이 될 수 있다.

⑥ 모든 것을 실패했다면...

최종적으로 만약 해양여행을 믿을 안전한 정비공장을 어떻게 찾아야 할지 속수무책이라면 혹은 이전 단계를 통해 정해진 정비공장을 검토하고 싶다면 수소문해라. 당신의 지역 선거현장주임, 해상보험대리점, West Marine과 같은 해상용품상점, 그리고 해상조사관은 지역 정비공장과 정비편의시설을 관리하여야 하는 전문가들이다.

5. 기 타

1) 각종 유용한 정보

① 수평기의 대용

요트를 정비하는 동안 수평기를 잊었는가? 병이나 낡은 유리용기의 3/4을 물로 가득 채운다. 문제의 부분에 그것을 옆으로 세운다.

② 도구의 분실

도구를 떨어뜨렸는가? 문제없다. 물속에 빠진 도구를 되찾기 위해 선내에 있는 길이가 긴 밧줄에 자석을 붙이고 이 같은 경우에 던져 넣어라.

〈그림 9-14〉 J-B Waterweld

③ 바다에서의 정비

새는 구멍에서부터 펑크난 선체에 이르기까지 무엇이든 없어서는 안될 때 신속하게 임시로 수리하기 위해 J-B Waterweld (903-885-7696)와 같은 냉간 용접기를 사용해라.

신속하게 임시로 수리하기 위한 또다른 편리한 알루미늄 PVC 엑폭시수지(PVC 엑폭시는 민물용 시스템 누수에 유용하다)가 있다.

반으로 부서진 조그마한 플라스틱 물건을 임시로 수리하려면 스크루드라이버의 끝을 뜨겁게 해서 부서진 두 개의 끝에 댄다. 그리고 들러붙는 동안 재빨리 그 끝을 같이 눌러준다.

④ 빈 소다병은 버리지 마라.

일회용의 비상시 깔대기를 만들기 위해 2리터 소다병 맨위를 자른다.

두레박이나 작은 삽 형태를 만들기 위해 플라스틱 1/2갤런 우유통 밑부분을 자른다.

⑤ 스크류의 해결

나사 머리가 없는가? 낡은 홈에 90도 각도로 새 슬롯을 자르기 위해 작은 쇠톱 칼날을 이용한다.

십자 나사못 머리가 없는가? 소량의 3M의 5200은 세게 죄는 것이 필요한 스크루드라이버를 위해 필요할지도 모른다. 5200은 사용에 앞서 잠깐동안 해결하게 한다.

녹슨 나사나 볼트는 부서지기전에 그것을 제거할 수 있다. 완강한 금속이 될 때까지 녹슨 볼트나 나사의 남아 있는 부분 전부를 갈거나 줄질한다. 그리고 나서 연마휠로 새 스크루드라이버 V모양의 홈을 만든다.

만약 나사가 구멍에서 맞물림없이 돌고 있다면 다음과 같이 해라. 실, 낚싯줄 혹은 치실로 나삿니주위를 감고 나사를 다시 넣어라. 그렇게 하지 않으면 접착제가 스며든 나무, 성냥개비, 혹은 이쑤시개를 조금 구멍에 쌓아올린다.

⑥ 지갑에 있는 소지품은 쓸데가 있다

여성지갑은 정비용구의 원천이 될 수 있다. 특히 손톱줄을 갖고 있다면 그것은 더렵혀진 점화선을 청소하는데 유용하고, 혹 손톱글루는 비상시 우수한 접착제가 된다.

⑦ 효율적인 창고

갑판에서 운반하기 너무 무거운 하나의 마스터박스보다 분류된 작은 박스에 도구를 나누는 것이 훨씬 효율적이다. 낡은 안경통, 특히 딱소리내며 잠기는 클램쉘 타입(clamshell type)은 우수한 도구모음통, 드릴촉홀더가 되며, 그리고 선내에서 유용한 창고공간을 조금 넓혀준다.

만약 애완동물이 유리섬유선거박스를 흐트려서 짜증나게 한다면 선반 옆에 붙게하여 정리한다. 선반은 지붕홈통의 형태로 만들 수 있으며 그리고 작은 플라스틱 양념통을 선반에 얹을 수 있다. 선상의 예비 백열전구는 깨지지 않도록 종이타월로 싸고 유리잔이나 큰컵 옆에 보관한다.

⑧ 요트복 세탁의 기술

만약 빌지(bilge)에서 일하는 동안 녹슨 볼트를 닦고 있다면, 옷에 더러운 얼룩이 묻을 수 있다. 소금, 레몬주스 그리고 식초의 혼합물로 녹얼룩을 씻음으로써 당신의 요트복을 보존할 수 있다. 일단 얼룩이 지워지면 담수에서 옷을 씻는다. 그러면 레몬과 같은 냄새는 나지 않을 것이다. 물과 이소프로필 소독용 알코올을 1:1비율로 혼합하여 뿌린 후, 가볍게 두드려서 요트복의 맥주얼룩을 지운다.

셔츠에 짙은 땀 얼룩을 지우기 위해서는 우선 빗물이나 증류된 물에 30분 동안 담근다. 얼룩이 남아 있다면 메탄올변성 알코올과 암모니아 3:1비율의 혼합물을 준비하고 가볍게 두드린다. 깨끗한 물로 헹구어 옷을 빤다. 그리고 재료가 화기에 가까이 두지 않도록 덮개가 없는 화염에서 멀리 두었는지 확인한다. 선장이 엔진을 고속회전시켰을 때 커피를 엎질렀는가? 만약 그것이 최근에 묻은 얼룩이라면 그 위에 소금을 쏟아라. 그것은 커피와 얼룩을 곧 흡수한다. 만약 얼룩이 깨끗한 하얀 옷감에 있다면 얼룩을 과산화수소, 레몬, 혹은 염소수로 헹구어라. 만약 색깔 있는 옷감이라면 미지근한 물로 씻고 그 뒤 염소수로 헹구어라.

- 주의 : 위 사항은 물세탁 가능한 옷에만 적용된다.

⑨ 선거 관리

사람들이 남긴 소다 캔들이 주위에 뒹굴고 있는가? 어떤 기름이나 윤활유 얼룩을 부식시키기 위해 시멘트 선거나 홈에 소다를 쏟고 호스로 헹군다.

시멘트 선거에 곰팡이 축적물을 제거하기 위해 분말로 된 세탁세제 2scoop, 표백제 1컵 그리고 물 2~3갤런으로 물통을 채우고 선거를 문지른다. 그리고 정원호스로 헹군다. 그것은 곰팡이를 제거하고 부식을 막는다.

⑩ 베이킹소다의 다양한 이용

베이킹소다는 선상 어디서나 휴대 가능한 물품이고 치약, 방취제, 소금, 냄새나는 신발들을 위한 탈취 그리고 세탁세재를 대신할 수 있다. 또한 화상이나 벌레물림의 상처치료에도 효과적이다.

〈그림 9-15〉 베이킹소다

부록

요트항해입문

부록1 용어번역 기준과 해설

- 가능한 한글용어를 사용하나 부분적으로 영문용어가 필요할 때는 한글 발음과 영문용어를 병용함.

  예 킬(Keel), 세일(Sail), 러더(Rudder)

- 한글용어가 있지만 의미가 어렵거나 문장이 길어져 용어상 원어 사용의 이해가 빠를 경우 혼용하여 사용함.

  예 가이(guy)는 아딧줄이라는 한글용어가 있으나 의미가 어렵고 편의상 가이로 통일하여 사용함.

- 의역으로 인하여 문장이 혼란스러워질 때는 영문용어의 한글 발음을 그대로 사용함

  예 리웨이(Leeway)

- Cruise Yacht는 크루저요트로 통일함.

- 이해가 어려운 중요용어는 그림과 함께 부록에서 다시 설명함.

[요트용어]

- backstay(뒤쪽 스테이)

  돛대로부터 선체의 후부로 연결되는 지지로프

- ballast(밸러스트, 균형추)

  요트의 복원성을 증가시키기 위해서 보통 요트의 킬(keel)위나 킬에 사용하는 중량물

- batten(배튼)

  돛이 휘는 것을 방지하기 위해서 돛에 끼우는 가늘고 긴 막대기, 돛의 리치 부분을 펴기 위해서 사용되는 가늘고 긴 나무나 플라스틱제의 얇은 활대

- batten pocket(배튼 포켓)

  돛의 리치 부분에 배튼을 넣는 주머니

- beam(빔)

  선체의 너비. 폭

- beam reach(빔 리치)

  풍축을 중심으로 90°방향으로 범주하는 상태

- bear away(베어 어웨이)

  요트가 (조류 등에 의해서)밀리는 현상

- bearing(베어링)

  요트가 조류의 힘으로 밀리는 것

- beating(비팅)

  풍상을 향해서 범주하기 위해 이리저리 태킹하는 것

- blanketing(블랭킷팅)

  어떤 요트의 풍상에 위치하여 풍하로 불어가는 바람을 차단하는 것, 메인세일에 의해서 헤드세일이 이 영향을 받음.

- block(블록)

  도르래

- boathook(갈고리 장대)

  브이 등을 걸기 위한 갈고리

- boom(붐)

  돛의 하단을 고정시키는 수평 봉

- boom vang(붐 뱅)

  붐을 돛대에 연결하는 와이어나 짧은 줄

- bow(선수)

  선수(船首), 이물

- bowsprit(선수활대)

  선수부분에서 여러 가지 세일이나 장비를 고정하기 위한 장치

- cam cleat(캠 클리트)
  줄의 장력을 편리하게 고정시켜 주는 장치
- camber(캠버)
  돛의 볼록한 곡률 모양
- cat rig(캣 릭)
  돛 한 장으로 의장하는 요트
- catamaran(캐터머랜)
  비교적 좁은 폭의 선체 2개를 평행하게 이은 것으로, 안정성이 있고 빠르게 달릴 수 있는 쌍동선
- centerboard(센터보드)
  배의 복원성을 높이고 옆으로 밀리는 것을 방지하기 위해서 선저 아래로 내리는 판 모양의 구조물
- cleat(클리트)
  밧줄에 묶어 매기 위한 밧줄걸이, 시트나 핼러드를 묶는 부품
- clew(클루)
  돛귀, 돛에서 택의 반대쪽 모서리
- close hauled(클로스 홀드)
  요트가 풍상으로 유효하게 범주할 수 있는 정도까지 시트를 바짝 잡아당겨서 약 45°로 범주하는 것
- cockpit(칵핏)
  세일링을 하기 위한 조종장소, 소형 요트에서 사람이 타는 장소
- come about(택킹시 구령)
  요트의 방향을 바꾸는 것
- crown(묘정)
  닻의 모양 중 닻기둥과 날이 만나는 가운데 지점
- cruiser(크루저 요트)
  크루저요트를 칭하는 명칭

- cunningham hole(커닝햄 홀)

  돛의 택 부분 위에 짧은 간격으로 있는 구멍(돛 줄임시 사용함)

- deep keel(디프 킬)

  배가 옆으로 흐르는 것을 막기 위해 킬의 일부를 물속으로 깊게 튀어 나오게 한 것

- dinghy class(딩기 요트)

  소형 요트

- down wind(풍하)

  요트 뒤편에서 바람을 받고 항해하는 것

- downhaul(내림밧줄)

  스피네이커 폴을 지지하기 위한 내림밧줄

- draft(깊이)

  흘수선부터 킬까지의 깊이

- fluke(닻혀)

  닻의 날 중 화살표 모양의 뾰족한 끝 부분

- forestay(앞쪽스테이)

  앞 돛대의 앞 밧줄, 돛대에서 선수 쪽으로 연결된 돛대 지지용 와이어 또는 로프

- furling(펄링)

  돛을 감아올리는 것

- genoa(제노아)

  미풍용으로 사용되는 큰 지브 세일

- gooseneck(구즈넥)

  붐을 돛대에 잇는 부품, 붐과 마스트를 잇는 장식

- groove(그루브)

  돛을 끼우기 위한 돛대나 붐

- guy(당김줄)

  스피니커를 당기는 밧줄

- gybing(자이빙)
  요트가 바람을 뒤에서 받아 범주하는 중 돛을 좌현에서 우현 혹은 그대로 옮기는 것
- halyard(마룻줄)
  돛을 끌어올리고 내리는 데 쓰는 줄(헬러드) – 〈그림 참조〉
- hatch(해치)
  (갑판의) 승강구
- headsail(헤드세일)
  jibsail(지브세일)과 동의어로 선수 부분의 작은 돛
- heeling(힐링)
  요트가 좌우로 흔들리는 것
- helmsman(키삽이)
  키를 조정하는 사람. 소형 요트에는 스키퍼가 동시에 헬름즈먼이 되는 수가 많음.
- jib(지브)
  돛대 전방에 장치되는 삼각형의 돛
- jib sheet(지브 시트)
  지브 세일을 조절하기 위해서 사용하는 줄
- keel(킬)
  용골, 주로 크루저요트에서 볼 수 있는 것으로, 배의 맨 밑바닥에 길게 뻗은 부재
- lead block(리드 블록)
  돛을 당기는 데 사용되는 도르래
- leech(리치)
  돛의 헤드에서 클루까지 이어지는 변
- leehelm(리헬름)
  요트의 선수 부분이 풍하측으로 밀리는 현상
- leeward(리워드)
  풍하. 바람이 불어가는 쪽

- leeway(리웨이)

  바람을 옆에서 받아서 범주할 때 풍하측으로 밀리는 현상, 키가 중립일 때 풍하로 밀리는 힘, 조류에 의해 요트가 밀려나는 것

- life jacket(라이프 자켓)

  구명 동의

- LOA(전장)

  요트의 전체 길이(lenth of all)

- luffing(러핑)

  요트가 풍상으로 방향을 바꾸는 것, Luff up Bearing 또는 Bear away라고 함

- main sheet(메인 시트)

  메인 세일을 조절하기 위해서 사용되는 줄

- mainsail(메인세일)

  주돛

- mast(마스트)

  돛대, 돛을 지탱하게 하는 수직 기둥

- mast rake(마스트 레이크)

  돛대의 기울기

- midship(미드쉽)

  선체의 중앙부

- out haul(아웃 홀)

  붐의 바깥쪽으로 돛의 클루 부분을 잡아당기기 위한 장치

- overlap(오버랩)

  두 척 이상의 요트가 겹쳐서 범주하는 상태

- port tack(포트 택)

  돛이 좌현에서 바람을 받아서 우현에 펴진 상태

- proper course(프로퍼 코스)

  영향을 받은 요트가 없는 경우, 어떤 요트가 가급적 빨리 목적지에 도착하기 위해 범주

하는 임의의 코스.

- rake(레이크)
  돛대의 경사도
- rating(레이팅)
  요트 경기에서 핸디캡을 설정하는 측정 공식의 값
- reaching(리칭)
  바람을 옆에서 받으며 범주하는 상태
- reef(축범=돛줄임)
  돛의 면적을 줄이는 것
- reefing(리핑)
  축범, 강풍에 요트를 안정시키기 위해 돛 면적을 줄이는 것
- rigging or rig(리깅, 범장)
  의장 장구
- rudder(키)
  요트의 키
- running(런닝)
  뒤에서 바람을 받아 범주하는 상태
- running rigging(가변형 조종줄)
  움직일 수 있는 밧줄 장치
- sailcloth(범포)
  돛에 커버를 씌워 보관하는 장비
- shackle(샤클)
  로프나 시트를 연결하는 연결 고리
- shank(닻채)
  닻의 중심이 되는 기둥
- sheet[조종줄(아딧줄)]
  돛을 조정하는 줄

- shiver(시버)

  돛이 펄럭이는 것을 말하며, 전진력이 생기지 않는 상태

- shroud(슈라우드)

  돛대의 윗부분으로 부터 선체의 횡방향으로 갑판에 장치되어 있는 와이어로서 돛대를 지지함.

- sidestay(옆쪽 스테이)

  돛대를 지지하기 위하여 양옆으로 연결하는 와이어

- skipper(스키퍼)

  선장

- slip line(미끄럼 밧줄)

  가변형으로 여유있게 고리에 연결하는 줄

- slot effect(슬롯 이펙트)

  지브 세일과 메인 세일 사이의 틈을 슬롯이라 하며, 이 슬롯을 통과하는 바람의 속도가 빨라져 요트의 추진력을 더욱 크게 하는데 이를 슬롯 이펙트라고 함.

- spinnaker(스피네이커)

  순풍용에 사용되는 가벼운 천의 큰 삼각형의 돛

- spinnaker pole(스피네이커 폴)

  스피네이커를 고정시키는 붐

- spreader(스프레더)

  슈라우드를 지탱하기 위해서 돛대로부터 붙여낸 막대

- standing rigging(고정 밧줄)

  움직이지 않는 밧줄 장치, 주요장비를 고정하기 위하여 사용하는 밧줄

- starboard(스타보드)

  선수 방향으로 보아서 오른쪽 현

- starboard tack(스타보드 택)

  돛이 우현에서 바람을 받아 좌현에 펴진 상태

- stay(스테이)
  돛대를 선체에 고정시키는 데 사용되는 와이어 줄
- stern(선미)
  선미(船尾), 고물
- stock(닻가지)
  닻의 모양 중 거치대
- storm jib(스톰 지브)
  악천후에 메인 세일 대신에 끌어올리는 무거운 천의 작은 삼각 돛
- tack(택)
  돛 아래 마스트쪽 구멍
- tacking(택킹)
  요트가 풍상으로 나아가는 경우, 돛을 좌현에서 우현 또는 반대로 이동시켜서 다른 풍상으로 방향을 바꾸는 것
- tender boat(텐더보트)
  부속선
- trim(트림)
  요트의 돛의 압력을 조절하는 것, 돛을 조절하는 것, 또는 요트의 전후 경사
- turnbuckle(턴버클)
  슈라우드를 플레이트나 의장품에 연결하여 조이거나 풀 수 있는 스크루 장치
- up wind(풍상)
  요트 정면에서 바람을 받고 항해
- uphaul(올림줄)
  스피네이커 폴을 지탱하기 위한 올림줄
- warp(예인줄)
  배를 정박하거나 끌기 위하여 사용하는 밧줄
- water line(흘수선)
  선체에서 물과 수평으로 만나는 선

- weather helm(웨더 헬름)
  키를 똑바로 두었을 때 풍상으로 선수가 움직이려고 하는 것

- wheel(핸들)
  원형의 키 조종 장치

- windlass(권양기)
  무거운 닻을 올리기 위한 윈치

영문으로 "guy"라고 하는 아딧줄은 국어사전에서 바람의 방향을 맞추기 위하여 돛에 연결된 줄을 총칭하며, 요트에서는 쉬트(sheet) 등의 세일의 택(tack)이나 클루(clew)에 연결하여 조종하는데 사용되는 줄로서 본 교재에서는 "조종줄"로 통일하여 쓰고자 한다. 가이와 쉬트를 구별할 경우에는 "가이 조종줄"과 "택 조종줄"로 구별하여 사용함.

(참고 ; sheet=돛을 조종하는 줄, tack=돛 아래 마스트쪽 구멍, guy=당김밧줄)

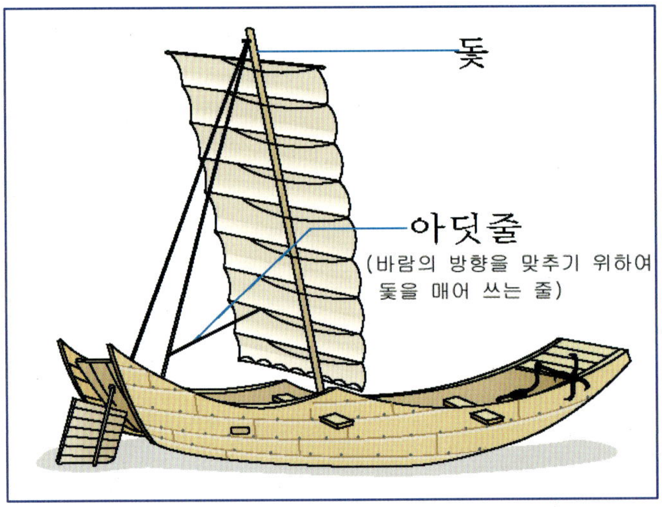

〈출처 : 네이버 국어사전〉

〈그림 1〉 조종줄(아딧줄=guy)

영어로 "halyard"라고 하는 마룻줄은 용총줄과 동의어로써 돛대에 매어놓은 줄로 돛을 올리거나 내리는데 쓴다. 본 교재에서는 마룻줄로 통일하여 사용하였다.

요트에서는 세일과 마스트 속으로 연결된 줄로 세일을 올리거나 내리는데 주로 사용한다.

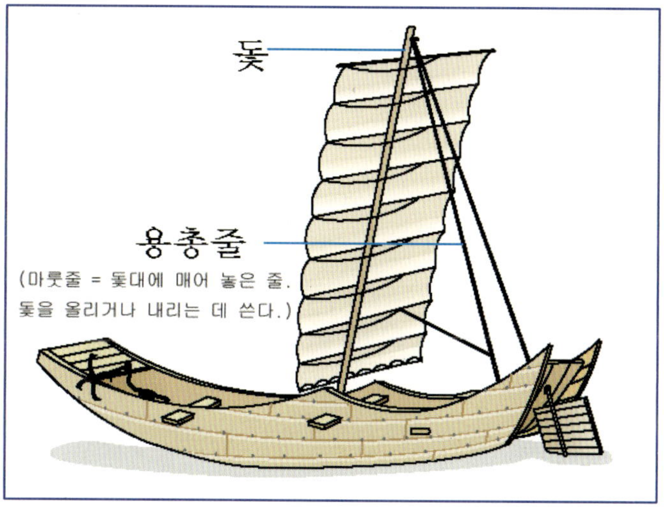

〈출처 : 네이버 국어사전〉

〈그림 2〉 마룻줄(halyard)

외국의 요트항해교육(세일링스쿨)과정 부록2

요트항해가 발전된 국가들은 정부가 공인한 요트학교가 설치되어 있다. 이러한 기관들을 통하여 요트항해를 교육받아야 하며, 커리큘럼이나 교관의 능력, 요트의 종류, 크기, 안전장비, 고급과정 등의 설치여부 등을 판단하여 선택하여야 한다.

다음은 뉴질랜드 요트학교의 교육과정을 소개한 것이며, 보통 기초교육과정으로 로프 매듭법, 택킹과 자이빙 등 20시간을 교육받는다. 상급과정으로는 세일교체방법, 히빙 투, 세일줄이기 등 20시간의 교육을 수료한 후 이수증을 받고 요트항해를 직접 할 수 있도록 되어 있다.

Canterbury Sailing School

Charlotte Jane Quay, Naval Point, Lyttelton • Phone +64 3 981-4292 • Fax +64 3 981-4293

This is to certify that:

JOHN KIM (CHEON-JOONG)

Has completed the:

Practical Sailing Course - Basic

The course is completed aboard a 30' (9 metre) racer/cruiser fixed keel sailing vessel, under the guidance of a qualified instructor. This certifies the completion of 20 hours sailing time and covering set tasks to a competency level as required by this school.

Practical instruction covers; the parts of a boat and rigging, sail theory, tacking & gybing, docking, anchoring, rules of way, wind and weather, simple navigation and emergency procedures.

Instructor - Canterbury Sailing School

DECEMBER 2004

Date

www.canterburysailing.co.nz

〈그림 3〉 요트학교 교육 수료증

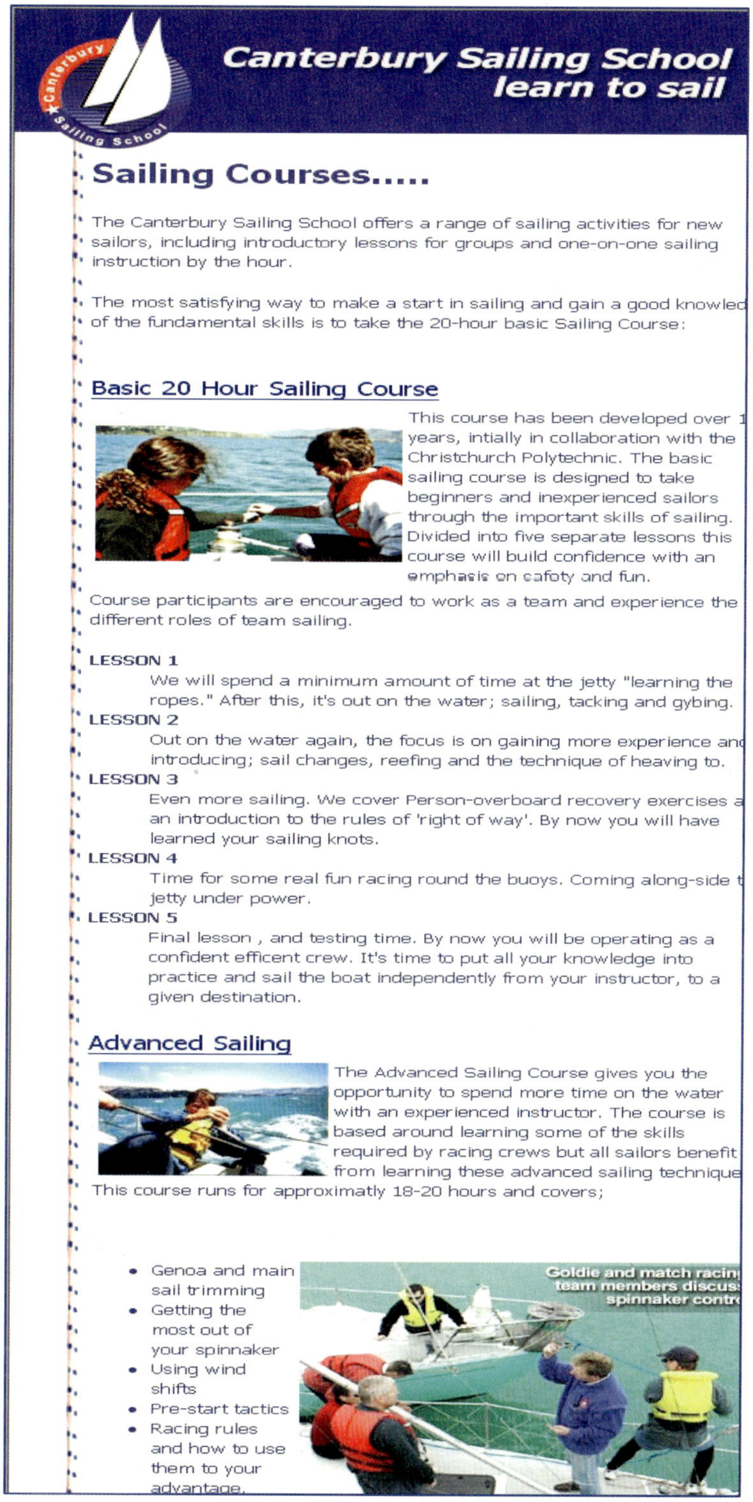

Canterbury Sailing School
learn to sail

Sailing Courses.....

The Canterbury Sailing School offers a range of sailing activities for new sailors, including introductory lessons for groups and one-on-one sailing instruction by the hour.

The most satisfying way to make a start in sailing and gain a good knowled of the fundamental skills is to take the 20-hour basic Sailing Course:

Basic 20 Hour Sailing Course

This course has been developed over 1 years, intially in collaboration with the Christchurch Polytechnic. The basic sailing course is designed to take beginners and inexperienced sailors through the important skills of sailing. Divided into five separate lessons this course will build confidence with an emphasis on safety and fun.

Course participants are encouraged to work as a team and experience the different roles of team sailing.

LESSON 1
We will spend a minimum amount of time at the jetty "learning the ropes." After this, it's out on the water; sailing, tacking and gybing.

LESSON 2
Out on the water again, the focus is on gaining more experience an introducing; sail changes, reefing and the technique of heaving to.

LESSON 3
Even more sailing. We cover Person-overboard recovery exercises a an introduction to the rules of 'right of way'. By now you will have learned your sailing knots.

LESSON 4
Time for some real fun racing round the buoys. Coming along-side t jetty under power.

LESSON 5
Final lesson , and testing time. By now you will be operating as a confident efficent crew. It's time to put all your knowledge into practice and sail the boat independently from your instructor, to a given destination.

Advanced Sailing

The Advanced Sailing Course gives you the opportunity to spend more time on the water with an experienced instructor. The course is based around learning some of the skills required by racing crews but all sailors benefit from learning these advanced sailing technique

This course runs for approximatly 18-20 hours and covers;

- Genoa and main sail trimming
- Getting the most out of your spinnaker
- Using wind shifts
- Pre-start tactics
- Racing rules and how to use them to your advantage.

Goldie and match racin team members discus spinnaker contr

〈그림 4〉 뉴질랜드 요트 학교의 교육 프로그램

한국의 요트면허 취득과정 부록3

1. 한국의 요트면허 취득과정

〈요트면허 시험 결격자〉

다음에 해당하는 사람은 수상레저안전법 제5조(조종면허의 결격사유)에 의거 조종면허를 받을 자격이 없음.

(1) 14세 미만인 자. 다만, 제7조제1항제1호에 해당하는 자([국민체육진흥법] 제2조제10호의 규정에 따른 경기단체에 동력수상레저기구의 선수로 등록된 자)는 그러하지 아니한다.

(2) 정신질환자・정신미약자 또는 알콜중독자

(3) 마약・대마 또는 향정신성의약품 중독자

(4) 제13조 제1항의 규정에 의하여 조종면허가 취소된 날부터 1년이 경과되지 아니한 자

(5) 제20조 본문의 규정에 위반하여 조종면허를 받지 아니하고 동력수상레저기구를 조종한 자로서 그 위반한 날부터 1년(사람을 사상한 후 구호조치 등 필요한 조치를 하지 아니하고 도주한 자는 그 위반한 날부터 4년)이 경과되지 아니한 자

(6) 조종면허시험 중 부정행위로 적발된 경우 2년간 응시불가

1) 응시절차

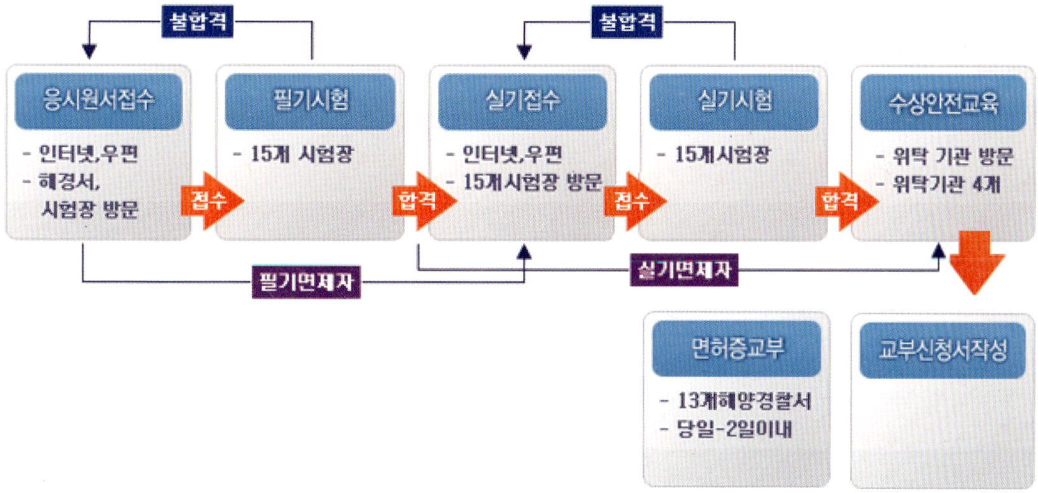

〈그림 5〉 응시절차

(1) 응시원서 접수

- 동력수상레저기구 조종면허시험에 최초로 응시하고자 할 때 작성하는 경우이다.
- 전국의 해양경찰서, 면허시험장에 방문, 또는 인터넷, 우편접수가 가능하며, 응시일정 중 희망일자 및 장소를 선택할 수 있으나 선착순으로 접수되며 공고된 시험일 기준 2개월 전부터 2일 전까지 가능.
- 접수 후 일시변경은 당해연도 공고된 시험일 기준 2개월 전부터 2일 전까지 가능(횟수 제한 없음)
- 접수 후 종별변경은 신규접수 후 최초시험일 기준 2일 전까지 가능(횟수 제한 없음, 일반에서 요트 또는 요트에서 일반 종별 변경 불가)
- 장소변경은 원칙적으로 불가능하나 관할 해양경찰서가 같은 경우(인천해양경찰서 : 서울 ↔ 경기, 태안해양경찰서 : 충남 ↔ 충북, 포항해양경찰서 : 경북 ↔ 경북제2)에는 당해연도 공고된 시험일 기준 2개월 전부터 2일전까지 변경 가능.

구 분	내 용	비 고
구비서류	응시원서(해양경찰 소정양식) 1통 증명사진 2매(2.5cm×3.5cm) 시험면제사유에 해당하는 사람은 해당 증빙서류 (해양경찰서 방문접수만 가능) 주민등록증 또는 국가발행 신분증(여권, 자동차 운전면허증 등) -사진 첨부된 것(미발급자 학생증)	원서접수 후에는 수수료가 반환되지 않음
수수료	일반조종면허1급, 2급, 요트 4,000원(인터넷 접수시 처리 비용 별도)	
대리접수	응시원서, 응시자 신분증, 대리인 신분증 지참 접수가능	

(2) 필기시험

- 필기시험 신규접수 또는 재접수하는 경우
- 접수한 날로부터 1년간 재접수 가능
- 전국의 해양경찰서-면허시험장 방문 또는 인터넷이용-우편접수가 가능하며, 응시일정 중 희망일자 및 장소를 선택할 수 있으나 선착순으로 접수됨.

구 분	내 용	비 고
시험방법	4지 선다형으로 50문제 출제	구술시험, 외국어, PC시험 가능
시험내용	• 일반조종면허 : 수상레저안전(20%), 운항 및 운용(20%), 기관(10%), 법규(50%) • 요트조종면허 : 요트활동 개요(10%), 요트(크루즈급)(20%), 항해 및 범주(20%), 법규(50%)	
준비물	주민등록증 또는 국가발행 신분증(여권, 자동차 운전면허증 등)-사진 첨부 된 것 (미 발급자 학생증), 컴퓨터용 수성사인펜	

(3) 실기시험

- 실기시험 접수시 지정된 응시일자 및 장소에서 실기시험을 실시.
- 자세한 내용은 실기시험 안내를 참고.

(4) 수상안전교육실시

- 수상안전교육 대상
  - ① 조종면허를 받고자 하는 자
  - ② 조종면허를 갱신하고자 하는 자

- 구비서류
  ① 수상안전교육 신청서
  ② 응시표(신규 취득자) 또는 조종면허증(면허 갱신자)
  ③ 주민등록증 또는 국가발행 신분증(여권, 자동차 운전면허증 등)-사진 첨부된 것(미 발급자 학생증)
  ④ 수수료 12,000원

- 수상안전교육 내용 · 방법 및 시간
  ① 교육내용
    ㉠ 수상레저안전 관계법령
    ㉡ 수상레저기구의 사용・관리
    ㉢ 수상상식
    ㉣ 수상구조
  ② 교육방법 및 시간 : 영상교육을 포함하여 3시간으로 하되, 50분 교육 후 10분간 휴식을 취하는 방법으로 실시

- 시험업무 종사자 교육을 이수한 자

(5) 교부신청서 접수

- 조종면허시험에 합격한 후 수상안전교육을 받은 자는 동력수상레저기구조종면허증교부신청서, 응시표, 수상안전교육필증, 사진1매(2.5cm×3.5cm) 제출
- 조종면허 갱신자는 수상안전교육을 받은 후 동력수상레저기구조종면허증갱신교부신청서, 수상안전교육필증, 사진 1매(2.5cm×3.5cm) 제출
- 재교부 신청자는 동력수상레저기구조종면허증재교부신청서, 사진 1매(2.5cm×3.5cm)를 제출.

(6) 면허증교부

- 조종면허시험 합격자는 동력수상레저기구조종면허증을 14일 이내에 교부
- 갱신 신청자 또는 재교부 신청자는 갱신교부신청서 또는 재교부신청서 작성 후 7일 이내 교부하고 있으나 민원인 편의를 위해 당일~2일 이내 발급, 문자 메세지 및 이메일로 발급내역을 통보, 해양경찰서 방문수령 및 우편수령(본인이 반송우편 제출한 경우)도 가능.

2) 필기시험

(1) 필기시험 안내

구 분	내 용	비 고
시험방법	4지선다형으로 50문제 출제	
시험내용	• 일반조종면허 : 수상레저안전(20%), 운항 및 운용(20%), 기관(10%), 법규(50%) • 요트조종면허 : 요트활동의 개요(10%), 요트(크루즈급)(20%), 항해 및 범주(20%) 법규(50%)	
준비물	응시표, 주민등록증 또는 국가발행 신분증(여권, 자동차 운전면허증 등) – 사진 첨부된 것(미 발급자 학생증), 컴퓨터용 수성사인펜	
문제지추첨	응시생 중 2명이 2개 유형 문제지 추첨	원서접수 후에는 수수료가 반환되지 않음
주의사항	• 응시표에 기재된 시간 30분전 입실완료 • 신분증 소지, 지정좌석 착석, 대리시험 여부 등 확인 • 시험 종료 후 문제지는 시험관에게 답안지는 답안지함에 투입하고 퇴실 • 컴퓨터 채점기에 의해 채점 후 결과를 게시판 게시	
필기시험 결과발표	• 응시표에 합격 또는 불합격날인 후 본인에게 재교부 • 응시자는 본인 응시표 및 합격, 불합격 날인여부 확인	
기 타	필기시험 합격일로부터 1년 이내에 실기시험에 합격하여야 하며, 1년 이내 불합격시 신규접수해야 합니다.	

(2) 필기시험 과목

구 분	내 용	비 고
1. 요트활동의 개요	가. 해양학 기초(조석, 해류, 파랑) 나. 해양기상학 기초(해양기상의 특성, 기상통보, 일기도 읽기)	
2. 요트	가. 선체와 의장 나. 범장 다. 기관 라. 전기시설 및 설비 마. 항해장비 바. 안전장비 및 인명구조 사. 생존술	원서접수 후에는 수수료가 반환되지 않음
3. 항해 및 범주(帆走)	가. 항해계획과 항해(항해정보, 각종 항법) 나. 범주 다. 피항과 묘박	

	라. 식량과 조리.위생	
4. 범주	가. 「수상레저안전법」 나. 「개항질서법」 다. 「해상교통안전법」 라. 「해양오염방지법」 마. 「전파법」	

3) 실기시험

(1) 실기시험 안내

구 분	내 용	비 고
구비서류	응시표 시험면제사유에 해당하는 사람은 해당 증빙서류 (해양경찰시 방문접수만 가능) 주민등록증 또는 국가발행 신분증(여권, 자동차 운전면허증 등)-사진 첨부된 것(미발급자 학생증)	원서접수 후에는 수수료가 반환되지 않음
수수료	일반조종면허 1급, 2급 또는 요트조종면허 54,000원(대행기관 영수필증) (인터넷 접수시 처리 비용별도)	
대리접수	응시표, 응시자 신분증, 대리인 신분증 지참 접수가능	

(2) 실기시험용 수상레저기구

요트조종면허 실기시험에 사용하는 보트

길 이	약10m	전 폭	제한없음
탑승인원	20마력 이상	최대속도	제한없음
부대장비	6인승 이상	기 관	선내기

(3) 요트조종면허 실기시험의 채점기준 및 운항코스

과 제	항 목	세부내용	감점	채 점 요 령
1. 출발 전 점검 및 확인	가. 로프취급 미숙	• 8자묶기를 하지 못한 때(8자묶기) • 바우라인(bowline)묶기를 하지 못한 때(Bowline묶기) • 클로브(clove) 묶기를 하지 못한 때(clove묶기) • 클리트(cleat) 묶기를 하지 못한 때(cleat묶기)	3	• 각 세부내용에 대하여 2회까지 채점할 수 있다.
	나. 구명동의착용	• 구명동의를 착용하지 아니하였거나 올바르게 착용하지 아니한 때(구명동의 착용불량)	4	• 세부내용에 대하여 1회만 채점한다.
	다. 출발준비불량	• 분담된 임무에 해당하는 위치를 선정하지 못한 때(위치선정불량) • 출발전 전후좌우 물표 및 장애물을 확인하지 아니한 때(ⓢ출항전 안전확인)	4	• 각 세부내용에 대하여 1회만 채점한다.
2. 출발 및 기주(機走)	가. 크루(crew) 지휘 불량	• 스키퍼(skipper)가 크루(crew)에게 지시를 하지 아니하거나 부정확한 지시 또는 시험관이 들을 수 없을 정도의 목소리로 지시한 때(ⓢ지휘 불량)	4	• 세부내용에 대하여 1회만 채점한다.
	나. 이안(離岸) 불량	• 요트의 선체가 직접 계류장과 부딪힌 때(ⓢ계류장의 충격) • 이안후 펜더(fender)를 달고 운항한 때(ⓒ펜더달고 운항) • 이안후 계류줄을 정리하지 아니하고 운항한 때(ⓒ계류줄 미정리) • 출항준비 지시후 계류줄을 걷지 아니하는 등 준비상태가 불량한 때(ⓒ출항준비 불량)	3	• 각 세부내용에 대하여 2회까지 채점할 수 있다.

	다. 이안 시 급발진 및 엔진정지	• 엔진시동을 하지 못한 때 (ⓢ엔진시동 미숙) • 엔진시동중 레버조작의 잘못으로 엔진이 정지한 때 (ⓢ레버조작 불량) • 레버를 급히 조작함으로써 급하게 발진한 때(ⓢ레버급조작, 급출발)	4	• 각 세부내용에 대하여 1회만 채점한다.
	라. 항내 기주시 속력 미준수	• 항내 기주시 규정속도를 초과한 때(ⓢ항내기주 5노트 초과)	4	• 세부내용에 대하여 2회까지 채점할 수 있다. • 시험관은 당해 시험장의 제한속도를 응시자에게 제시하여야 한다. • 바람 또는 충돌위험 회피 등의 사유로 시험관의 지시에 따라 속력을 초과한 경우를 제외한다.
	마. 침로기주 불량	• 지시된 침로를 15초 이내로 ±5˚ 이내로 유지하지 못한 때(ⓢ지정침로±5˚초과) • 변침후 침로를 ±5˚ 이내에서 유지하지 못한 때(ⓢ침로유지 불량)	4	• 각 세부내용에 대하여 3회까지 채점할 수 있다. • 변침은 좌·우현을 달리하여 3회 실시하고, 변침 범위는 45˚, 90˚ 및 180˚ 내외로 각 1회 실시하여야 하며 나침의로 변침 방위를 평가한다. • 변침후 15초 이상 침로를 유지하는지 확인하여야 한다.
3. 범주(帆走)	가. 크루태킹 (tacking : 맞바람 방향전환 역할 불량)	• 스키퍼의 "태킹준비"지시에 따른 필요한 동작을 취하지 아니한 때(ⓒ준비동작 불량) • 스키퍼의 "태킹" 지시에 따른 필요한 동작을 취하	3	• 본 과제 평가시 바람이 없어 범주가 불가능한 경우에는 기주에 의하여 범주를 평가할 수 있다.

	지 아니하거나 민첩한 동작이 이루어지지 아니한 때(ⓒ태킹동작 불량) • 태킹후 위치 선정이 불량한 때(ⓒ위치선정 불량) • 태킹후 돛의 조절 또는 시트상태가 불량한 때(ⓒ돛 또는 시트상태 불량)		• 각 세부내용에 대하여 3회까지 채점할 수 있다.
나. 스키퍼 (skipper) 태킹불량	• 태킹이 이루어지지 아니하거나 태킹이 지나쳐 클로스 리치(Close reach)이상 회전한 때(ⓢ태킹 불량) • 필요한 지시의 생략 또는 부정확하거나 적은 목소리로 지시를 할 때(ⓢ태킹 지휘 불량) • 태킹후 침로 및 지정침로를 유지하지 못한 때(ⓢ태킹후 침로유지 불량) • 태킹후 위치이동이 불량한 때(ⓢ위치이동 불량)	4	• 각 세부내용에 대하여 2회까지 채점할 수 있다.
다. 크루자이빙 (gybing : 뒷바람 방향전환) 역할 불량	• 스키퍼의 "자이빙준비" 지시에 따른 필요한 동작을 취하지 아니한 때(ⓒ준비동작 불량) • 스키퍼의 "자이빙" 지시에 따른 필요한 동작을 취하지 아니하거나 민첩한 동작을 취하지 아니한 때(ⓒ자이빙 동작 불량) • 자이빙후 위치선정이 불량한 때(ⓒ위치선정 불량) • 자이빙후 돛의 조절 또는 시트상태가 불량한 때(ⓒ돛 또는 시트 상태불량)	3	• 각 세부내용에 대하여 3회까지 채점할 수 있다.
라. 스키퍼 자이빙 불량	• 자이빙이 이루어지지 아니하거나 자이빙이 지나쳐 브로드 리치(Broad reach) 이상 회전한 때(ⓢ방향전환 불량) • 필요한 지시의 생략 또는	4	• 각 세부내용에 대하여 2회까지 채점할 수 있다.

		부정확하거나 적은 목소리로 지시를 한 때(ⓢ자이빙 지휘불량) • 자이빙 후 침로 및 지정침로를 유지하지 못한 때(ⓢ자이빙후 침로 유지불량) • 방향전환 후 위치이동이 불량한 때(ⓢ위치이동 불량)		
4. 입항	가. 접안불량	• 지정계류석으로부터 50m의 거리에서 3노트 이하로 속도를 낮추지 아니하거나 접안위치에서 변속기어를 중립으로 하지 아니한 때(ⓢ50m 전방 3노트 초과, 미중립) • 계류장과 선체가 직접 부딪힌 때(ⓢ 계류장 충돌) • 시험선과 계류장이 2m 이내의 평행이 되게 접안하지 못한 때(ⓢ접안 불량)	4	• 각 세부내용에 대하여 1회까지 채점할 수 있다.
	나. 계류불량	• 계류하여야 할 위치에 계류하지 못한 때(ⓢ계류위치 부적절) • 계류줄의 묶는 방법이 틀리거나 풀리기 쉽게 묶은 때(ⓒ결색 불량)	3	• 각 세부내용에 대하여 1회까지 채점할 수 있다.
	다. 펜더(fender) 취급미숙	• 펜더를 요트 접안현의 적당한 높이에 달지 못한 때(ⓒ펜더높이 부적절) • 펜더에 달린 로프의 묶은 부분이 느슨하거나 풀린 때(ⓒ펜더 묶인 상태 부적절)	3	• 각 세부내용에 대하여 1회까지 채점할 수 있다.
	라. 뒷정리 불량	• 로프를 제대로 정리하지 아니한 때(ⓒ계류 후 로프정리 불량)	3	• 세부내용에 대하여 2회까지 채점할 수 있다.

[참고문헌]

1. 외국문헌

Casey, Don, *Inspecting The Aging Sailboat*, The International Marine Sailboat Library, 2005.

Creagh-osborne, Richard, *The yatch racing rules*, John de Graff inc.,1969.

Ellen Macarthur, *Sailing*, DK London, 2007

Fishwick, Mark, *West Country Cruising*, Yachting Monthly, 1996.

Gleckler, Walt, *All About Cruising*, Passagemaker Productions, 1998.

Goss, Pete, *Top Yacht Races of The World*, Tien Wah Press(PTE) LTD, 2000.

Harand, Joseph, *The Coastal Cruising Handbook*, Hollis & Carter,1977.

Harle Philippe, *The Glenans Sailing Manual*, Granada Publishing Limited, 1972.

Jone Shaw, *The DIRECTORY of KNOTS*, Grange books, 2004

JJ and Isler, Peter, *Sailing for Dummies*, Wiley Publishing, Inc, 1997.

Johnson, Peter, *The Encyclopedia of Yachting*, A Dorling Kindersley Book, 1989.

Jones, Charles, *Glass Fibre Yachts Improvement and Repair*, Nautical Publishing Company, 1972.

Larsen,Paul, *America's Cup 2000*, Hodder moa Beckett Publishers Limited, 1999.

Lindsey, Sandy, *Quick & Easy Boat Maintenance*, International Marine / McGraw-Hill, 1999.

Maloney, Elbert S., *Chapman Piloting & Seamanship 64th edition*, New York: Hearst Books, 2003.

Maloney, Elbert, *Ploting & Seamanship*, Herst Books, New York, 2003.

Ramsay, Ray, *The Complete Book of America's Cup Defence*, Wilke and Company Limited, 1987.

Rayner, Ranulf, *The Story of The America's Cup 1851-1995*, David bateman, 1995.

Rhodes, Bernard, *High Tide, HarperCollins Publishers*, 2002.

Ryan, Pat, *The America's Cup, Creative Education*, Inc., 1993.

Scanlan, Mike, *Coastal navigation*, Reed, 2001.

Scanlan, Mike, *Safety in small craft*, NZ Coastguard Federation, 1989.

Slight, Steve, *The New Complete Sailing Manual*, London: DK London, 2005.

Sleight, Steve, *Go Sail*, DK London, 2006

Spurr, Daniel, *Your First Sailboat*, International Marine / McGraw-Hill, 2004.

Steve and Colgate, Doris, *Fast Track to Cruising*, International Marine / McGraw-Hill, 2005.

Vigor, John, *The Practical Encyclopedia of Boating*, International Marine / McGraw-Hill, 2004.

Whiting, Penny, *Sailing with PennyWhiting*, Reed, 2002.

Whiting, Penny, *Penny Whiting;s guide to The America's Cup*, Reed, 2002.

2. 국내문헌

김천중, 요트의 이해와 항해술, 상지 피앤아이,2007.

______, 요트관광의 이해, 백산출판사, 2008.

장영주역, 크루저핸드북, 한국외양범주, 2004.

_______, 요트와 관련한 우리말 갈래사전, 한국외양범주, 2004.

하명수역, 주말에 배우는 요트, 하서, 1997.

홍성완역, 요트의 과학, 지성사, 2006.

저자약력

김천중金天中

용인대학교 관광학과 교수
산학협력단 부설
크루즈&요트마리나 연구소 소장

_ 주요 경력 및 자격

중앙항만정책 심의위원회 위원(해양수산부)
대한요트협회 이사(마리나산업 위원장)

_ 면허 및 자격

요트/보트 조종면허 취득(2005)
뉴질랜드 요트학교 수료(2004)
국외여행안내사(1981)
영어통역안내사(1979)

_ 주요저서

요트와 보트(2014, 미세움)
해양관광과 마리나산업(2012, 백산)
해양관광과 크루즈산업(2012, 백산)
요트항해입문(2008, 백산)
요트관광의 이해(2008, 백산)
요트의 이해와 항해술(2007, 상지)
크루즈사업론(1999, 학문사)

_ 이메일 및 도메인

centersky@hanmail.net
www.cruise-yacht.com
www.요트관광.com
www.yachttour.net

요트항해입문

2008년 6월 13일 초　판 1쇄 발행
2015년 9월 10일 개정판 1쇄 발행

지은이 김천중
펴낸이 진욱상 · 진성원
펴낸곳 백산출판사
교　정 편집부
본문디자인 오양현
표지디자인 오정은

등　록 1974년 1월 9일 제1-72호
주　소 경기도 파주시 회동길 370(백산빌딩 3층)
전　화 02-914-1621(代)
팩　스 031-955-9911
이메일 editbsp@naver.com
홈페이지 www.ibaeksan.kr

ISBN 978-89-6183-080-5
값 30,000원